管理学基础

（第 4 版）

王绪君　主　编

刘文纲　副主编

国家开放大学出版社·北京

图书在版编目（CIP）数据

管理学基础／王绪君主编．－－4 版．－－北京：国
家开放大学出版社，2020.8（2023.1 重印）
ISBN 978－7－304－10297－5

Ⅰ. ①管… Ⅱ. ①王… Ⅲ. ①管理学—开放大学—教
材 Ⅳ. ①C93

中国版本图书馆 CIP 数据核字（2020）第 094767 号

管理学基础（第 4 版）

GUANLIXUE JICHU（DI 4 BAN）

王绪君　主　编

刘文纲　副主编

出版·发行：国家开放大学出版社

电话：营销中心 010－68180820　　　　总编室 010－68182524

网址：http://www.crtvup.com.cn

地址：北京市海淀区西四环中路 45 号　　　邮编：100039

经销：新华书店北京发行所

策划编辑：张　暾　　　　　　　**版式设计**：何智杰

责任编辑：苏雪莲　　　　　　　**责任校对**：冯　欢

责任印制：武　鹏　马　严

印刷：河北鑫兆源印刷有限公司

版本：2020 年 8 月第 4 版　　　2023 年 1 月第 7 次印刷

开本：787mm×1092mm　1/16　　**印张**：16.25　　**字数**：363 千字

书号：ISBN 978－7－304－10297－5

定价：35.00 元

（如有缺页或倒装，本社负责退换）

意见及建议：OUCP_KFJY@ouchn.edu.cn

前　言 □□□ PREFACE

　　管理的历史源远流长，作为人类基本的实践活动之一，管理广泛存在于现实生活中，大至国家，小至企业、医院、学校等，凡是有一定目标的组织或存在协同劳动的地方都离不开管理。

　　中国特色社会主义进入新时代，党的十九大明确提出培育具有全球竞争力的世界一流企业。要成为世界一流企业，世界一流的管理是基础。管理不仅是永恒的主题，而且重要性日益凸显。当今全球的经济环境、技术环境、社会文化环境、政治和法律环境发生了极大的变化，不确定因素和风险不断增加。与此同时，经济全球化、信息网络化以及以互联网、大数据、云计算和人工智能为代表的新一代信息技术迅猛发展，新的商业模式不断涌现，全球范围内的市场竞争更加激烈，企业要想生存并持续发展，就必须不断提升自己的核心竞争力。为此，企业除了要加快现代企业制度建设和推进技术创新，还必须进行管理创新，不断提升管理水平。

　　管理是一门科学性与艺术性有机结合的学问，掌握了这门学问，将使人受益无穷。任何一个人，只要存在于一定的社会或组织中，他就要么是管理者，要么是被管理者。作为管理者，他需要运用管理的学问开展管理工作；而作为被管理者，掌握一定的管理知识将有助于他与同事和谐相处，有助于他实现职业目标。

　　我们编写本教材的出发点就是介绍管理学的基本概念、基本原理、基本方法和管理的艺术，使学生能够掌握基本的管理知识和管理技能。因此，首先，本教材在内容组织方面，力求阐明管理学的基本原理和经典理论，这些知识不会随着时间的流逝而失效；其次，本教材对20世纪八九十年代以来出现的、引起广泛关注并在实践中得到有效应用的管理思想和理论进行介绍。与前三版相比，本次修订除了在文字方面进行了一些加工整理，还主要做了以下工作：一是为避免篇名与章名重复，将第三章章名"计划"改为"计划工作"，将第九章章名"领导"改为"领导理论与领导艺术"。二是对第三章和第九章分别补充了相关内容。三是对第二章第二节中"科学管理理论的主要内容"部分进行了重新梳理，使之更加简明扼要、条理清晰。同时对教材中提到的早期西方经济学家的背景进行了核实或补充。四是修改了参考文献的内容。

　　在教材编写过程中，我们参阅了大量的相关资料，在此谨向这些作者表示衷心的感谢。特别向以前各版次编者以及为教材建设提出审改建议的各位专家和老师表示感谢。国家开放大学出版社编辑为本书的出版做了大量细致而重要的工作，对他们付出的辛勤劳动，在此一并致谢。

　　本次修订由国务院国有资产监督管理委员会信息中心王绪君研究员负责。

　　由于编者水平所限，本次修订后教材仍难免存在不足，敬请广大读者提出宝贵意见，以便再版时完善。

编　者

2020 年 2 月

目 录 □□□

CONTENTS

第一篇　总　论

第二篇　计　划

第三篇　组　织

第四篇　领　导

第一篇
总　论

第一章　管理与管理学

学习目标

学完本章内容，你应该能够：
- 给管理下定义
- 解释管理的性质
- 描述管理的职能
- 识别管理者的分类、角色及管理技能
- 解释管理与组织环境的关系

关键术语

管理　管理者　组织环境　管理者角色　管理技能　管理学

管理的历史源远流长，只要有共同的劳动，就需要管理。作为人类基本的实践活动之一，管理广泛存在于现实生活中，大至国家，小至企业、医院、学校等，凡是有一定目标的组织或存在协同劳动的地方都离不开管理。而管理成为一门科学，则是近百年间的事。人类历史实践证明，有效的管理是一个国家、一个企业乃至一个组织走向成功的基础之一。正如著名管理学家彼得·德鲁克所言，在人类历史上，几乎没有一种制度能像管理那样迅速兴起并产生巨大影响。

第一节　管理的含义、性质与职能

一、管理的含义

管理是管理学中最基本的范畴和起始的概念。由于管理活动的广泛性、复杂性及研究的侧重点不同，管理学家对管理所下的定义也各异。例如，弗雷德里克·泰罗认为，管理就是确切地知道要别人做什么，并指导他们用最好、最经济的方法去做。亨利·法约尔认为，管理就是执行计划、组织、指挥、协调和控制。赫伯特·西蒙认为，管理就是决策。此外，还有人认为，管理就是经由他人去完成一定的工作。

归纳各种论述，我们认为，管理是指管理者为有效地实现组织目标，对组织资源和组织活动有意识、有组织、不断地进行协调的活动。这个概念包含以下几层意思：

> **关键点**
> 　管理是有意识、有组织的群体活动；
> 　管理是一个动态的协调过程；
> 　管理的目的在于有效地实现组织目标；
> 　管理的对象是组织资源和组织活动。

1. 管理是有意识、有组织的群体活动

管理活动都是在组织中发生的，不管什么样的组织，它都是有一定目标的，管理是围绕既定的组织目标进行的。组织目标不明确，管理便无从谈起，目标是否切合实际将直接关系到管理的成败或管理成效的高低。

2. 管理是一个动态的协调过程

通过执行计划、组织、领导、控制等职能，管理者对组织内部的各种活动或各构成要素之间的关系，以及组织与外界之间发生的各种活动或关系进行协调，以有效地实现组织目标。尽管需要协调的活动或关系很多，但归纳起来，管理者要协调的主要还是人的活动以及人与人之间的关系。协调行为贯穿管理过程的始终，并且随着组织内外部环境的变化而变化。

3. 管理的目的在于有效地实现组织目标

管理不仅追求效果，即组织目标的实现，而且追求效率，即实现组织目标过程中投入与产出的关系。

4. 管理的对象是组织资源和组织活动

组织目标是通过组织活动实现的，而任何组织活动都离不开使用或耗费一定的资源，包括人力资源、财务资源、技术资源和信息资源等。管理作为一种协调活动，就是以最低的成本获取和使用组织资源，以最佳的方式安排组织活动各个环节的秩序，从而使组织活动更有效地趋向组织目标。

二、管理的性质

管理作为一种普遍的社会活动，起源于社会成员劳动的集体性，以及社会成员在劳动和社会生活过程中相互交往的必要性。作为一种特殊的实践活动，管理具有自己独特的性质。

（一）管理的二重性

马克思指出，一切规模较大的直接社会劳动或共同劳动都或多或少地需要指挥，以协调个人的活动，并执行生产总体的运动——不同于这一总体的独立器官的运动——所产生的各种职能。凡是直接生产过程具有社会结合过程的形态，而不是表现为独立生产者的孤立劳动的地方，都必然会产生监督劳动和指挥劳动，不过它具有二重性。

马克思关于管理的二重性的理论认为，一方面，管理是由许多人协同劳动而产生的，是由生产社会化引起的，是有效地组织共同劳动所必需的，因此它具有与生产力、社会化大生产相联系的自然属性；另一方面，管理是在一定的生产关系条件下进行的，必然体现出生产资料占有者监督劳动和指挥劳动的意志，因此它具有与生产关系、社会制度相联系的社会属性。

（二）管理的科学性

管理的科学性是指管理作为一个活动过程，其间存在一系列基本的客观规律。人们在长期的管理实践中总结出一系列反映管理活动过程客观规律的管理理论和一般方法。人们利用这些理论和方法指导自己的实践，又以管理活动的结果来衡量这些理论和方法是否正确、是否行之有效，从而使管理的科学理论和方法在实践中不断得到验证和丰富。因此，说管理是一门科学，是指它以反映管理活动过程客观规律的管理理论和一般方法为指导，有一套分析问题、解决问题的科学方法。

（三）管理的艺术性

管理的艺术性就是强调管理的实践性，没有管理实践则无所谓管理艺术。也就是说，仅凭停留在书本上的管理理论，或靠背诵管理原则、管理原理进行管理活动是不能保证管理上成功的。管理人员必须在

> **关键点**
> 管理者在管理实践中，既要讲科学又要讲艺术。讲科学，强调管理要有分析问题和解决问题的科学方法；讲艺术，则强调管理理论与方法的运用要有技巧。

管理实践中发挥积极性、主动性和创造性，灵活地将管理知识与具体的管理活动相结合，才能有效地进行管理。管理的艺术性就是强调管理者除了要掌握一定的管理理论和方法，还要掌握灵活运用这些理论和方法的技巧与诀窍。

三、管理的职能

管理职能即管理的职责和权限。管理职能有一般职能和具体职能之分。管理的一般职能源于管理的二重性，即合理组织生产力和维护生产关系的职能。管理的具体职能是指一般职能在管理活动中的具体体现。

关于管理有哪些具体职能，管理学家的观点不尽相同。管理的职能一般包括计划、组织、领导和控制四个方面。

（一）计划

计划是事先对未来行为所做的规划和安排。如前所述，管理是人们有意识的活动，表现为活动之前人们在头脑中已对该活动进行规划和安排。计划是人类行为特有的职能，是管理的首要职能。

首先，计划从明确目标着手，为实现组织目标提供保障。计划就是要通过对组织内外条件的分析，对组织所要实现的总目标、各部门目标、各阶段目标加以明晰，并制定实现这些目标的方法、措施，使组织的各项活动为实现总目标服务。

其次，计划通过优化资源配置来保证组织目标的实现。实现组织目标，需要调动组织内的各种资源，在最经济的条件下实现组织目标是市场经济条件下一切组织都应遵循的原则。如果不做预算、不进行成本费用分析，那么即使组织目标得以实现，也会因成本失控而不合理、不合算，违背管理的基本目标。

最后，计划通过政策、程序等的制定来保证组织目标的实现。计划为控制提供了标准。实现组织目标的活动受多种因素的影响，在一些没有预见到的因素的影响下，组织活动可能偏离计划轨道，这些偏差要靠控制来纠正。纠正偏差，需要标准，这个标准只能是组织的计划。计划不仅是组织控制行为的标准，而且是评定组织效率的标准。没有计划，显然是无法实施控制的；反之，没有控制，组织目标也难以实现。

（二）组织

组织是管理的一项重要职能，其主要内容包括：根据组织目标，在任务分工的基础上设置组织部门；根据各部门的任务性质和管理要求，确定其工作标准、职权、职责；确定各部门之间的关系及联系方式和规范；为岗位配备人员。此外，组织还是管理的基础性工作，任何部门、任何层次的管理者都首先表现为组织中各部门的人员构成部分；管理者进行管理的信息指令都要借助组织各部门按特定次序传递；管理的目标要通过合理的组织结构设计和有效的组织行为来实现。可见，组织不仅是管理的职能，而且是管理的基础。

组织由三个基本要素，即目标（组织存在的依据）、部门（组织的基本单元）和关系（部门及其活动的联系方式）构成。

（三）领导

计划与组织工作做好了，还不一定能保证组织目标的实现，因为组织目标的实现要依靠组织中全体成员的努力。配备在组织机构中各个岗位的人员，由于各自的目标、需求、偏好、性格、素质、价值观及工作职责和掌握的信息等存在很大差异，在相互合作中必然会产生各种矛盾和冲突。因此，这就需要有权威的管理者进行领导，指导成员的行为，协调成员之间的信息沟通，使成员彼此增进了解，统一成员的思想和行动，激励每个成员自觉地为实现组织目标而努力。

管理的领导职能是一门艺术，它贯穿整个管理活动。不仅组织的高层管理者、中层管理者要实施领导职能，基层管理者（如工厂的车间主任、医院的护士长等）也要实施领导职能，他们都要做人的工作，都要重视工作中人的因素的作用。

（四）控制

人们在执行计划的过程中，由于受各种因素的干扰，常常使实践活动偏离原来的计划。为了保证组织目标及所制订的计划得以实现，就需要有控制职能。

> **关键点**
> 　　计划、组织、领导和控制是管理的四大基本职能。

控制的实质就是使实践活动符合计划的要求，计划就是控制的标准。管理者必须及时获得计划执行情况的信息，并将有关信息与计划进行比较分析，结合内外部环境的变化，找出实践活动中存在的问题，分析原因，采取有效的纠正措施。从纵向看，各个管理层次都要充分重视控制职能，越是基层的管理者，控制所要求的时效性和综合性就越强；从横向看，对各种管理活动、各个管理对象都要进行控制，没有控制就没有管理。

第二节　管理者的分类、角色及管理技能

一、管理者分类

管理者是组织的心脏，其工作业绩的好坏直接影响组织的兴衰存亡。正如著名管理学家彼得·德鲁克所言：如果企业运转不动了，我们当然要去找一个新的总经理，而不是另雇一批工人。可以说，管理者对组织的生存和发展起着至关重要的作用。

每个组织中都有各种各样的管理者，而每个管理者都处在不同的管理岗位上。对组织中的管理者，可以从不同的角度进行分类。

（一）按管理者所处的层次划分

1. 高层管理者

高层管理者处于整个管理层的最高层，主要负责组织的战略管理、总体发展计划和组织大政方针的制定，负责激励、指导、控制下属，并在对外交往中以代表组织的"官方"身份出现。例如，公司的董事局主席、首席执行官、总裁或总经理和其他高级资深经理，医院的院长、副院长，以及其他处在或接近组织最高层位置的管理者等都属于高层管理者。

2. 中层管理者

中层管理者处于整个管理层的中间层，在整个管理运行中起承上启下的作用，主要负责贯彻执行高层管理者的指令，直接负责或协助管理基层管理者及为其工作的人。例如，部门

或办事处主任、科室主任、地区或部门经理、分公司经理等都属于中层管理者。

3. 基层管理者

基层管理者又称一线管理者，处于整个管理层的最低层，主要负责管理作业人员，并直接负责各项具体工作任务的操作与完成。例如，制造企业的作业长或工段长、大学的教研室主任都属于基层管理者。

作为管理者，无论处于组织的哪一个管理层次，其履行的管理职能都包括计划、组织、领导和控制等几个方面，只是履行职能的侧重点和程度不同。例如，高层管理者花在计划、组织和控制职能上的时间要比基层管理者多，而基层管理者花在领导职能上的时间要比高层管理者多。即使是同一管理职能，不同层次的管理者所从事的具体管理工作的内涵也不完全相同。例如，就计划而言，高层管理者侧重于组织整体的、长期的战略规划，中层管理者侧重于组织内部的、中期的管理性计划，基层管理者侧重于组织短期的业务和作业计划。

（二）按管理者所处的活动领域划分

1. 企业管理者

企业管理者的管理行为是在遵守国家法律和履行社会责任的前提下，努力追求企业效益最大化。在这一过程中，企业管理者，尤其是高层管理者必须处理好企业与顾客之间的关系、企业与员工之间的关系、企业与其他企业之间的关系、企业与社区之间的关系等。

2. 政府部门管理者

政府部门管理者的行为规范至少应该包括以下内容：一是奉公，即必须做到公平办事、廉洁自律、反对特权；二是守法，即必须遵照法律程序来开展工作；三是忠诚，即必须忠于国家、忠于职守、实事求是；四是服务，即必须树立以人为本、为民服务的思想，不断提高服务质量。

3. 其他部门管理者

其他部门是指企业和政府部门之外的社会组织。其他部门开展的活动着眼于社会公益事业，为此，其他部门管理者对外应努力争取外界（如政府部门、公众、企业等）的有效支持，对内应加强管理，保证各项工作的高效、透明。

二、管理者角色

20世纪60年代末，加拿大学者亨利·明茨伯格提出了管理者角色理论。他认为，管理者在组织中无论处于哪个层次，也无论位于哪个职能部门，要想成功，就必须扮演特定的角色，具备特定的技能。

明茨伯格通过实证研究发现，管理者在组织中扮演着十种角色，这十种角色可被归为三大类，即人际关系角色、信息传递角色和决策制定角色。

（一）人际关系角色

管理者在组织中扮演以下三种人际关系角色：

1. 挂名首脑

挂名首脑是指管理者常常扮演组织的首脑，有可能他就是组织的最高领导者，可以代表组织参加各种仪式、签署文件等，也可能他并不是组织的最高领导者，但也经常代表最高领导者主持一些仪式，如接待客人来访或学生参观实习等，这些人虽不是组织的最高领导者，但此时扮演的是组织的首脑角色。在明茨伯格的研究里，首席执行官平均将 12% 的沟通时间花在仪式性角色上，在他们收到的邮件中，有 17% 是与其职位相关的感谢信或邀请函。

2. 领导者

领导者承担的职责是激励和动员下属，负责招聘、培训、评价、表扬、批评乃至开除下属。此时管理者扮演的是领导者角色。海尔集团首席执行官张瑞敏曾经说过，如果把企业比作一艘船，企业领导应该是什么？应该是舵手，是船长。所以，管理者能否很好地扮演领导者角色，将直接决定组织的兴衰存亡。

3. 联络者

无论是在与组织内的个人或工作小组一起工作时，还是在与外部利益相关者建立相关联系时，管理者都扮演着联络者的角色。管理者只有对重要的组织问题有敏锐的观察力，才能在组织内外建立良好的关系网络。

（二）信息传递角色

在信息传递过程中，管理者负责确保与其一起工作的人拥有足够的信息，从而顺利地完成工作。管理者既是所在组织的信息传递中心，也是组织中其他工作小组的信息传递渠道。组织中的所有成员都依赖于管理结构和管理者来获取或传递必要的信息，以便完成工作。

管理者在组织中扮演以下三种信息传递角色：

1. 信息监听者

作为信息监听者，管理者通常接受来自两个方面的信息：一是通过联络者角色获取外部信息；二是通过领导者角色获取来自下属的信息。这些信息大致有五大类：内部业务信息、外部事件信息、分析报告、各种意见和倾向、压力。

2. 信息传播者

信息传播者是指管理者作为信息监听者，将从外部和下属那里获取的信息传递给组织中的其他成员，从而影响他们的工作态度和行为。在这些信息中，有些是关于实事的信息，有些是解释和综合组织内有影响的人物的各种价值观点。

3. 发言人

管理者须将信息传递给组织以外的个人，如必须向董事会和股东说明组织的财务状况与战略方向，必须向消费者保证组织要履行的社会责任，等等。在这些活动中，管理者就是在扮演发言人角色。

（三）决策制定角色

管理者在扮演信息传递角色时所获得的信息会对他们决策的形成产生重大的影响。管理者所扮演的决策制定角色有以下四种：

1. 企业家

管理者要密切关注组织内外部环境的变化，以便发现机会。企业家角色是指管理者在其职权范围内充当组织变革的发起者和设计者。其具体活动开始于视察工作，寻找各种机会和发现问题。管理者认为有必要采取行动来改进组织状况时，就意味着开始了组织的设计阶段。管理者通常从三个不同层次来参与决策方案的设计和选择：授权、批准、监督。一般来说，对于不重要的事项，可以授权下属设计和选择；对于相对重要的事项，可以由下属完成设计后再由管理者批准；对于某些需要改进的方案，管理者在设计阶段就要参与其中。

2. 干扰应对者

无论管理得多好，组织在运行的过程中，总会遇到或多或少的问题和冲突。管理者必须妥善解决各种问题或处理冲突，如平息客户的怒气，与不同的供应商进行谈判，解决成员之间的争端等。

3. 资源分配者

任何组织要想实现自己的目标都需要投入资源，组织资源包括时间、资金、材料、设备、人员、场地、信息等。但资源通常都是有限的，因此管理者很重要的责任就是将资源进行合理分配，以取得最好的效果。作为资源分配者，管理者应具有一定的职权。

4. 谈判者

研究结果表明，管理者会把大量时间花在谈判上。谈判对象包括员工、供应商、客户和其他工作小组。例如，在管理者与咨询公司的合同谈判、与供应商关于建立长期合作关系的谈判、为调解两个下属部门的争执所进行的谈判等活动中，管理者就是在扮演谈判者角色。

专栏 1-1

管理者角色理论与管理职能的关系

明茨伯格的管理者角色理论与管理职能并不矛盾。管理者角色理论实质上是与管理职能相吻合的，如挂名首脑角色属于领导职能、资源分配者角色属于计划职能等。当然，并非所有管理者角色都分别属于某一管理职能，如发言人角色、干扰应对者角色等。这些差别可以用明茨伯格的综合管理活动和纯粹管理活动的观点来解释。

三、管理技能

每位管理者在组织中不论从事哪方面的管理工作，都要力争使自己主管的工作达到一定的标准和要求。管理是否有效在很大程度上取决于管理者是否真正具备了管理技能。因此，管理者在行使各种管理职能、扮演三大类管理角色时，必须具备技术技能、人际技能和概念技能。

（一）技术技能

技术技能是指管理者从事自己管理范围内的工作所需要的技术和能力。如果是财务科科长，就要熟悉相应的财务制度、记账方法、预算和决算的编制方法等；如果是办公室管理人员，就要熟悉组织中的有关规章制度、公文的写作方法和收发程序等。尽管管理者未必是技术专家，但其必须具备足够的技术技能，才能卓有成效地指导组织成员完成任务。

技术技能对于各层次的管理者的重要性有所不同。对基层管理者来说，技术技能尤为重要。因为基层管理者大部分时间都在从事培训下属或者回答下属有关具体问题方面的工作，他们必须知道如何去做下属所要做的各种工作。对中层管理者来说，技术技能较为重要。但对高层管理者来说，技术技能不是很重要。

（二）人际技能

人际技能又称人际关系技能，是指成功地与人打交道并与人沟通的能力，包括：联络、处理和协调组织内外人际关系的能力；激励组织内外工作人员的积极性和创造性的能力；正确地指导和指挥组织成员开展工作的能力。首先，人际技能要求管理者了解他人的信念、感情、个性以及对工作和组织的态度，并且承认和接受不同的观点与信念，只有这样，才能与他人更好地交换意见；其次，人际技能要求管理者能够敏锐地察觉他人的需要和动机，判断组织成员的可能行为及其后果，促使组织成员的个人目标和组织目标最大限度地统一起来；最后，人际技能要求管理者掌握评价和奖励组织成员的一些技术与方法，最大限度地调动和激励组织成员的积极性与创造性。研究结果表明，人际技能是一种重要技能，对各层次的管理者同等重要。

（三）概念技能

概念技能是指管理者对事物进行洞察、分析、判断、抽象和概括所需要的能力。具有概念技能的管理者往往能把组织视为一个整体，并且了解组织各个部分之间的关系。具有概念技能的管理者了解组织与

> **关键点**
>
> 技术技能对基层管理者尤为重要；
> 人际技能对各层次管理者同等重要；
> 概念技能对高层管理者尤为重要。

外部环境是怎样互动的，了解组织内部各组成部分是怎样相互作用的，知道自己所处的部门或科室在组织中的地位和作用，等等。很强的概念技能为管理者识别问题的存在、制定可供选择的解决方案、选择最好的方案并付诸实施提供了便利。概念技能对高层管理者尤为重要，对中层管理者较为重要，对基层管理者则不是很重要。

上述三种管理技能是各层次管理者都需要掌握的，区别在于各层次管理者所需掌握的三种管理技能的比例会有所不同，如图 1-1 所示。

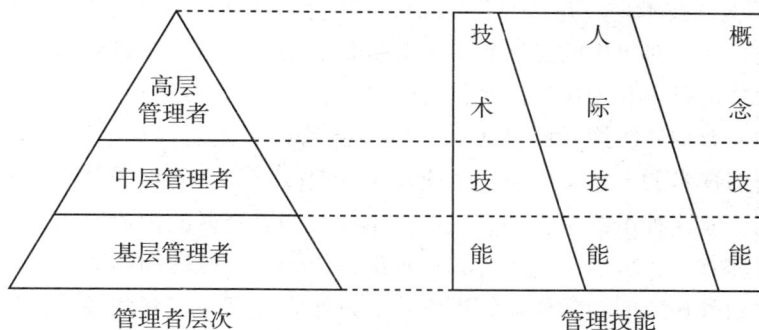

图 1-1　管理者层次与管理技能

第三节　管理与组织环境

21 世纪，任何组织要想获得成功，都必须面对一个竞争非常激烈、市场和企业行为不断全球化、技术变化更为迅速的世界。在一个不确定的世界里，没有一个组织仅凭过去的荣耀就可以获得成功。未来属于那些在复杂多变的环境里创造和保持竞争优势的组织。

一、组织环境的构成

任何组织都不是孤立和自我封闭的，而是存在于一定环境中，组织的管理工作实际上也是在一个开放的系统中进行的。管理者必须时刻了解环境的变化，并不断适应。

组织环境一般由两大部分构成，即组织的外部环境与内部环境。

（一）组织的外部环境

组织的外部环境是指对组织的绩效产生潜在影响的外部因素，分为宏观环境和产业环境两部分。

1. 宏观环境

宏观环境又称社会大环境，是指对某一特定社会中的所有组织都产生影响的环境因素，包括经济环境、技术环境、政治和法律环境、社会文化环境和全球化环境。

（1）经济环境。经济环境是指一个组织所在的国家或地区的总体经济状况，包括生产力发展水平、产业结构状况、通货膨胀状况、收入和消费水平、市场的供求状况和经济体制等。经济环境对营利组织和非营利组织都会产生影响。例如，任何组织的正常运转都需要资金，利息率和通货膨胀率会影响资金的成本与可获得性；劳动力价格和供求状况会影响组织所需劳动力的成本与可获得性；等等。

（2）技术环境。技术环境是指与组织业务开展有关的科学技术的现有水平、发展趋势及发展速度。技术环境对组织的发展有着至关重要的影响。当今世界科学技术的发展速度越来越快，随着社会信息化和知识经济时代的到来，科学技术对组织的影响更为显著，技术的变革正在从根本上影响组织模式的变革和管理者的管理方式。例如，20世纪90年代以来，计算机网络和通信技术的迅猛发展与广泛应用逐渐改变了社会的生产方式、人们的生活方式和工作方式。在企业这种组织中，计算机技术不仅改变了企业的作业方式，而且深刻地改变了企业的作业管理方式，出现了包括计算机辅助设计、计算机辅助制造、计算机集成制造系统、企业资源计划等在内的新的作业管理方式。近年来，新一代互联网、云计算、大数据和人工智能等信息技术的迅猛发展，不仅催生了大量全新的商业模式，而且很大程度上改变或正在改变着传统产业的发展。

（3）政治和法律环境。政治和法律环境主要是指一个国家的政权性质和社会制度，以及国家的路线、方针、政策、法律和法规等。不同的国家有不同的政治和法律环境，不同的政治和法律环境对组织活动有不同的限制与要求。对组织来说，这些环境因素是不可控的，带有强制性的约束力。任何组织都必须研究并适应政治和法律环境，了解国家和政府禁止组织干什么、允许组织干什么、鼓励组织干什么，从而使自己的行为符合国家的路线、方针、政策、法律和法规的要求，这样才能受到国家和政府的支持与保护。

（4）社会文化环境。社会文化环境是指生活在一定社会中的人口因素（包括人口的地理分布、人口密度、年龄结构、受教育程度）以及被社会公认的价值观、信仰和行为规范。社会文化环境与伦理环境、政治和法律环境虽有很强的关联性，但还是有区别的。一些社会习惯和整个社会所持有的价值观，以及被人们普遍接受的行为准则构成了组织的伦理环境。如果将这些内容以法律条文的形式固定下来，其就具有法律效力。

专栏 1-2

教育背景对管理者的影响

在组织的外部环境中，教育背景对管理者工作态度的影响最大。受过高等教育且在工作中接受过培训的管理者往往对下属的信任度较高，容易放权；他们往往更有远见，更能发现下属的潜在能力；在运用决策与控制技术方面，他们更能不断吸取和接受新事物。

（5）全球化环境。当前，组织发展面临的外部环境日益全球化。所谓全球化，是指各种商品和生产要素跨越国界，在全球范围内自由流动，各国、各地区逐步融合成一个整体。"地球村""全球经济一体化"等说法反映了当今世界发展的趋势。跨国公司在中国设立子公司，中国企业走出国门设立分支机构、加入各种区域性联盟和全球性组织，外国投资者投资中国国有企业，中外机构合作办学，国外教育机构来中国招生，北京的时装流行趋势与欧洲同步等，都足以表明各种规模和类型的组织管理者正在面临全球化环境的机遇和挑战。管理者的思维必须超越国界，无论是进行全球化运作的企业还是经营范围局限于国内的企业，为适应来自国外同类或相关组织高质量的产品或服务的竞争，都面临改进自己的产品或服务的压力。

2. 产业环境

产业环境又称具体环境或中观环境，是指与特定组织直接发生联系的环境因素，包括竞争对手、顾客、供应商、战略合作伙伴等。与宏观环境相比，产业环境对特定组织的影响更为明显，也容易为管理者所识别。当然，不同组织面临的产业环境是不一样的。

（1）竞争对手。竞争对手是与组织竞争资源的其他组织，如阿迪达斯和耐克公司互为竞争对手。竞争不限于商业企业，其他组织间也存在竞争，如大学之间要争夺优质生源，美术馆之间要竞争最好的展览机会等。

（2）顾客。顾客是为购买组织产品或服务支付货币的个人或组织。绝大多数顾客是个人，但顾客不一定都是个人，学校、医院、政府部门、零售商和制造商都可能是其他组织的顾客。

（3）供应商。供应商是为其他组织提供资源的组织，如可口可乐公司为麦当劳提供软饮料。

（4）战略合作伙伴。战略合作伙伴又称战略联盟，是指两家或更多的公司在合资公司或其他形式的伙伴关系中共同工作。例如，麦当劳同沃尔玛达成协议，在许多沃尔玛店内开设小型的麦当劳餐厅等。

（二）组织的内部环境

组织的内部环境是指组织拥有的资源条件，由组织内部的物质环境和文化环境构成。

1. 组织内部的物质环境

组织内部的物质环境是指组织所拥有的各种资源，主要包括人力资源、物力资源、财力资源、技术资源等。这些资源是组织开展各种活动并实现组织目标的基本条件。管理者必须以尽可能低的成本获取这些资源，并有效地使用所拥有的资源。在组织资源中，最重要的是人力资源。

2. 组织内部的文化环境

组织内部的文化环境至少有两个层面的内容：一是组织的制度文化，包括组织的工艺操作规程和工作流程、规章制度、考核奖励制度及健全的组织结构等；二是组织的精神文化，包括组织的价值观、组织信念、经营管理哲学及组织的精神风貌等。良好的组织文化是组织生存和发展的基础与动力。

组织文化具有以下几个基本特征：

（1）组织文化的核心是组织成员共有的价值观。价值观是最基本的价值理念，它告诉人们应该做什么、不应该做什么、什么是重要的、什么是不重要的。价值观能规范和引导人们的行为。

（2）组织文化的本质是以人为主体的人本文化。人是整个组织中最宝贵的资源和财富，也是组织活动的主旋律。组织只有充分重视人的价值，最大限度地尊重人、关心人、依靠人、理解人、培养人和造就人，充分调动人的积极性，发挥人的主观能动性，努力提高组织成员的社会责任感和使命感，才能不断增强活力，实现既定目标。

（3）组织文化的管理方式是以柔性管理为主。组织文化是通过柔性的而非刚性的文化引导，建立组织内部合作、友爱、奋进的文化以及和谐的氛围，使组织的共同目标转化为成员的自觉行动，从而使群体产生最大的协同合力。

（4）组织文化的重要功能是增强组织的凝聚力。组织成员来自全国各地，甚至其他国家，不同的风俗习惯、文化传统、工作态度、行为方式等都会导致成员之间产生摩擦、对立、冲突甚至对抗，这不利于组织目标的实现。组织文化通过树立共同的价值观，不断增强组织成员之间的合

> **关键点**
> 　　组织环境包括组织的外部环境与内部环境两部分。
> 　　组织的外部环境分为宏观环境和产业环境。
> 　　组织的内部环境包括组织内部的物质环境和文化环境。

作、信任和团结，实现文化的认同和融合，从而使组织具有强大的向心力和凝聚力。

组织文化的塑造一般要通过以下途径：首先明确组织的价值观，即明确组织成员要遵循的价值观；然后通过标记、象征、故事、仪式与庆典等活动，将组织的价值观逐渐落实到组织成员的行动中，使其不断发展和完善。管理者，特别是高层管理者在组织文化的培育过程中扮演着重要的角色。

二、组织环境的不确定性及对组织环境的管理

（一）组织环境的不确定性

对管理者来说，了解组织环境的构成固然重要，但更重要的是分析和了解组织环境，以便更好地适应组织环境。组织环境具有不确定性的特征，这对组织管理有重大影响。

组织环境的不确定性是指组织环境的复杂程度和变化程度。组织环境中的要素数量以及组织所拥有的与这些要素相关的知识广度形成了组织环境的复杂程度。一般来说，组织规模越大，管理者必须应对的环境因素的数量越多。一个组织要打交道的竞争者、顾客、供应商

或政府部门越多，或者需要掌握的有关自身环境的知识越多，组织环境的复杂性就越强。组织环境的变化程度是指各种环境因素随时间的推移而变化和演进的程度。例如，在计算机和通信行业，提高微处理器的性能并降低其成本的技术进步、宽带和无线传输的发明等都将使管理者的任务环境发生巨大的变化。

依据组织环境的不确定性，可以将组织环境分为以下四种类型：

（1）简单稳定的环境。简单稳定的环境是指复杂程度和变化程度都比较低的环境。例如，标准挂衣架制造商、软饮料制造商或啤酒经销商等就处于简单稳定的环境中。

（2）复杂稳定的环境。随着组织所面临的环境因素的增加，组织环境的不确定性相应增加。例如，大学、医院、保险公司、汽车制造商等经营规模较大的组织就处于复杂稳定的环境中。

（3）简单动态的环境。有些组织所面临的环境的复杂程度并不高，但环境中的某些要素发生剧烈变化，使组织环境的不确定性明显增加。例如，唱片公司、玩具制造商和时装加工企业就处于简单动态的环境中。

（4）复杂动态的环境。当组织面临许多环境因素，经常有某些因素发生重大变化，且这种变化很难预见时，这种环境的不确定性最强，对管理者的工作极具挑战性。例如，计算机软件公司、电子仪器制造商等就处于复杂动态的环境中。

组织环境的高度不确定性极大地影响组织的兴衰存亡，因此组织的管理者必须通过自己的主动影响，将环境的不确定性尽可能地降低。

（二）对组织环境的管理

1. 管理组织环境的步骤

第一步，列出对组织环境影响最大的因素的数量和相对强度。

第二步，对第一步中列出的因素的变化进行分析，确定它们是为组织创造了机遇还是带来了威胁。

第三步，拟订一个计划，说明自己打算如何利用环境因素创造的机遇或者化解其带来的威胁，并确定为实现这个目标所需要使用的资源。

2. 提高管理组织环境能力的方法

管理者提高管理组织环境能力的方法主要包括：

（1）创设一种组织机构和控制系统，让组织内所有的管理者分别负责一些具体的环境因素，比如，让研发部门负责技术因素，让战略部门负责经济因素，让法律部门负责政治和法律因素，等等。

（2）充分利用互联网技术。例如，在分销方面，利用互联网可以向潜在的消费者推介新产品或现有产品信息，并且互联网是向消费者销售产品的一种媒介和手段；在某学校就读的学生家长能够在学校的网页上浏览自己所关心的信息；等等。

第四节　管理学的研究对象及研究方法

一、管理学的研究对象

管理学是研究管理活动过程及其规律的科学，是管理实践的科学总结。管理学横跨自然科学、社会科学和工程技术各个领域，其研究对象包括生产力、生产关系及上层建筑的各个方面。管理学的研究对象主要包括以下内容：

1. 管理的原理

管理的原理是指管理的基本规律，即适用于一切社会形态管理活动的各种基本规律，如管理的对象、过程、核心、目的以及管理的实质与内容等。

2. 管理的职能

管理学把计划、组织、领导和控制等职能作为主要内容来研究，并揭示其内在联系。这些管理职能既体现了管理的基本任务，又反映了管理的全过程，而且管理的原理、原则都要通过管理的功能发挥作用。

3. 管理的方法、技术和手段

管理功能的执行和完成是通过管理的方法、技术和手段来实现的。管理的方法、技术和手段是管理学研究的重要内容，体现了管理学较强的应用性。

4. 管理者和管理者群体

管理者是管理活动的主体。能否实施有效的管理，管理者起关键作用。因此，管理者的个人素质、管理者群体的结构以及它们之间的关系都是管理学研究的重要课题。

5. 管理环境

任何组织都是在特定的外部环境下运行的，都要与外部环境进行物质、能量和信息的交流。组织要实现自己的目标，就必须对组织环境进行研究，把握组织与外部环境之间的联系方式和途径，以便最有效地从外部获取所需资源和最大限度地进行功能输出。

6. 管理思想及实践的发展历史

研究管理思想及实践的发展历史，以便更好地继承、发展和建设现代管理学。

7. 管理效果

管理必须有效，有效的标志是管理活动的效率与效益。

二、管理学的研究方法

1. 观察、总结的方法

按照理论联系实际的要求，研究管理学必须观察管理实践，总结管理经验，并进行提炼、概括，使其上升为理论与方法。人们的管理实践，特别是众多优秀管理者的管理经验中蕴藏着丰富的管理哲理、原理和方法。研究管理学，应培养敏感意识，并运用分析、综合、抽象等逻辑方法总结实践经验，这样就会收到事半功倍的效果。

2. 比较研究的方法

有比较，才会有鉴别。当代世界各国都十分重视对管理和管理学的研究，各自形成了带有特色的管理科学。借鉴、应用他国的管理理论与方法时，不能简单地照搬。这就要求我们学会运用比较研究的方法，对他国的管理理论与方法进行比较分析，分辨出一般性的东西和特殊性的东西、可借鉴的东西和不可借鉴的东西，真正做到博采众长，进而丰富我国管理学的内容。

3. 历史研究的方法

历史研究的方法就是运用有关管理理论与方法的历史文献，研究管理的起源和历史演变、重要管理思想家的理论以及重要的管理案例，从中找出具有规律性的东西，寻求具有重要意义的管理哲理、原理和方法。无论是中国的历史，还是外国的历史，其中都有大量关于管理理论与方法的文献，有许多值得研究的管理事例。只要坚持正确的指导思想、细致的工作作风，深入地研究前人留下的管理精华，就会有所收获、有所创新、有所发展。

4. 案例分析法

案例分析法是指在研究管理学的过程中，通过对典型的管理案例进行分析、讨论，从中总结出管理的经验、原理和方法，加强对管理理论的理解与方法的运用。案例分析法是当代管理科学比较发达的国家在管理学教学中广为推行的方法，效果甚佳。研究管理学必须掌握案例分析法，将自己置身于模拟的管理情境中，运用所学的管理原理和方法去指导实践。

5. 试验研究的方法

试验研究的方法是指有目的地在设定的环境条件下认真观察研究对象的行为特性，并有计划地变动试验条件，反复研究管理对象的行为特征，进而揭示管理的规律、原则和艺术的方法。试验研究的方法不同于案例分析法，后者是将自己置身于模拟的管理情境中，而前者是在真实的管理环境中对管理的规律进行探讨。只要设计合理、组织得好，通过试验研究的方法就能够得到很好的结果。著名的"霍桑试验"就是运用试验研究的方法研究管理学的典范之一，它所得到的重要结果是扬弃了传统管理学将人视为单纯"经济人"的假说，建立了"社会人"的观念，从而为行为科学这一管理学分支的形成和发展奠定了基础。

本章小结

管理是指管理者为有效地实现组织目标，对组织资源和组织活动有意识、有组织、不断地进行协调的活动。管理具有二重性、科学性和艺术性。

组织中从事管理工作的人，按所处的层次，可以分为高层管理者、中层管理者和基层管理者；按所处的活动领域，可以分为企业管理者、政府部门管理者和其他部门管理者。

管理的职能一般包括计划、组织、领导和控制四个方面。不同管理层次的管理者在工作中的差别不在于职能本身有明显不同，而在于履行职能的侧重点和程度不同。管理者需具备的技能包括三个方面，即技术技能、人际技能和概念技能。高层管理者更需要具备概念技能，基层管理者对技术技能要求较高。但无论哪个层次的管理者，都不例外地需要具备人际技能。

管理总是在一定的环境中进行的。组织的管理工作实际上也是在一个开放的系统中进行的。管理者必须时刻了解环境的变化，并不断适应。组织环境分为组织的外部环境和内部环境。组织的外部环境是指对组织的绩效产生潜在影响的外部因素，分为宏观环境和产业环境两部分。组织的内部环境由组织内部的物质环境和文化环境构成。

管理学是研究管理活动过程及其规律的科学，是管理实践的科学总结。管理学的研究方法有观察、总结的方法，比较研究的方法，历史研究的方法，案例分析法和试验研究的方法等。

思考题

1. 管理的实质是什么？对政府部门或高等院校的管理与对企业的管理有何相同和不同之处？

2. 为什么说"管理既是一门科学，又是一门艺术"？

3. 管理的职能有哪些？各职能之间存在怎样的相互关系？

4. 一个有效的管理者需要扮演哪些角色，具备哪些技能？

第二章　管理理论的形成与发展

学习目标

学完本章内容，你应该能够：
- 描述古典管理理论的主要观点
- 解释行为科学理论的形成
- 解释"管理理论的丛林"的主要内容
- 描述企业文化、学习型组织和企业再造的主要内涵

关键术语

古典管理理论　行为科学理论　企业文化　学习型组织　企业再造

管理活动源远流长，但比较完整的管理理论经历了一个比较漫长的历史发展过程。管理理论的形成与发展是同管理实践紧密相连的，它是管理实践的经验概括和理论总结。14世纪末15世纪初，随着欧洲资本主义萌芽的出现，管理思想的雏形产生。19世纪末20世纪初，比较系统的管理理论形成。管理理论经历了古典管理理论、行为科学理论和现代管理理论三个阶段。20世纪80年代以来，西方管理学界出现了许多新兴的管理理论。了解管理理论的形成与发展是学习管理学的理论基础。

第一节　管理理论的萌芽

管理作为一种社会行为，随着人类社会的产生而产生，随着人类社会活动的发展而发展。在人类社会初期，生产力水平极其低下，仅靠单个个体用简陋、粗糙的石器、木器、骨器等难以同各种凶猛的野兽做斗争，人们必须联合起来，协同行动，选择最佳的攻击方位和时机才能捕获猎物。那时，尽管人们头脑中还没有管理的概念，其行为不是在管理理论的指

导下进行的，甚至找不到管理者，但为了实现共同目标而协同行动的行为具有一般管理的本质特征，因而它也是管理。

随着人类社会的进步和生产力水平的不断提高，人类协同行动的规模和范围越来越大，管理活动日益发展，各种朴素的管理思想也随之产生。在工业文明出现之前，中外已有迄今看来非常浩大的工程。国外有古埃及的金字塔，据考证，其中最大的金字塔由 230 万块石块砌成，每块平均重达 2.5 吨。当时的统治者动用 10 万人，耗时几十年才建成。国内有秦朝始建的万里长城、隋朝开挖的大运河等。所有这些浩大的工程都需要大规模的协同行动，因而也体现了管理的发展。在中国历史上还有不少体现科学管理思想的例子，如唐朝刘晏的漕运改革就是一大创举。他实行有偿劳动，将漕运分为几段，按各段的水情招船工，使用船只，并将大米由散装改为袋装，既方便搬运，又便于失事后打捞。这项改革使当时将南方大米运往京都长安的时间由原来的八九个月缩短为 40 天左右。

管理理论的形成与发展同管理实践是紧密相连的，它是管理实践的经验概括和理论总结。正如前述，素以世界奇迹著称的古埃及金字塔、中国的万里长城，其宏伟的建筑规模足以证明人类的管理能力和组织能力。这些浩大的工程既是劳动人民智慧的结晶，也是历史上伟大的管理实践。随着管理实践的进行，人们逐步形成了各种各样的管理思想。但这些管理思想只是对管理的零碎研究，还没有形成一个比较完整的管理理论体系，只能说它是管理理论的萌芽。

一、中国早期的管理思想

中国早期的管理思想分为宏观管理的治国学和微观管理的治生学。治国学适应中央集权的封建国家管理的需要，包括财政赋税管理、人口田制管理、市场管理、货币管理以及国家行政管理等方面。治生学则是在生产发展和经济运行的基础上通过官、民的实践逐步积累起来的，包括农副业、手工业、运输业、建筑工程、市场经营等方面。管理的指导思想和指导原则可以概括为以下要点：

1. 顺道

"道"在中国历史上有多种含义。属于主观范畴的"道"主要是指治国的理论，属于客观范畴的"道"主要是指客观经济规律。本书使用的是后一种含义，指管理要顺应客观经济规律。

2. 重人

"重人"是中国早期管理的一大要素，包括两个方面：一是重人心向背；二是重人才归离。要夺取天下，办成事业，人是第一位的，故中国历来讲究得人之道、用人之道。管子提出，政之所兴，在顺民心；政之所废，在逆民心。

3. 人和

"和"就是调整人际关系，讲团结，上下和，左右和。对治国来说，和能兴邦；对治生来说，和气生财，故中国历来把"天时""地利""人和"作为取得事业成功的三大要素，其中"人和"最为关键。

4. 守信

治国要守信，办企业也要守信。孔子说："君子信而后劳其民。"管子特别强调要取信于民，提出国家行政应遵循的一个重要原则：不行不可复。也就是说，治理国家，必须言而有信。

5. 对策

"运筹策帷帐之中，决胜于千里之外"，《史记·高祖本纪》中的这句话说明我国古代在治国、治军、治生等一切活动中都必须统筹谋划，正确研究对策，以智取胜。孙子认为，知彼知己，百战不殆；不知彼而知己，一胜一负；不知彼不知己，每战必殆。治国必须有预见性，有备无患，预则成，不预则废。

6. 法治

中国的法治思想起源于先秦法家，后来逐渐演变成一整套法治体系，包括财税法治、人才法治、军事法治等。韩非认为，法治优于人治。他还主张，法应有公开性和平等性，在法律面前，人人平等，人人都得守法。

二、西方早期的管理思想

14 世纪末 15 世纪初，欧洲出现了资本主义萌芽。到 18 世纪末，英国及其他资本主义国家相继出现了工业革命。1769 年，英国机械师瓦特发明的蒸汽机得到了广泛应用，手工业生产转变为机器生产，工厂这一新的组织形式代替了以家庭为单位的手工作坊。工厂制度的出现要求机器大工业的管理必须采用新的、科学的方法，那种依靠个人的主观经验和臆断行事的做法已不适应工业革命后工厂制度所代表的生产力的要求。工厂制度的发展引起人们对管理的关注。许多理论家，特别是经济学家在其著作中越来越多地涉及有关管理方面的问题，概括起来，主要有以下几个方面：

1. 关于管理的职能

18—19 世纪的一些经济学家就已提出管理的一些职能。例如，法国资产阶级庸俗政治经济学创始人让·巴蒂斯特·萨伊强调计划职能的重要性。

对工人的培训和对管理人员的教育受到当时一些经济学家的重视。例如，比利时经济学家埃米尔·德·拉维勒耶主张，通过对无生产技能的工人的培训来帮助他们胜任某项工作是雇主的责任。

人事管理受到一些理论家和思想家的广泛关注。英国空想社会主义者罗伯特·欧文经过一系列试验，首先提出在工厂生产中要重视人的因素，缩短工人的工作时间，提高工人的工资。因此，有人认为欧文是人事管理的创始人。

组织职能也受到当时一些经济学家的关注。例如，法国著名学者范·布伦·邓斯洛在

《社会、政府和工业的经济哲学原则》一文中指出，雇主从属于公众，而每一个雇员都从属于他自己的雇主。这样，整个企业的力量才能从事满足公众需要的工作。这就是工业中的组织。

2. 关于管理人员应具备的素质

在讨论管理人员应具备的素质时，塞缪尔·纽曼认为，一个好的管理人员应具备不寻常的远见卓识和深谋远虑，善于制订计划，并能监督和指挥他人实施计划，以实现目标。之后，英国著名哲学家和经济学家约翰·穆勒又加上了忠诚和热心两个条件。英国经济学家艾尔弗雷德·马歇尔又把自力更生和敏捷作为管理人员应具备的素质。

3. 关于动作和工时的研究

英国经济学家亚当·斯密对动作和工时做了初步研究。他提出劳动分工可以提高工人的劳动熟练程度，从而提高劳动生产率，同时有利于创造新工具和改进设备。其后，约翰·穆勒又把这项研究作为一项专门的课题，从劳动分工的角度对人的动作进行了分析研究。后来，英国数学家和发明家查尔斯·巴比奇在工时研究方面做了大量的工作，他指出，可以通过工人在一定时间内所完成的作业次数计算出平均产量。

4. 关于专业化和劳动分工

亚当·斯密是最早研究专业化和劳动分工的经济学家。他认为，劳动是国民财富的源泉，劳动生产力的改良和改进是国民财富增长的基本原因。

亚当·斯密在分析增进劳动生产力的因素时，特别强调劳动分工的作用。他通过对比某些工艺、手工制造业实行劳动分工前后的变化，以及易于劳动分工的制造业和当时不易于劳动分工的农业的情况，来说明劳动分工可以提高劳动生产率。

在亚当·斯密劳动分工理论的基础上，查尔斯·巴比奇对专业化问题也进行了系统的研究。他在《机器与制造业经济学》一书中着重论述了专业化与机器、工具的使用，时间研究，批量生产，均衡生产，成本记录等。该书是管理史上的一部重要文献。

上述各种管理思想是随着生产力的发展，为适应资本主义工厂制度发展的需要而产生的。这些管理思想虽然不系统、不完善，也没有形成专门的管理理论和学派，但是对于促进生产的发展和科学管理理论的产生都产生了积极的影响。

第二节　古典管理理论

在社会经济发展和前人管理思想的基础上，19世纪末20世纪初，欧洲和美国相继有人提出比较系统的管理理论。当时，经过产业革命后，资本主义先进国家的生产力发展已达到一定的高度，科学技术也有了较大的发展。资本主义经济的发展不仅使生产进一步社会化，企业的规模不断扩大，而且促使企业所有者与管理者加速分离，从而对企业管理提出了新的要求。当时的管理一般仍建立在经验和主观臆断的基础上，远远不能适应社会化大生产的要求，也不能适应复杂的企业的要求。为了适应生产力发展的要求，当时在美国、法国、德国以及其他一些西方国家产生了科学管理思想，从而形成了各具特色的古典管理理论，在美国表现为泰罗创立的科学管理理论，在法国表现为法约尔创立的一般管理理论，在德国表现为韦伯创立的行政组织体系理论。

一、泰罗的科学管理理论

（一）"科学管理之父"——泰罗

弗雷德里克·泰罗（1856—1915）出生于美国费城一个富裕的律师家庭，接受过良好的早期教育。进入大学后，出于健康原因，泰罗不得不辍学，之后进入费城米德瓦尔钢铁厂当技工。他从一般工人做起，由于工作努力，先后被提升为车间管理员、工长、设备维修总负责人、总制图师、总工程师。1883 年，他通过业余学习，获得斯蒂芬斯工艺学院机械工程学位。在米德瓦尔钢铁厂工作期间，泰罗发现许多工人在工作中表现出"故意偷懒""磨洋工"，工作效率很低；虽然实行计件工资制度，但雇主在提高产量后就降低计件单价，造成工人不愿多做工作，生产效率难以进一步提高。泰罗根据自己的经验认为，提高劳动生产率，生产出更多的产品是完全可能的，关键是确定一个工作日的合理工作量，并采用正确的工作方法和适用的工具。为此，他从 1880 年开始进行时间研究、金属切削研究等方面的工作。1899 年，他又在伯利恒钢铁公司进行了搬运生铁块、铁锹和金属切削等试验。通过上述一系列试验和长期的管理实践，泰罗总结出一些管理原理和方法，并将其系统化，形成了科学管理理论。反映泰罗科学管理思想的主要著作是 1911 年出版的在管理史上享有盛名的《科学管理原理》。

1915 年 3 月 21 日，泰罗于费城去世，被后世称为"科学管理之父"。

（二）科学管理理论的主要内容

科学管理的核心思想是，要改变传统的一切凭经验办事（工人凭经验操作机器，管理人员凭经验进行管理）的落后状态，使经验的管理转变为"科学的"管理。它使劳资双方都把注意力从盈利的分配转移到增加盈利上来。当他们用友好合作与互相帮助来代替对抗和斗争时，企业就能够生产出更多的产品，从而使工人的工资大大增加，企业所有者的利润也会大大增加。

1. 科学管理的中心问题是提高劳动生产率

泰罗认为，最高的工作效率是企业所有者和工人共同达到繁荣的基础。它能使较高的工资和较低的劳动成本结合起来，从而使企业所有者获得最大的利润，工人获得最高的工资，进一步提高企业所有者对扩大再生产的兴趣，促进生产的继续发展和企业所有者、工人的共同富裕。因此，提高劳动生产率是泰罗创建科学管理理论的基本出发点，是科学管理的中心问题，也是确定各种科学管理原理、方法的基础。

2. 实行标准化管理

要使工人掌握标准化的操作方法，使用标准化的工具、机器和材料，并使作业环境标准化，泰罗认为必须使用科学的方法对操作方法、所使用工具、劳动和休息时间的搭配，以及机器的安排和作业环境的布置进行分析，才能从根本上提高劳动生产率，而这些应该是企业管理人员的首要职责。

3. 实行有差别的计件工资制

按照作业标准和工作定额，规定不同的工资率。对完成或超额完成工作定额的个人，以较高的工资率计件支付工资，一般为正常工资率的125%；对不能完成工资定额的个人，以较低的工资率计件支付工资，一般仅为正常工资率的80%。

4. 将计划职能与执行职能分开

为了提高劳动生产率，泰罗主张把计划职能与执行职能分开。泰罗的计划职能实际上就是管理职能，执行职能则是工人的劳动职能。在早期的管理思想中，所有计划都是由工人凭个人经验制订的。泰罗把计划职能从工人的工作中分离出来，由专业的计划部门去做；工人则从事执行职能，即按照计划部门制定的操作方法和指令，使用标准化的工具，从事作业生产。

5. 实行职能工长制

将整个管理工作划分为许多较小的管理职能，使所有的管理人员（如工长）尽量承担较少的管理职能。如有可能，一个管理人员只承担一项管理职能。后来的事实表明，如果一个工人同时接受几个职能工长的指挥，就容易造成管理混乱。因此，这种职能工长制没有得到推广。但这种思想为日后职能部门的建立和管理专业化奠定了基础。

6. 在管理上实行例外原则

泰罗指出，规模较大的企业不能只依据职能原则来进行管理，还需要实行例外原则，即企业的高级管理人员把处理一般事务的权限下放给下级管理人员，自己只保留对例外事项（如企业基本政策的制定和重要人事的任免等）的决策权和监督权。

泰罗的科学管理理论的影响是广泛而深远的。科学管理促进了当时工厂管理的普遍改革，由于科学管理方法逐步代替了单凭经验的管理方法，并形成了一套管理制度，从而使得美国一些主要企业得以长期发展。科学管理理论对日后管理理论的发展也产生了深远的影响。

二、法约尔的一般管理理论

亨利·法约尔（1841—1925）是西方古典管理理论在法国的杰出代表。他所提出的一般管理理论对西方古典管理理论的发展有重大影响，成为后来管理过程学派的理论基础。1916年，法约尔出版了他的代表作《工业管理和一般管理》，该书成为最早全面论述一般管理理论的著作。法约尔由此被誉为"经营管理之父"，与"科学管理之父"泰罗齐名。

法约尔出生于法国一个小资产阶级家庭，大学毕业后，在一家煤矿公司担任矿井工程师。后来，当公司处于破产边缘时，法约尔被任命为总经理。法约尔位居公司高层，担任总经理达 30 年之久，有长期管理大企业的经验。他还担任过法国陆军大学和海军学校的管理学教授，对法国的许多公共机构（如邮政局、烟草局等）做过调查和研究。因此，他的管理理论以大企业这一整体作为研究对象，带有普遍意义，这就不同于以车间、工厂的生产管理为研究对象的泰罗的科学管理理论。他的管理理论除了适用于工商企业，还适用于政府、教会、慈善团体、军队组织以及其他各种事业单位。

法约尔在泰罗的科学管理理论的基础上，进一步充实和明确了管理的概念。他认为，企业的经营有六项不同的活动，管理只是其中的一项。这六项活动如下：

（1）技术活动，包括生产、制造、加工。

（2）商业活动，包括购买、销售、交换。

（3）财务活动，包括资金的筹集和运用。

（4）安全活动，包括维护设备与保护职工安全。

（5）会计活动，包括存货盘点、核算、统计等。

（6）管理活动，包括计划、组织、指挥、协调和控制。

法约尔认为，在这六项活动中，管理活动处于核心地位。

法约尔第一次对管理的职能做了明确的划分，第一次对管理要素进行了分析，使其形成了一个完整的管理过程，因此他被称为管理过程学派的创始人。

法约尔十分重视管理原则的系统化，努力探求确立企业良好的工作秩序的管理原则。他根据自己长期的管理经验，提炼出管理的十四项原则：

（1）分工。借助专业化分工，可以提高雇员的工作效率。

（2）权力与责任。权力是发布命令和迫使别人服从的力量。权力与责任是互为因果的。责任是权力的必然结果和重要的对等物，行使权力就必然产生责任；委以责任而不授以相应的权力就是组织的缺陷。

（3）纪律。纪律是雇主与雇员在服从、勤勉、积极、规矩和尊重等方面所达成的协议。

（4）统一指挥。一个下属只能接受一个上级的命令。

（5）统一领导。对于同一目标的集体活动，只能在一个领导者和一项计划下进行。

（6）个人利益服从整体利益。不能将一个人或一个部门的利益置于整个企业的利益之上。

（7）人员报酬。报酬与支付方式要公平、合理，尽可能使雇员和企业双方都满意。

（8）集中。企业的集权与分权的程度不是固定不变的，要根据企业的规模、条件，经理人的个性、道德、品质，以及从属人员的可靠性等因素来确定。

（9）等级链。等级链是指从企业最高层到最基层的各级管理人员所组成的链条。这个链条就是权力执行的路线和信息传递的渠道。一般情况下，不要轻易破坏这个等级链。

（10）秩序。秩序是指人与物各得其所。要做到有职位安排每一位雇员，每位雇员都处在他最适合的岗位上。

（11）公平。管理人员应以公平的态度对待已经建立的规则和雇员。

（12）管理人员的稳定。一般来说，成功企业的管理人员是稳定的。

关键点
　　法约尔的最大贡献就是提出了企业经营的六项活动和管理的十四项原则。

（13）首创精神。这是事业成功的源泉，必须大力提倡、充分鼓励首创精神。

（14）集体精神。努力在企业内部营造和谐、团结的气氛。

法约尔认为，上述管理的十四项原则只是显示管理理论的"灯塔"，并不是固定不变的。原则是灵活的，是可以适用于一切需要的，问题在于如何使用它。这是一门很难掌握的艺术，要求智慧、经验、判断和对尺寸的把握。

三、韦伯的行政组织体系理论

马克斯·韦伯（1864—1920）是德国著名社会学家、经济学家和西方古典管理理论在德国的代表人物。他对管理理论的贡献主要是提出了理想的行政组织体系理论，这一理论主要反映在他的代表作《社会组织与经济组织理论》一书中。由于韦伯是最早提出一套比较完整的行政组织体系理论的人，他被后世称为"组织理论之父"。

所谓理想的行政组织体系理论，是指通过职务或职位而不是个人或世袭地位来管理，他所讲的"理想的"并不是指最合乎需要的，而是指现代社会最有效、最合理的组织形式。

韦伯指出，任何组织都必须以某种形式的权力作为基础，才能实现目标。只有权力，才能变混乱为秩序。韦伯认为，组织中存在三种纯粹形态的权力：传统的权力、超凡的权力、理性－合法的权力。在这三种纯粹形态的权力中，传统的权力是世袭得来的，而不是按能力挑选的，其管理单纯是为了保留过去的传统。传统的权力的效率较差。超凡的权力则带有感情色彩，并且是非理性的，不是依据规章制度，而是依据神秘或神圣的启示。只有理性－合法的权力才适宜作为理想的行政组织体系理论的基础，才是最符合理性原则的、高效率的一种组织结构形式。韦伯的理想的行政组织体系具有以下特点：

（1）明确的分工。对组织中每个职位的权力和责任都应有明确的规定。

（2）自上而下的等级系统。组织中的各个职位按等级原则进行法定安排，形成自上而下的等级安排。

（3）人员的任用。组织中人员的任用完全根据职位的要求，通过正式考试或教育培训来实现。

关键点
　　韦伯认为，存在三种纯粹形态的权力：传统的权力、超凡的权力、理性－合法的权力。
　　只有理性－合法的权力才适宜作为理想的行政组织体系的基础，才是最符合理性原则的、高效率的一种组织结构形式。

（4）职业管理人员。管理人员有固定的薪金和明文规定的升迁制度，是一种职业管理人员。

（5）遵守规则和纪律。管理人员必须严格遵守组织中规定的规则和纪律。组织要明确规定每个成员的职权范围和协作形式，避免感情用事、滥用职权，以便正确行使职权，减少摩擦和冲突。

（6）组织中人与人之间的关系。组织中人与人之间的关系完全以理性准则为指导，不受个人情感的影响。这种公正的关系不仅适用于组织内部，而且适用于组织与外界的联系。

韦伯认为，这种高度结构的、正式的、非个人化的理想的行政组织体系，是对人们进行强制控制的最合理手段，是实现目标、提高劳动生产率最有效的形式，在精确性、稳定性、纪律性和可靠性等方面都优于其他组织结构形式，适用于当时规模日益扩大的大型组织如国家机构、军队和各种团体等。

以上介绍的三种管理理论，虽然研究各有侧重，但有两个共同的特点：一是都把组织中的"人"当作"机器"看待，忽视"人"的因素及人的需要和行为；二是都没有看到组织与外部的联系，只关注组织内部的问题。由于具有这些共同的特点，20世纪初在西方建立起来的这三种管理理论，被统称为古典管理理论。

第三节　行为科学理论

虽然古典管理理论得到了广泛的流传和应用，但它沿袭亚当·斯密的思想，只将人当成"经济人"，主张用严格的科学方法和规章制度进行管理，较多地强调科学性、精确性、纪律性，而较少关注人的因素，把工人当成机器的附属品，主张不是工人在使用机器，而是机器在使用工人，这就引起了工人的强烈不满。

20世纪20年代前后，一方面，工人日益觉醒，工会组织日益发展，工人组织起来与雇主进行反抗和斗争；另一方面，经济不断发展，周期性经济危机日益增加，科学技术快速发展并得到广泛应用，单纯用古典管理理论及其方法已不能有效地达到提高劳动生产率和增长利润的目的。一些管理学家和心理学家也注意到，社会化大生产的发展需要与之相适应的新的管理理论。于是，他们开始从生理学、心理学、社会学等方面出发，研究企业中有关人的一些问题，如人的需要、动机、情绪、行为及其与工作的关系等。他们还研究如何按照人的心理发展规律去激发人的积极性和创造性。于是，行为科学应运而生。

研究行为科学的管理学家将管理学的人性研究课题由"经济人"转向"社会人"。这是继古典管理理论之后管理学发展的又一个重要阶段。行为科学作为一种管理理论，开始于20世纪20年代末30年代初的霍桑试验，而真正发展是在20世纪50年代。

一、梅奥及霍桑试验

乔治·梅奥（1880—1949）是美国管理学家，他对古典管理理论做了重要的补充并促使该理论得到发展。与泰罗、法约尔不同，梅奥受过心理学和社会学方面的系统训练，这使他有可能在管理的社会因素和人际关系领域做出贡献。对人际关系的研究可以追溯到工业心理学的创始人、行为科学的先驱——雨果·芒斯特伯格的工业心理学的研究，但它真正走上管理学的舞台，还是从梅奥及其同事在美国西方电气公司进行霍桑试验后开始的。梅奥的主要著作有《工业文明的人类问题》《工业文明的社会问题》。

20 世纪二三十年代，美国国家研究委员会和美国西方电气公司合作进行有关工作条件、社会因素与生产效率之间关系的试验。由于该项试验是在美国西方电气公司的霍桑工厂进行的，因此后人称之为霍桑试验。霍桑试验分为工厂照明试验、继电器装配试验、谈话研究、观察试验四个阶段。

1. 工厂照明试验

工厂照明试验的目的主要是弄明白工作环境与生产效率之间有无直接关系。研究人员将接受试验的工人分为两组：一组采用固定的照明，称为控制组；另一组采用变化的照明，称为试验组。研究人员原以为试验组的产量会由于照明的变化而发生变化，但结果是，两组的产量都大为增加，而且增加数量几乎相等。由此得出结论，照明度与生产效率之间并无直接关系，工厂照明灯光只是影响产量的因素之一。两组产量都增加的原因是被测试人员对测试产生了兴趣。

2. 继电器装配试验

继电器装配试验的目的是企图发现各种工作条件变动对生产效率的影响。研究人员将装配继电器的 6 名女工从原来的集体中分离出来，成立单独小组，同时改变原来的工资支付方式，以小组为单位计酬，撤销工头监督，工作休息时间免费供应咖啡，缩短工作时间，实行每周 5 日工作制，等等。结果发现产量增加了。接着，研究人员又逐渐取消这些待遇，恢复原来的工作条件，但生产效率并没有因此下降，反而仍在上升。据此，梅奥推测，督导方法的改变使工人的态度改变，产量增加。

3. 谈话研究

在上述试验的基础上，梅奥用两年多的时间对工厂的 2 万多名工人进行了调查。被调查者可以就自己感兴趣的问题自由发表意见。研究人员由此得出结论：任何一名工人的工作成绩都会受到周围环境的影响，即不仅仅取决于个人自身，还取决于群体成员。

4. 观察试验

为弄清楚社会因素对激发工人积极性的影响，研究人员选择了由 14 名工人组成的生产小组进行观察试验。在试验中实行集体计件工资制，根据最初的设计，工人完全有能力完成定额，甚至有可能超过定额。可是，在进行了 5 个月的统计后，研究人员发现小组产量仍维持在一定水平。经过观察，研究人员发现小组成员之间存在一种默契：往往不到下班时间，大家就已经停止工作；当有人超过日产量时，别人就会暗示他停止工作或放慢工作进度；不应向上司告密同事间发生的事情；等等。关于限产的理由，工人的回答是：如果他们达到定额，工厂会将定额进一步提高；如果他们过分努力，可能有人会失业。梅奥等由此得出结论：实际生产中存在一种"非正式组织"，它决定了每个人的工作效率。

梅奥等通过上述试验得出结论：生产效率不仅受到物理、生理因素的影响，而且受到社会环境、心理因素的影响。这与"科学管理"只重视物质条件，忽视社会环境、心理因素对生产效率影响的观点相比，是一个很大的进步。

二、人际关系学说

在霍桑试验的基础上，梅奥创立了人际关系学说，提出了与古典管理理论不同的新观点、新思想。人际关系学说的主要内容如下：

1. 人是"社会人"

从亚当·斯密到古典管理学派都把人看作仅仅追求最大经济利益而进行活动的"经济人"，人际关系学说则提出了与"经济人"不同的"社会人"的观点，强调金钱并非激发员工积极性的唯一因素，人与

> **关键点**
> 对人性的基本假设，从"经济人"向"社会人"的转变，意味着管理理论的研究进入了行为科学理论阶段。

人之间的友情、安全感、归属感等社会欲望和心理欲望的满足也是非常重要的因素。

2. 满足员工的社会欲望、提高员工的士气是提高生产效率的关键

所谓士气，是指工作积极性、主动性、协作精神等结合成一体的精神状态。传统的科学管理理论认为，生产效率与工作条件之间存在单纯的因果关系，只要正确地确定工作任务，采取恰当的刺激手段，改善工作条件，就可以提高生产效率。可是，霍桑试验表明，这两者之间并不存在必然的、直接的联系。生产效率的提高，关键在于员工的工作态度，即士气的提高。而士气的高低主要取决于员工的满足度，这种满足度首先表现为人际关系，如员工在工作中的社会地位，是否被上司、同事和社会所认可，等等；其次才表现为金钱的刺激。员工的满足度越高，士气就越高，生产效率也就越高。

3. 企业中存在"非正式组织"

企业的经营结构是由"技术组织"和"人的组织"构成的。而"人的组织"又可分为"正式组织"和"非正式组织"两种。所谓"正式组织"，是指为了实现企业的总目标而承担明确职能的组织。这种组织对于个人具有强制性，这是古典组织理论所研究和强调的。梅奥认为，在共同的工作过程中，人们相互之间必然发生联系，产生感情，形成一种行为准则或惯例，要求个人服从，这就形成了"非正式组织"。"非正式组织"与"正式组织"有重大的区别，即"正式组织"以效率的逻辑为重要标准，而"非正式组织"以感情的逻辑为重要标准。"非正式组织"与"正式组织"相互依存，对生产效率的提高有很大的影响。

人际关系学说的出现，开辟了管理理论研究的新领域，弥补了古典管理理论忽视人的因素的不足。同时，人际关系学说也为日后行为科学理论的发展奠定了基础。

三、有关行为科学的理论

行为科学的研究基本上可以分为两个时期，第一个时期以人际关系学说为主要内容，从 20 世纪二三十年代的霍桑试验开始，到 1949 年在美国芝加哥讨论会上第一次提出行为科学的概念为止。1953 年，在美国福特基金会召开的各大学科学家参加的会议上，行为科学的概念被正式提出，即开启了行为科学研究的第二个时期。

行为科学的定义有广义和狭义之分。广义的行为科学是指运用自然科学的实验和观察方法，研究在自然环境和社会环境中人的行为的科学。已经得到公认的行为科学的学科有心理学、社会学、社会人类学等。狭义的行为科学是指有关工作环境中个人和群体行为的一门综合性学科。进入 20 世纪 60 年代，为了避免与广义的行为科学相混淆，组织行为学这一名称出现，专指管理学中的行为科学。目前，从研究的对象和涉及的范围来看，组织行为学可分为三个层次，即个体行为、团体行为和组织行为。

（一）个体行为理论

个体行为理论主要包括两个方面的内容：

1. 有关人的需要、动机和激励的理论

有关人的需要、动机和激励的理论可分为以下三类：

（1）内容型激励理论，包括需要层次理论、双因素理论、成就激励理论等。

（2）过程型激励理论，包括期望理论、公平理论等。

（3）行为改造型激励理论，包括强化理论、归因理论等。

2. 有关企业中的人性理论

有关企业中的人性理论主要包括：

（1）美国社会心理学家道格拉斯·麦格雷戈提出的"X 理论 – Y 理论"。这一理论围绕"人的本性"来论述人类行为规律及其对管理的影响。

（2）美国行为科学家克里斯·阿吉里斯提出的关于人类行为的"不成熟 – 成熟理论"。他认为，在人的个性发展方面，如同婴儿成长为成人一样，也有一个从不成熟到成熟的连续发展过程，最后发展为健康的个性。

（二）团体行为理论

团体是由两人或两人以上组成，并通过人们彼此之间相互影响、相互作用而形成的。团体可分为正式团体和非正式团体，也可分为松散团体、合作团体和集体等。团体行为理论主要研究影响团体发展动向的各种因素以及这些因素之间相互作用、相互依存的关系，如团体的目标、结构、规模、规范以及信息沟通和团体意见冲突理论等。

（三）组织行为理论

组织行为理论主要包括领导理论和组织变革、组织发展理论。领导理论又包括三大类，即领导性格理论、领导行为理论和领导权变理论。

以上这些理论，我们将在第四篇"领导"中有选择地进行论述。

第四节　现代管理理论

第二次世界大战后，科学技术飞速发展，生产社会化程度日益提高，这引起了人们对管理理论的普遍重视，管理思想得到丰富和发展，出现了许多新的管理理论和管理学说，形成了众多的学派。这些理论和学派在历史渊源与内容上相互影响、相互联系，形成了盘根错节、争相竞荣的局面。这一现象被美国著名管理学家哈罗德·孔茨称为"管理理论的丛林"。

1961 年 12 月，孔茨在美国《管理学杂志》上发表题为《管理理论的丛林》的文章。在这篇文章中，他把当时的各种管理理论划分为六个主要学派。1980 年，孔茨又发表《再论管理理论的丛林》一文，指出管理理论已经发展到至少十一个学派。

一、管理过程学派

管理过程学派的创始人是亨利·法约尔。古典组织理论的林德尔·厄威克、卢瑟·古利克等都属于这一学派的前期代表人物。管理过程学派在美国的主要代表人物是哈罗德·孔茨和西里尔·奥唐奈。管理过程学派的主要特点是把管理学说与管

> **关键点**
>
> 不同的学者从不同的背景、不同的角度，用不同的方法对管理问题进行研究，于是出现了种种理论与学派，形成了盘根错节、争相竞荣的局面。

理职能联系起来。他们认为，无论什么性质的组织，管理职能都是共同的。法约尔认为，管理职能有五种，即计划、组织、指挥、协调和控制，这五种职能构成了一个完整的管理过程；管理职能具有普遍性，即各层次管理人员都执行管理职能，只是侧重点不同。后来的管理学家对管理职能的划分虽然不完全相同，但也大同小异。例如，厄威克主张计划、组织、控制三职能学说；古利克提出有名的"POSDCRB"，即计划（planning）、组织（organizing）、人事（staffing）、指挥（directing）、协调（coordinating）、报告（reporting）、预算（budgeting）七种职能。

孔茨和奥唐奈合著的《管理学》是第二次世界大战后管理过程学派的代表作。他们认为，管理职能有计划、组织、人事、指挥、控制五种，并以此来分析、研究和阐明管理理论。

二、管理经验学派

管理经验学派的代表人物是彼得·德鲁克和欧内斯特·戴尔。德鲁克的代表作是《管理的实践》和《管理：任务、责任、实践》，戴尔的主要著作是《伟大的组织者》和《管理：理论与实践》。

管理经验学派又称案例学派，该学派主张通过分析管理经验（案例）来研究管理学问题。通过分析、比较、研究各种各样成功的和失败的管理经验（案例），就可以抽象出某些一般性的管理结论或管理原理，有助于学生或从事实际工作的管理人员学习和理解管理学理论，使他们更有效地从事管理工作。实践证明，案例教学是培养学生或从事实际工作的管理人员分析问题和解决问题能力的一种很有效的方法。事实上，目前美国等一些国家的很多大学都采用"案例教学"的方法来培训工商管理学院的学生。

三、系统管理学派

系统管理学派产生于20世纪60年代初，它是在一般系统理论的基础上发展起来的。一般系统理论为理解和综合各种专门领域的知识奠定了基础。该学派的主要代表人物是弗里蒙特·卡斯特和詹姆斯·罗森茨韦克，两人的代表作是《组织与管理：系统方法与权变方法》。

在管理思想的发展史上，最早运用系统观点研究管理的是美国管理学家切斯特·巴纳德。巴纳德认为，组织是两个或两个以上的人有意识地加以协调的活动的系统。组织是由物质系统、人员系统、社会系统和组织系统构成的一个复合的协作系统，经理的职能就是维护好这个协作系统，同时经理也是组织中最关键的因素。但巴纳德分析的重点在于组织内部，因此，他的研究和系统管理学派又有所不同。

系统管理学派认为，组织是一个由相互联系的若干要素组成、为环境所影响并反过来影响环境的开放的社会技术系统。它由目标和价值、结构、技术、社会心理、管理等分系统组成，必须以整个组织系统为管理研究的出发点，并综合运用各个学派的知识，研究一切主要的分系统及其相互关系。以往的各个学派都是孤立地对组织的各个分系统进行研究，缺乏整体研究。系统管理学派突破了以往各个学派仅从局部出发研究管理的局限性，从组织的整体出发，阐明管理的本质，对管理学的发展做出了贡献。

四、决策理论学派

决策理论学派的主要代表人物是曾获诺贝尔经济学奖的赫伯特·西蒙，他的代表作是《管理决策新科学》。西蒙原属于巴纳德的社会系统学派，后致力于决策理论、运筹学、计算机在企业管理中的应用等方面的研究，并取得丰硕成果，所以他另成一派。

决策理论学派认为，管理就是决策。管理活动的全过程就是决策的过程，管理是以决策为特征的；决策是管理人员的主要任务，管理人员应该集中研究决策问题。西蒙将决策分为程序性决策和非程序性决策，并将研究重点放在非程序性决策方面，提倡用电子计算机模拟人类思考，以解决决策问题。

五、管理科学学派

第二次世界大战期间，运筹学的方法在组织和管理大规模军事活动，特别是军事后勤活动中取得重大成功。第二次世界大战后，像杜邦这样的大工业企业开始利用军队中用来调动部队、设备和发展潜艇方面的技术来解决管理问题。事实上，这就是用科学技术来解决管理中的实际问题并进行决策。更具体地说，就是运用数学模型和计算机技术进行决策，以提高经济效率。

管理科学学派主张运用数学符号与公式进行决策和解决管理问题，找出最佳方案，实现组织目标；经营管理是管理科学在管理中的运用；信息情报系统就是由计算机控制的、向管理人员提供信息情报的系统。

在组织的经营管理活动中有许多不确定性，而管理科学研究的目的就是尽量减少这种不确定性，以使投入的资源发挥最大的经济效益。管理科学应用的科学方法有线性规划、决策树、关键路线法、计算机模拟、博弈论等，这些方法的应用解决了大量的管理实践问题。但由于这些方法忽视了"人"的因素，常常把"人"看作一个常量，从而使其应用受到一定限制。

六、权变理论学派

权变理论是继系统管理理论之后于 20 世纪 70 年代在西方出现的另一种试图综合各个管理学派的理论。权变理论学派认为，由于组织内部各部分之间的相互作用和外部环境的影响，组织的管理并没有绝对正确的方法，也不存在普遍适用的理论，任何理论和方法都不见得绝对有效，也不见得绝对无效，采用哪种理论和方法，要视组织的实际情况和所处的环境而定。

权变理论学派试图通过"权宜应变"融各学派学说于一体。权变理论学派并不排斥哪一个学派，而是认为各学派的理论和方法都是可取的，管理过程学派、系统管理学派、管理科学学派等的理论和方法都是权变关系中的管理变量，都能对权变管理做出贡献。

权变理论学派强调随机应变，主张灵活运用各学派的观点，为管理学的发展做出了一定的贡献。

第五节　管理理论的新发展

20 世纪 80 年代以来，西方管理学界出现了许多新的管理理论，这些理论代表了管理理论发展的新趋势。

一、企业文化

企业文化是 20 世纪 80 年代以来从"管理理论的丛林"中分化出来的一种新理论。它发源于美国，实践于日本。第二次世界大战后，作为战败国的日本满目疮痍，一片废墟。日本没有自然条件方面的优势，国土狭小，自然资源匮乏，当时既没有政治、军事优势，也没有经济、技术优势。日本企业家深刻地认识到，日本要想在世界强国之林占有一席之地，必须付出更加艰辛的劳动。这不仅需要足够的物质和技术方面的支持，而且需要一种鼓舞人们艰苦奋斗的精神力量。于是，一方面，他们抓紧引进、消化吸收西方先进的科学技术和管理制度；另一方面，他们精心研究中国的传统文化，并结合日本的民族特点，融东西方文化于一体，形成了一套以忠诚、孝顺、智慧为核心的价值观体系。这种价值观经过长期的宣传、教育、灌输、渗透和优秀人物的身体力行，终于潜移默化地形成为以培养员工的精神文化素养为中心内容的企业文化，使企业员工焕发出极大的热情、创造性和智慧，使企业的凝聚力得到增强，而且这种力量经久不衰，为日本第二次世界大战后的经济起飞提供了强有力的精神支持。

20 世纪七八十年代，尽管美国在机器设备、经济实力、人员素质、管理水平等方面均超过日本，但其竞争力很难超过日本。比如，日本在汽车、照相机、光学仪器等方面从美国手中夺走了世界领先地位，甚至在钢铁、家用电器、信息、通信等方面也超过了美国。这给美国企业和美国经济带来了巨大的震动。面对日本企业咄咄逼人的竞争态势和经济奇迹般增长，美国企业界和有关学者纷纷探讨其中的奥秘。是什么力量使日本企业具有如此强的竞争力？是什么使日本经济持续、高速增长？20 世纪 70 年代末 80 年代初，美国学术界在研究中逐渐认识到，日本之所以能在第二次世界大战后的一片废墟上迅速发展起来，起主导和关键作用的是日本企业形成并充分利用了自己独特的企业文化。这种企业文化使企业很好地顺应了国内、国际社会的变化和发展，在企业内部形成了巨大的凝聚力和极强的竞争力。研究人员对美国、日本的管理模式进行全面比较后发现，两国不同的管理模式背后是企业文化的差异，这种差异导致经济效益不同。也就是说，日本的企业文化比美国的企业文化更能激励企业的活力和竞争力。日本企业家也承认，他们之所以能取得经营成功，是把西方先进的科学技术和东方古老的儒家文化嫁接在日本企业这个根上，使其开花结果、发展壮大。

日本所取得的经济成就极大地震撼了美国。美国企业界和理论界纷纷对日本企业进行研究，并将日本企业的管理思想与美国企业的管理思想进行对比，最后他们认识到，如果没有强大的企业文化，即价值观和信仰等，即使有再高明的经营战略，企业也无法获得成功。促使日本企业形成巨大生产力、优异产品质量和强劲竞争力的，不仅包括发达的科学技术、先进的机器设备等物质因素，而且包括社会历史、文化传统、心理状态等文化因素。正是诸多因素融合而成的日本企业独具的特色造就了日本与众不同的企业文化。企业文化是企业生存的基础、发展的动力、行为的准则和成功的核心。从 20 世纪 70 年代末开始，企业文化就成为勃兴于美国、风靡于世界的一种新的企业管理思潮。

企业文化是指一定历史条件下，企业在生产经营和管理活动中所创造的、具有本企业特色的精神财富及其物质形态。它由精神文化、制度文化和物质文化三个部分组成。

（1）精神文化。精神文化是企业文化的核心层，是呈观念形态的价值观、信仰和行为准则。它体现在企业的经营哲学、宗旨、方针、目标等方面。

> **关键点**
> 　企业文化的三个组成部分：精神文化、制度文化、物质文化。

（2）制度文化。制度文化是企业文化的中间层，是组织成员工作方式、方法的一致体现。制度文化的形成基于企业文化的制度化，通过将企业文化体现于各种规章制度中，使空洞、抽象的思想变得具体、可执行，进而对组织成员的行为起引导、规范的作用。

（3）物质文化。物质文化是企业文化的外围层，是呈物质形态的产品设计、产品质量、厂容厂貌、员工服饰等。它是企业文化外在形象的具体体现。

企业文化如同企业的精神纽带，对企业的生存和发展有一种深层次的影响力。优秀的企业文化，对外可以促进形成独特的企业形象定位，产生品牌效应，拓展市场和增加产品附加值；对内可以形成强大的凝聚力，起学习、维系和激励的作用，引导、协调并约束员工行为，在较大程度上实现员工个人目标与企业总目标的一致，促进企业和个人的共同成长。

二、学习型组织

（一）学习型组织的由来

1990 年，美国麻省理工学院斯隆管理学院教授彼得·圣吉出版了他的享誉世界之作——《第五项修炼——学习型组织的艺术与实务》，在世界管理学界引起轰动。从此，创建学习型组织、进行五项修炼成为管理理论与实践的热点。为什么要创建学习型组织？因为世界变化太快。外部环境的变化要求组织不能再像过去那样被动地适应。1970 年被列入 500 家世界大企业排行榜的公司，到 20 世纪 80 年代已有 1/3 销声匿迹。因此，只有主动学习，企业才能适应迅速变化的市场环境。

圣吉提出了学习型组织的五项修炼技能：

（1）系统思考。系统思考是为了看见事物的整体。进行系统思考，一是要有系统的观点，二是要有动态的观点。系统思考不仅仅是要学习一种思考方法，更重要的是在实践中反复运用，从而可以从局部的蛛丝马迹中看见事物整体的变动。

（2）超越自我。超越自我既是指组织要超越自我，又是指组织中的个人要超越自我。超越自我不是不要个人利益，而是要有更远大的目标，从长期利益出发，从整合全局的整体利益出发。

（3）改变心智模式。不同的人对同一事物的看法不同，原因是心智模式不同。人们在分析事物时，需要以现有的心智模式为基础。但是，如果现有的心智模式已不能反映客观事物，人们就会做出错误的判断。特别是组织领导者出现这种情况时，小则会使经营出现困难，大则会给组织带来灾难性的影响。改变心智模式的做法，一是要反思自己的心智模式；二是要探询他人的心智模式，通过比较自己与他人的心智模式来完善自己的心智模式。

（4）建立共同愿景。愿景是指对未来的愿望、景象和意象。企业作为一个组织，是以个人为单元的。组织一旦建立了共同愿景，即建立了全体员工共同认可的目标，就能充分发挥个人的作用。共同愿景的建立不是组织领导者的单方面设计，而是对个人利益的融合。

（5）团队学习。团队学习是发展员工与团体的合作关系，使每个人的力量通过集体得到充分体现。团队学习的目的，一是避免无效的矛盾和冲突，二是让个人的智慧成为集体的智慧。团队学习的一种很重要的形式是深度会谈。深度会谈是对组织的重大而又复杂的议题进行开放性的交流，使每个人不仅能表达自己的看法，而且能了解他人的观点，通过交流，减少差异，促进彼此间的协作配合。

（二）创建学习型组织的基本方法

创建学习型组织，必须从人的角度入手，并且首先应该关注组织领导者的行为。如果组织领导者自身是一个独裁者，习惯于故步自封、自以为是，那么这个组织不可能成为学习型组织。创建学习型组织，必须从培养学习型的领导者开始，然后影响组织内的其他成员。只有组织内的所有成员都成为学习型成员，组织才会成为学习型组织。

1. 培养组织领导者的学习行为

组织领导者的行为决定了整个组织的方向。因此，塑造"知崇礼卑、尊贤为大"的理念甚为重要。也就是说，组织领导者要以谦虚的态度对待组织成员，尊重和重视人才，要充分认识到组织成员积极参与的意义。具体体现在：经常听取组织成员的建议，了解组织成员的状态和信息反馈；充分听取组织成员的不同意见，不能压制组织成员表达见解。

2. 从整体出发配置组织的职权

组织领导者既要避免组织单元职能模糊、重叠，从而造成任务不清晰的问题，又要避免组织单元各自为政，从而造成组织单元之间目标割裂的问题。应努力营造能够促进组织单元之间、组织成员之间互相学习和互相提高的氛围。组织领导者可以通过召开跨组织单元的讨论会和开展多种形式的非正式座谈来增进跨组织单元之间的了解、学习、合作，增进组织目标认同感。

3. 建立有利于团队学习的激励约束机制

学习需要动力，为了促进团队学习，组织需要建立动力机制。动力机制分为内动力机制和外动力机制。内动力机制就是通过树立共同愿景，增强组织和个人学习的内在动力；外动力机制主要是激励约束和竞争机制。在创建学习型组织的过程中，要有必要的经费保障，要加大投入的力度，为组织成员创造良好的学习条件和环境。通过激励约束机制的建立，确保组织成员能够通过多种渠道提升自己的知识水平和认识能力，促进个人或团队分享他们的专有知识，使其在组织范围内广为传播；激发组织成员的创造性行为，使他们不仅可以在自己的工作领域，而且可以在组织的其他领域发挥创造性作用。

4. 组织结构柔性化

典型的学习型组织表现为网状结构。实现这种网状结构，并不一定与刚性结构冲突，可以采取行政组织与业务组织双轨运行的方式，这是一种能够很好地处理组织刚性与学习需要之间关系的柔性制度。

专栏 2-1

联想集团：创建学习型组织的典范

联想集团（以下简称联想）自成立以来一直健康、迅速地发展，成为行业中的优秀企业。联想能快速成长是有多方面原因的，但不可忽视的是其极富特色的组织学习实践活动，这使它能够顺应环境的变化，及时调整组织结构和管理方式，从而健康成长。联想具有以下几种组织学习机制：从合作中学习（与惠普公司、英特尔公司、微软公司、东芝公司等保持良好的合作关系）、向他人学习（前事不忘，后事之师；他山之石，可以攻玉；向顾客学习）、从自己过去的经验中学习。联想的学习方式包括会议、教育和培训、领导议事机制等。

联想的组织学习保证和促进机制包括："鸵鸟理论"（只有比别人有非常明显的优势时，才具有竞争优势），建立共同愿望（把联想建设成为长久的、有规模的高新技术企业），企业文化认同，领导以身作则，及时调整组织结构，人员合理流动，合理的知识收集、传播和利用，等等。

创建学习型组织是一项长期而艰巨的任务，不是仅靠宣传教育和开展学习活动就能完成的，最主要的是通过改变组织成员的思维方式和学习观念、完成内心的充实和对人生的领悟来实现。它是一个潜移默化的过程，不是一朝一夕就能实现的。通过创建学习型组织，全体组织成员在学习中悟出学习的真谛，体现自身的价值，不断创新，从而提高个人素质和组织的综合素质。

三、企业再造

企业再造又称业务流程重组，是 20 世纪 80 年代末 90 年代初发展起来的一种管理理论。1993 年，迈克尔·哈默与詹姆斯·钱皮合著了《企业再造》一书。该书总结了过去几十年世界成功企业的经验，阐明了生产流程、组织流程在企业取胜于市场竞争中的决定性作用，提出了应对市场变化的新方法——企业再造。

企业再造的目的是提高企业的竞争力，从业务流程上保证企业能以最低的成本，为顾客提供高质量的产品和优质的服务。

企业再造的实施方法：以先进的信息系统和信息技术为手段，以顾客的中长期需要为目标，通过最大限度地减少对产品增值无实质作用的环节和过程，建立科学的组织结构和业务流程，使产品的质量和规模发生质的变化。

企业再造的基本内容：首先以企业生产作业或服务作业的流程为审视对象，从多个角度重新审视其功能、作用、效率、成本、速度、可靠性、准确性，找出不合理的因素；然后以效率和效益为中心，对生产作业流程或服务作业流程进行重新构造，最终达到业绩上质的突破和飞跃。企业再造强调以顾客为导向和服务至上的理念，对企业的整个运作流程进行根本性的重新思考，并加以彻底改革。企业必须把工作重点从过去的计划、控制和增长转向速度、创新、质量、服务和成本，以吸引顾客，赢得竞争和适应变化。

🗗　本章小结

管理理论发展到今天，有许多学者和管理工作者做出了巨大贡献：泰罗——"科学管理之父"，法约尔——"经营管理之父"，韦伯——"组织理论之父"，梅奥——人际关系学说的创始人，麦格雷戈——"X 理论－Y 理论"的创始人，阿吉里斯——"不成熟－成熟理论"的创始人，等等。

第二次世界大战后，管理思想得到丰富和发展，出现了许多新的管理理论和管理学说，形成了众多的学派。这些理论和学派在历史渊源与内容上相互影响、相互联系，形成了盘根错节、争相竞荣的局面。这一现象被美国著名管理学家哈罗德·孔茨称为"管理理论的丛林"。这些学派主要包括管理过程学派、管理经验学派、系统管理学派、决策理论学派、管理科学学派、权变理论学派等。20 世纪 80 年代以来，西方管理学界出现了许多新的管理理论，如企业文化、学习型组织、企业再造等，它们代表了管理理论发展的新趋势。

🗗　思考题

1. 泰罗提出的科学管理理论对于管理学的形成与发展产生了什么影响？该理论过时了吗？

2. 20 世纪 80 年代以来，管理理论又有了新的发展。请对这些新的管理理论进行综述，并讨论其形成的背景。

3. 有人说企业文化是一个企业的 DNA，你同意这种说法吗？企业文化是如何形成的？管理者在企业文化形成过程中发挥什么作用？

第二篇

计　划

第三章　计划工作

学习目标

学完本章内容，你应该能够：
- 解释计划工作的含义
- 明确计划工作的性质及其重要性
- 对计划进行分类
- 按照计划工作的程序开展工作
- 运用预测技术、滚动计划法等制订计划

关键术语

计划　战略计划　作业计划　目标　滚动计划法

　　计划是所有管理职能中最基本的职能，其任务就是明确目标，并拟定实现目标的方法和措施。组织中的任何一项管理活动都需要制订计划并按计划执行，否则就是盲目的行动，组织目标也就难以实现。制订计划要按步骤进行，从机会分析入手，按部就班才能制订出符合企业实际的计划，才能发挥计划在企业管理中的重要作用。本章首先阐明计划工作的含义和重要性、计划的类型，然后重点介绍计划工作的程序和计划工作的一般方法。

第一节　计划工作概述

一、计划工作的含义和重要性

（一）计划工作的含义

计划工作有广义和狭义之分。广义的计划工作是指包括制订计划、执行计划和检查计划执行情况三个环节在内的工作过程。狭义的计划工作主要是指制订计划，即根据组织的内外部环境，通过科学预测，权衡客观的需要和主观的可能，提出在未来一段时期内所需实现的具体目标以及实现目标的方法、措施和手段。因此，可以这样认为，计划的前提是预测，核心环节是决策。计划的内容主要涉及两个方面：一是目标，即做什么；二是实现目标的途径，即怎么做。此外，还有人用"5W＋1H"来描述计划的内容，这种描述更加全面。

Why——为什么要做？即明确计划工作的原因和目的。

What——做什么？即明确活动的内容和要求。

Who——谁去做？即明确由哪些部门和人员负责计划的实施。

When——何时做？即明确计划中各项工作的起始时间和完成时间。

Where——何地做？即规定计划的实施地点。

How——如何做？即制定实现计划目标的方案和措施。

计划还可以进一步分为正式计划和非正式计划。所有的管理者都制订计划，但在许多情况下，只是制订非正式计划。在非正式计划中，什么都不写出来，而且这些计划很少或不需要与组织中的其他人分享。非正式计划大量存在于中小型组织中，在这些组织中，只是管理者本人考虑过组织要实现什么目标，以及怎样实现目标，计划是粗略的且缺乏连续性。当然，非正式计划也存在于某些大型组织中，而一些中小型组织也制订非常详细的正式计划。在本书中使用计划这个概念时，指的是正式计划。这些计划被郑重地写下来，并使组织成员知道和理解，换句话说，管理当局明确规定组织想要实现什么目标和怎样实现这些目标。

专栏 3 – 1

某高校专业课教学计划内容要求

1. 课程性质与教学目标。课程性质主要说明课程在相关专业总体培养计划中的地位，以及与其他课程的关系等；教学目标主要说明通过该课程的学习，学生应该掌握哪些知识和技能等。

2. 学分与学时。这主要明确专业课所占的具体学分，并说明总学时如何在课堂讲授、案例分析、课程论文、专题讲座等环节进行分配。

3. 课程内容。这主要说明课程内容体系结构、每章（节）的主要教学内容等。

4. 教学方式和方法。这主要说明课程使用的教学方式和方法。

5. 进度安排。这主要说明每一周次要讲授的内容。

6. 考核方式。这主要说明平时成绩占比及其考核依据、期末考试方式等。

7. 参考书目。

8. 任课教师及联系方式。

（二）计划工作的重要性

管理者为什么要制订计划呢？这是因为计划可以给出组织未来行动的方向，减少不确定性和环境变化的冲击，使浪费和冗余减至最小，以及设立标准便于控制。

首先，计划是一种协调过程，它给管理者和执行者指明未来努力的方向。当所有有关人员都了解了组织的目标和为达到目标他们必须做出的贡献时，就能协调他们的活动，互相合作，结成团队，减少重叠性和浪费性的活动。而如果缺乏计划，人们之间的行动将难以保持一致，不可避免地会走许多弯路，进而使实现组织目标的过程效率降低。

其次，通过计划促使管理者展望未来，预见环境变化及其对组织的影响，并制定有效的应对措施，减少不确定性和降低风险，预见未来行动的结果。但值得注意的是，无论管理者如何计划，变化都是不能被消除的，因此管理者还要时刻警惕环境变化。

最后，计划为控制提供了标准和依据。如果不设立目标，或者说，不知道要实现什么目标，那就无法判断组织是否已经实现了目标。在计划中设立目标，而在控制过程中，将实际的结果与计划目标进行比较，分析是否产生了偏差以及偏差产生的原因，并采取有针对性的纠偏措施，以保证目标的实现。因此，没有计划就没有控制。

计划和组织绩效之间有紧密的联系。大量的研究发现，重视计划工作通常会带来更高的效率或投资回报率；另外，高质量的、长期的计划工作和有效的实施过程比泛泛的计划更能够带来高的绩效。

二、计划工作的性质

（一）目的性

每一个计划及其派生计划的设计都是为了促进战略和一定时期内目标的实现。具体地说，计划工作首先确定战略目标，然后使今后的行动集中于战略目标，并预测和确定哪些行动有助于目标的实现，哪些行动不利于目标的实现，应尽可能避免。没有计划工作，在实现组织目标的过程中就难免走弯路，甚至远离目标。因此，计划工作具有明显的目的性。

（二）主导性

计划工作在管理的各种职能中处于主导地位。首先，从管理过程的角度看，计划工作先于其他管理职能。一般情况下，只有当组织目标确定后，才能确定需要建立什么样的组织结构、需要招聘什么样的员工及何时招聘、怎样最有效地领导这些员工，以及依据什么样的标准进行控制等。其次，计划工作还贯穿组织、人事、领导和控制工作中。例如，在招聘员工时，为了保证招聘工作有效进行，首先需要制订招聘计划，该计划的内容主要包括招聘数量、招聘范围、招聘方式和招聘预算等。

在管理的各种职能中，计划和控制是密不可分的，它们犹如管理的"一对孪生子"。未经计划的活动是无法控制的，因为控制就是为了纠正脱离计划的偏差，以保证活动的既定方向。没有计划指导的控制是毫无意义的，计划为控制提供最基本的依据。此外，控制职能的有效实施往往需要根据环境的变化修订原有计划或拟订新的计划，而新的计划或经过修订的计划又作为连续进行的控制的基础。计划与控制的这种持续不断的关系通常称为"计划—控制—计划"循环。

（三）普遍性

虽然组织中各层次管理者的职责和权限各不相同，但他们在工作过程中都面临明确为什么做、做什么、什么时候做、谁去做、怎么做等问题。换句话说，计划在组织中各层次管理者的工作中是普遍存在的，区别在于，高层管理者主要负责制订战略计划，中层管理者和基层管理者主要负责制订战术计划或作业计划。从一定意义上讲，授予下属某些制订计划的权力，有助于调动下属的积极性。

> **关键点**
> 组织中各层次的管理者都要参与计划工作。

（四）效率性

有效的计划工作不仅能确保目标实现，而且能做到以尽可能低的代价或投入来实现目标。如果一项计划能够实现目标，但在计划的实施过程中付出了较高的或不必要的代价，那么这项计划也是低效率的。如果某项计划按合理的代价实现了目标，那么这项计划就是有效率的。在衡量代价时，不仅要考虑时间、资金的投入，而且要考虑个人和群体的满意程度。如果一项计划是鼓舞人心的，但在实施过程中，由于方法不当，引起了员工的不满，那么这项计划也是低效率的。因此，制订计划时，要以效率为出发点，不但要考虑经济方面的利益，而且要考虑非经济方面的利益或损耗。

> **关键点**
> 计划工作的效率性既包括经济方面的利益，也包括非经济方面的利益或损耗。

（五）灵活性

计划工作必须具有灵活性，即当出现预想不到的情况时，组织有能力改变原来确定的方向且不必付出太大的代价。外部环境是复杂多变的，管理者不可能准确预测事物发展的所有变化及其对组织的影响，所以在制订计划时，要留有余地，以防止意外变化。但对于计划的执行一般不应太灵活。例如，企业销售计划的执行必须严格准确，否则就会出现组装车间停工待料或产成品大量积压、流动资金不足等问题。

（六）创造性

计划工作对象和工作过程都体现着创造性。计划工作总是针对需要解决的新问题和可能发生的新变化、新机会而做出决策。为了实现组织目标，决策者需要提出

> **关键点**
> 目的性、主导性、普遍性、效率性、灵活性和创造性是计划工作的性质。

多种可行方案,而提出方案的过程就是创造的过程。计划工作是对管理活动的设计,正如一种新产品的成功在于创新一样,成功的计划也依赖于创新。

三、计划的类型

(一) 按计划的广度分类

按计划的广度,可以将计划分为战略计划和作业计划。

(1) 战略计划。战略计划应用于整个组织,为整个组织设立长远发展目标和确定实现目标的方针、步骤、措施。

(2) 作业计划。规定总目标如何实现的细节性计划称为作业计划。

> **关键点**
> 　与作业计划相比较,战略计划的覆盖时间较长,具有纲领性,风险性较高。

战略计划和作业计划在时间框架、范围、内容上都有所不同。战略计划倾向于覆盖较长的时间间隔,通常为五年甚至更长时间;作业计划倾向于覆盖较短的时间间隔,如年度、季度、月等。战略计划以组织全局为对象,由组织的高层管理者根据总体发展的需要制订,并通过确定使命、目标、方针等来协调组织内各部门的关系。换句话说,战略计划具有纲领性,它不纠缠于细枝末节,也不是包罗万象的,而是明确整体行动的方向。作业计划以某项职能或活动为对象,由中层管理者和基层管理者根据战略计划的要求来制订,内容比较明确、具体,可操作性更强。此外,战略计划的任务主要是设立目标,而作业计划假定目标已经存在,只是提供实现目标的方法。由于在时间、范围和内容等方面存在差异,战略计划和作业计划要承担的风险也不同。一般来说,战略计划要承担的风险高于作业计划。

(二) 按计划覆盖的时间跨度分类

按计划覆盖的时间跨度,可以将计划分为长期计划、短期计划和中期计划。

(1) 长期计划。长期计划往往是战略计划,主要规定组织在较长时期内要实现的目标,以及为实现目标应采取的措施和步骤。

(2) 短期计划。短期计划通常指一年以内的计划,是根据中长期计划和当前的实际情况,对计划年度的各项活动做出的具体安排。

(3) 中期计划。中期计划介于长期计划和短期计划之间。

这三种计划相互衔接,反映了事物发展在时间上的连续性。

(三) 按计划的明确性分类

按计划的明确性,可以将计划分为具体计划和指导性计划。

(1) 具体计划。具体计划具有明确规定的目标和具体的实施细节,不存在模棱两可,没有容易引起误解的问题。例如，一位经理打算使企业的销售额在未来一年内增长20%，其中，上半年增长12%，下半年增长8%。为了实现这个目标，企业计划在国内南方某省增设一个销售中心，以进一步完善该地的销售网络。为配合这一行动，企业上半年的广告预算同比增加10%。这样的计划就是具体计划。直观地看，似乎具体计划更为可取，但具体计划也有缺点，它要求的明确性和可预见的环境条件不一定都能够满足。

（2）指导性计划。当环境的不确定性很大时，就要求组织制订指导性计划，以保持灵活性和防止意外变化。指导性计划只规定一些一般的方针，指出重点，但不把管理者限定在具体的目标或者特定的行动方案上。例如，一个增加利润的具体计划可能规定在未来一年内成本要降低6%、销售额要增加10%，而指导性计划也许只提出未来一年内利润要增加5%～10%。显然，指导性计划具有内在的灵活性，但同时也失去了明确性。

环境的不确定性越大，计划越应是指导性的，同时计划期限也应更短。如果正在发生迅速的和重要的政治、法律、经济、技术或其他方面的变化，明确的、具体的计划实施线路反而会成为组织提高绩效的障碍。

（四）按组织管理职能分类

按组织管理职能，可以将计划分为市场营销计划、研发计划、生产计划、财务计划、人力资源计划、供应计划等。例如，生产计划的任务就是确定生产哪些产品、生产多少，合理安排产品的投入数量和产出进度，在保证按期、按质和按量完成订货合同的前提下，使组织的生产能力尽可能得到充分利用。

（五）按计划内容分类

按计划内容，可以将计划分为专项计划和综合计划。

（1）专项计划。专项计划是指为完成某一特定任务而拟订的计划，如基本建设计划、新产品试制计划、市场推广计划等。

（2）综合计划。综合计划是指对组织活动所做的整体安排。

综合计划与专项计划之间是整体与局部的关系。专项计划是综合计划中对某个重要环节或重要项目的特别安排，它必须以综合计划为指导，避免与综合计划脱节。

（六）按计划内容的表现形式分类

按计划内容的表现形式，可以将计划分为宗旨、目标、策略、政策、程序、规划、预算等类型。

（1）宗旨。宗旨是指组织要从事什么样的事业、成为什么性质的组织。例如，一家著名电影公司给自己确定的宗旨是经营娱乐产品；一家出版社给自己确定的宗旨是传递有用的知识；学校的宗旨就是教学与研究。

（2）目标。目标是组织在一定时期内要取得的具体成果，它是为实现组织的宗旨而提出的。根据所涉及范围的不同，可以将目标分为组织整体目标、部门工作目标和个人目标等。

（3）策略。策略是指为实现组织目标而采取的一系列措施、手段或技巧。例如，某公司为了实现国际化战略目标，制定了发挥品牌优势，坚持高技术、高素质、高起点的发展策略。

（4）政策。政策是指在决策或处理重要问题时，用来指导和沟通思想与行动方针的明文规定。例如，为调控宏观经济走向，政府制定了一定时期内的货币政策、财政政策，以指导政府对调控手段和调控工具的选择与设计；企业为鼓励客户用现金支付货款而制定的价格优惠政策，为鼓励销售人员超额完成销售任务而制定的奖励政策。

（5）程序。程序规定了如何处理那些重复发生的问题的方法和步骤。通俗地讲，程序就是办事手续，是对所要进行的行动规定时间顺序或步骤。

（6）规划。规划是指组织为实现既定的目标、策略、政策等而制订的综合计划。

（7）预算。预算是指用数字形式表示的计划，如成本预算、销售费用预算、广告预算等。

第二节　计划工作的程序

为了保证计划的有效性，任何计划工作都应有步骤地进行。完整的计划工作应包括以下几个步骤：

一、机会分析

机会分析是计划工作的起点，其目的就是要抓住机会，促成发展。机会分析主要从以下方面着手：分析环境因素及其变化趋势，评估哪些可能是机会、哪些可能是威胁；分析组织自身的资源状况，弄清楚自身的优势和劣势；分析自身利用机会的能力；列举可能遇到的不确定性因素，并分析它们发生的可能性和影响程度，在反复斟酌的基础上，下定决心，扬长避短，抓住机会，避开威胁。

二、确定目标

确定目标就是在机会分析的基础上，为整个组织以及各级单位确定工作目标。目标为所有管理决策指明方向，并且作为标准可用来衡量实际发生的绩效。正是由于这些原因，确定目标成为计划工作的基本任务。

表面看来，似乎一个组织的目标就是想方设法创造更多的利润。但是，深入的分析表明，任何组织的目标都是多元化的，除了追求利润，还可能追求增加市场份额或满足组织成员的福利。研究表明，过分强调某个目标，忽视其他目标，往往会导致令人失望的结果，因为管理者会为了追求这单一目标而忽视其他重要的工作内容。那么，对于一个组织来说，到底应在哪些方面制定自己的经营目标呢？管理学家在这一方面进行了许多研究，并提出了不少建议。其中，彼得·德鲁克的建议最有影响。他认为，凡是成功的组织都会在以下方面制定自己的经营目标：

（1）市场方面：表明本组织希望达到的市场占有率或在竞争中占据的地位。

（2）技术改进与发展方面：努力开发新产品或新服务，促进技术进步。

（3）提高生产效率方面：有效地利用各种资源，最大限度地提高产品的产量和质量。

（4）物质和金融资源方面：获得物质和金融资源的渠道并充分利用。

（5）利润方面：希望达到的利润额或投资利润率。

（6）人力资源方面：人力资源的获得、培训和发展，管理者的培养及其才能的发挥。

（7）组织成员积极性发挥方面：采取激励等措施，发挥组织成员的积极性。

（8）社会责任方面：认识到组织对社会产生的影响，以及在更大范围内承担责任。

专栏 3 - 2

北京同仁堂股份有限公司某年度发展目标（节选）

1. 提高产品的竞争力，推动技术进步，实现产品上新台阶

（1）配股资金到位后，加紧运作配股资金重点投资项目——中药超微粉碎技术的应用及中药材 GAP（Good Agricultural Practice of Medicinal Plants and Animals）种植基地建设，以有效保证产品质量的提高，使同仁堂产品达到国内领先水平。

（2）加快技术改造步伐，按 GMP（Good Manufacturing Practice）标准（药品生产质量管理规范）对现有工业生产线进行改造，力争年内全部通过国家 GMP 认证。

（3）加大科研投入，构筑同仁堂科技创新体系，加快新产品开发速度。

（4）以安宫牛黄丸、牛黄清心丸等 11 个产品为重点，对其主要原材料质量检测标准等开展科技攻关，使更多产品符合出口要求或准入国标准。

2. 构筑和完善国内、国际两个销售网络，提高产品的市场占有率，实现销售上新台阶

（1）在确保销售收入同比增长 20% 的基础上，销售上亿元的产品品种再增加 1～2 个。

（2）建立国内连锁销售网络，逐步实现规模经营，达到"六统一"①的管理标准。

（3）建立并完善竞争性销售管理体制，调整销售人员结构比例，扩大销售人员队伍，强化销售人员的竞争意识和创新意识。

（4）加快建设北京同仁堂（美国）有限公司，实现同仁堂产品在美国的自主销售。

---

① "六统一"指统一商号、统一标识、统一质量标准、统一配送、统一采购和统一定价。

三、明确计划的前提条件

计划的前提条件就是计划工作的假设条件。明确计划的前提条件就是分析、研究和确定计划工作的环境，或者说是预测实施计划时的环境。例如，在制定市场营销目标时，就需要了解如下信息：市场需求变化趋势将是什么样的？顾客有哪些新的需要？竞争对手会采取什么样的竞争措施？新加入者威胁如何？企业与中间商的关系如何？等等。负责制订计划的人员对环境了解得越细致、越透彻，计划制订得越具有效性，计划执行过程就越顺利。

按照组织的内外部环境，可以将计划的前提条件分为外部前提条件和内部前提条件。其中，外部前提条件多为组织不可控制的因素，而内部前提条件大多是组织可控制的因素。不可控制的因素越多，不确定性就越大，组织就越需要通过预测工作确定其发生的可能性和对组织影响程度的大小。此外，明确计划的前提条件，关键是要使参与制订计划的人员都认可并同意使用这些前提条件。

四、提出可供选择的方案

提出可供选择的方案就是通过发挥创造性，挖掘实现目标的各种行动方案，并分析它们的优缺点。通常，容易发现的方案不一定就是最好的方案，对过去的方案修修补补也不一定能达到好的效果。所以，在提出可供选择的方案的过程中，必须发挥创造性，以找出最满意的方案。但是，方案也不是越多越好，因为提出这些方案的过程和对这些方案进行评价都是需要付出代价的。

五、评价各种备选方案

提出各种可供选择的方案并对它们的优缺点进行分析后，接下来要做的就是根据一定的标准，对这些方案进行评价。评价标准主要有两方面：确定的目标和计划的前提条件。为了使评价工作有效进行，

> **关键点**
> 评价备选方案包括两方面工作：确定具体的评价指标和对这些指标分别赋予一定的权重。

计划工作者需要做两方面的工作：一是确定具体的评价指标，如成本、收益、风险、期限等；二是对这些指标分别赋予一定的权重。在做好这两方面工作后，就可以得到一个评价标准体系。根据该体系，结合每一种方案的优缺点，对各方案做出评价。

六、选择方案

选择方案是指根据评价结果，从各种备选方案中选出最满意的方案。选择方案时，应考虑组织所处的生命周期、环境不确定性等权变因素。例如，当组织进入成熟期时，其可预见性最大，从而也最适用于具体计划；而在组织的初创期，管理者应更多地依赖于指导性计划。应当指出的是，有时可能会有两个可取的方案。在这种情况下，必须确定首先选择哪个方案，同时也对另一个方案进行完善，将其作为备选方案。

七、计划分解

计划分解可以沿空间和时间两个方向进行，即在组织内部各层次和各部门之间进行计划的分派、落实，同时将长期计划分解为中期计划和短期计划，最终形成一个计划连锁体系。分计划或子计划是实现总计划的基础。通过计划分解，组织的各项任务被落实到责任部门、项目小组或个人，以保证组织内部各方面行动和目标的一致性。

八、编制预算

在完成上述步骤后，最后一项工作是把计划转化为预算，使计划定量化。预算实质上是资源的分配计划。预算做好后，就可以成为汇总和平衡各类计划的一个工具，同时也可以成为衡量计划完成情况的一个重要标准。

第三节　计划工作的一般方法

一、预测技术

预测是计划和决策工作的基本环节，为计划和决策提供科学依据。在组织管理中，预测发挥着重要的作用，它能够揭示事物未来可能的发展方向和变化趋势。

（一）预测的含义

预测是指根据过去和现在的已知因素，运用科学的方法和手段，探索组织所关心的事物在今后的可能发展方向，并做出估计和评价，以指导未来行动的过程。

预测的四个要素为预测对象、预测目的、预测信息和预测方法。预测对象是预测的客体，如市场、人才、资金、技术等。预测目的是指预测所需要达到的、有时空制约的目标，如销售量预测、需求预测、技术预测等，这些目标都有一个或多个表示发展变化趋势的具体数量取值。预测信息是指与预测对象有关的环境信息、历史信息、现状信息、系统内部信息和外部信息等。预测方法包括定性方法和定量方法。预测的准确性通常会受下列因素的影响：预测时间的长短、信息的准确度、预测人员的知识技能及所选择的预测方法等。

> **关键点**
> 影响预测的准确性的因素：预测时间的长短、信息的准确度、预测人员的知识技能及所选择的预测方法等。

预测不是未卜先知，预测的实践基础是调查研究，通过调查研究获得预测所需的大量的、准确的、及时的数据资料。预测过程实际上是在调查研究或科学实验的基础上进行科学和系统分析的过程，即通过调查研究或实验，获得事物发展变化的历史数据资料，将这些资料进行去伪存真、去粗取精的加工和分析，从中找出真实情况，经过定性的经验分析和定量的计算分析，探讨事物的演变规律，据以估计、推测事物未来的发展趋势。

（二）预测的类型

预测的分类主要取决于预测的内容、预测的时间跨度、预测的属性和预测的应用范围等。

1. 按预测的内容划分

按预测的内容，可将预测分为市场预测、财务预测和技术预测。

市场预测是指对各种商品的规格、销量、价格的变动趋势做出预测，以及对居民的购买力（市场容量）、消费结构等方面的研究和预测。市场预测是联系生产和消费的纽带，企业只有做好了市场预测，才能更好地了解市场，进而更好地进行经营决策。

财务预测主要包括对项目经济寿命周期、收入和支出、利润率、投资额、回收率和流动资金需求量等进行的预测。

技术预测是指对技术发展趋势、新技术商业化前景等进行的预测。

2. 按预测的时间跨度划分

按预测的时间跨度，可将预测分为短期预测、中期预测和长期预测。

短期预测通常指一个月至一年之内的预测，中期预测指两至三年的预测，长期预测是指三年以上的预测。预测结果的准确度与预测时间的长短有密切关系。一般而言，预测时间越短，影响预测结果的因素变化越小，预测误差也越小；反之，预测时间越长，影响预测结果的因素变化越大，预测误差也越大。尽管如此，组织对不同时间跨度的预测都是需要的。例如，企业如果要改变经营方向、进入新的产业领域，就需要对该产业的发展趋势进行长期预测；如果要在现有经营范围内进行技术改造等，就需要对技术发展动态进行中期预测；如果要进行价格决策，就需要进行短期预测。

3. 按预测的属性划分

按预测的属性，可将预测分为定性预测和定量预测。

定性预测是指在缺乏数据资料或预测的主要因素难以量化的情况下，凭借预测者或有关专家的知识、经验以及综合分析和判断能力，对事物的发展历史和现状进行深入分析，在此基础上，对事物未来的发展趋势做出定性的描述。定性预测比较适用于长期预测，因为对事物长期的变化趋势很难进行定量的描述，因此只能更多地依靠专业人员多年积累的知识和经验做出定性预测。

定量预测是指根据调查得到的历史数据资料，运用数学模型，对事物未来的发展趋势做出定量的、具体的描述。定量预测的结果往往表现为一定的数值或区间。其中，表现为单个数值的预测称为点值定量预测，表现为某个区间（上限和下限）的预测称为区间定量预测。当预测者能够得到足够的、准确的历史数据资料时，利用定量预测可得到较为满意的结果。

由于预测问题日渐复杂，解决的方法通常是将定性预测和定量预测相结合，二者相互渗透，即定性预测中采用一些定量分析或某些经验公式，而定量预测也以定性分析为基础，这样不但可以增强预测能力，而且可以大大提高预测结果的准确性。

4. 按预测的应用范围划分

按预测的应用范围，可将预测分为企业经济预测、部门或地区经济预测、宏观经济预测。

企业经济预测是指在企业范围内所做的各种预测。它以一个企业进行的各项经营管理活动及内外部经营环境为研究对象，预测其发展变化的水平和趋势，目的是估计和推测企业的发展前景，为制定企业发展规划和各项经营计划提供依据。

部门或地区经济预测是以部门或地区经济发展为研究对象，预测其发展的前景（如规模、速度、资源开发和利用等）。

宏观经济预测是指对整个国民经济发展方向和趋势所做的各种预测，如国内生产总值及其增长率、国民经济各部门的比例关系、财政支出等。它以社会经济总体发展为研究对象，预测其总量指标之间的联系、变化和发展趋势。

（三）预测过程

预测应遵循一定的工作程序，有计划、按步骤进行，这样才能保证预测的质量和工作效率。预测过程大体可以分为以下步骤：

1. 确定预测对象与目标

预测对象的确定是预测的开始，任何一项预测都必须首先明确预测对象。预测目标则关系到预测的任务、方向、期限、范围以及如何收集资料等。所以，预测工作开始之前，还应明确为什么要做这次预测，通过预测要达到什么目标、解决什么问题、取得什么效果。在此前提下，确定预测的时间跨度、地区范围、精度等具体要求。只有确定了具体而明确的目标，才能决定怎样收集资料、收集什么资料。此外，为了保证预测工作的顺利开展，还要建立一定的预测工作组织，并明确任务分工和责任人。

2. 收集、整理和分析资料

通过案头研究、实地观察、访问、实验等途径，收集有关影响预测对象未来发展趋势的内部和外部因素的历史及现状的资料。资料可以分为一手资料和二手资料两大类。一手资料是指通过实地调查所获得的资料。二手资料是指其他组织或个人基于某种目的所收集的资料，但这些资料可以为我所用。二手资料的来源主要包括政府部门的统计资料、行业统计资料、报纸或杂志上刊登的相关资料、各研究机构的科研成果等。相关人员要对所收集的资料加以分析、整理、归纳和选择，选出与对预测项目来说最直接、最可靠、最新的资料，剔除某些偶然出现的、非正常因素的资料。

3. 选择预测方法，建立预测模型

预测方法很多，有定量的，也有定性的，但没有一种方法是万能的。选择的预测方法是否恰当，对于预测的准确性有很大影响。因此，相关人员必须根据预测对象的本质、组织的预测目的和要求，以及所掌握的资料等，选择适用的预测方法。如果选择定量预测，就要根据需要和可能，在做出相应假设的基础上，首先建立一个或一组描述预测对象有关因素间数量关系的数学模型，然后利用所收集、整理的资料，估计模型中各个参数的具体取值。由于预测问题复杂，在实际预测过程中，最好能综合运用几种方法。

4. 验证模型的可靠性，分析预测误差，改进预测模型

在实际预测前，要对所建立的预测模型进行可靠性验证。验证时，一般可采取两种方法：一种是数学方法，即利用数学原理验证模型的可靠性和预测精度。比如，运用数理统计中的 R 值检验、t 值检测等方法，分析预测模型中的因素是否具有显著的变化。另一种是事后预测检验法，也称为"内检法"，即把过去的资料代入初步建立的模型中，做出预测，并把预测结果与过去的实际数据进行对比，以检验所建的预测模型是否符合客观实际。此外，还要分析预测误差及其产生的原因。如果误差是由预测模型不够完善导致的，则应设法改进模型，或选择新方法；如果误差是由不确定性因素的影响导致的，则应重新调查和估计，在对模型进行必要的调整后，重新进行预测，以提高预测的质量。

5. 进行预测，撰写预测报告并进行评价

好的预测往往不是一次就可以完成的，以上步骤有时需要反复进行几次。即使做出了正确的预测，由于时间的推移、新的资料的出现和信息的补充，也需要根据预测目的和实际数据的变化不断地重新进行预测。

预测报告的撰写是很重要的一环，它有助于决策者对预测结果的理解和取得共识。预测报告应包括以下内容：预测对象和目的，所依据的资料名称及来源，选择模型的依据，参加定性预测的专家的情况，预测过程中的验证情况，预测结果取值以及修改、完善的依据，决策建议，等等。预测报告也是对每一次预测工作的总结，在总结中应认真分析经验和不足，这有助于提高预测者的预测能力。

二、滚动计划法

滚动计划法是一种定期修订未来计划的方法。这种方法根据计划的实际执行情况和环境的变化，定期修订计划并逐期向前推移，使短期计划、中期计划和长期计划有机结合起来。由于这种方法在每次编制和修订计划时，都要根据前期计划的执行情况和环境条件的变化，将计划向前延伸一段时间，使计划不断滚动、延伸，所以被称为滚动计划法。利用滚动计划法编制计划大致可以分为以下五个步骤：

第一步，将某一时期的计划按相等的时距划分为若干阶段。例如，将一个五年长期计划划分为五个年度计划，或将一个年度计划划分为四个季度计划。

第二步，当第一阶段计划结束后，收集这一阶段的计划执行情况，并将实际执行情况与计划加以比较、分析，找出存在的差距以及产生差距的原因。

第三步，分析外部环境和内部条件的变化及其对组织的影响。

第四步，根据对前一阶段计划的执行情况和环境变化的分析，对原有计划的剩余阶段进行修正和调整，并顺延制订下一阶段的计划。例如，五年计划每次修订时要顺延一年，年度计划每次修订时要滚动一个季度。

第五步，将调整后的剩余阶段计划和新修订的顺延阶段计划合并，得到新的总体计划。

滚动计划法的程序示例如图 3-1 所示。

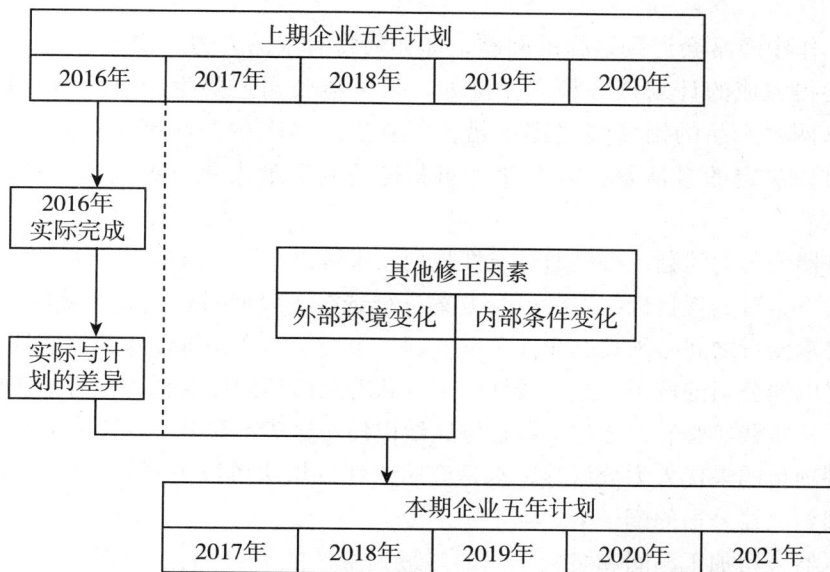

图 3-1　滚动计划法的程序示例

三、计划评审技术

计划评审技术（program evaluation and review technique，PERT）也称网络分析技术，是运筹法的一种，它是把网络理论应用于工程项目的计划与控制之中，根据所要完成项目的各项活动的先后顺序和所需时间，找出关键路线和关键活动，以达到合理安排可以动用的人力、财力和物力，谋求用最短的时间和最小的代价实现目标的一种方法。计划评审技术最初是20世纪50年代末美国海军开发北极星潜艇系统时，为协调3 000多个承包商和研究机构而开发的。北极星潜艇系统开发项目具有难以想象的复杂性，需要协调几万项活动。据报道，由于计划评审技术的应用，北极星潜艇系统开发项目提前两年完成。

计划评审技术的关键是绘制PERT网络。PERT网络是一种类似于流程图的箭线图，它描绘出项目中包含的各项活动的先后顺序，标明每项活动所需要的时间或者发生的成本。要绘制PERT网络，项目管理者必须考虑要做哪些工作，确定各项工作之间的依赖关系，辨认可能出现问题的环节。借助PERT网络，项目管理者还可以方便地比较不同行动方案在进度和成本方面的效果。因此，PERT网络可以使管理者监控项目的进程，识别可能的瓶颈环节，以及必要时调度资源，确保项目按计划进行。

四、线性规划法

在计划工作中经常会遇到这样的问题，即如何将有限的人力、物力、资金等合理地分配和使用，使得完成的计划任务最多。例如，某电器公司主要生产吸尘器和扫地机器人两种产品，这两种产品的销售情况都不错，所有生产出来的产品都能被卖掉。但是，让公司管理层难以决定的事情是：为了使公司获得的利润最大化，吸尘器和扫地机器人分别应生产多少？

对于该电器公司的问题，可以通过线性规划法来解决。所谓线性规划法，就是研究在有限的资源条件下，对实现目标的多种可行方案进行选择，以使目标达到最优的方法。不过，线性规划法要求变量之间必须具有线性关系，即一个变量的变化将伴随其他变量成比例地变化。对于上述电器公司的例子，这种线性关系意味着用两倍的原材料和工时生产出两倍数量的电器产品。从实践经验看，诸如选择运输路线以使运输成本最低、在不同品牌之间分配广告预算、实现项目的最优人力分派等，都是应用线性规划法可以得到有效解决的典型问题。下面让我们回到电器公司的例子上。

假定该电器公司加工车间和装配车间的月最大生产能力分别为1 500小时和800小时，加工车间和装配车间花在单台吸尘器与扫地机器人上的工时数如表3-1所示。该电器公司每销售一台吸尘器和扫地机器人分别可以赚取利润80元和120元。

表 3-1 电器生产数据

部　　门	每单位产品所需工时/小时		月最大生产能力/小时
	吸尘器	扫地机器人	
加工车间	6	10	1 500
装配车间	4	4	800
每单位利润/元	80	120	

这个问题的线性规划模型如下：

目标函数为：

$$最大化利润 = 80M + 120R$$

其中，M 表示吸尘器的月产量，R 表示扫地机器人的月产量。

约束条件为：

$$\begin{cases} 6M + 10R \leqslant 1\ 500 \\ 4M + 4R \leqslant 800 \end{cases} \quad (M \geqslant 0,\ R \geqslant 0)$$

在各种限制条件下，该电器公司如何取得最大化利润呢？可以用图解法来解决这个问题，如图 3-2 所示。

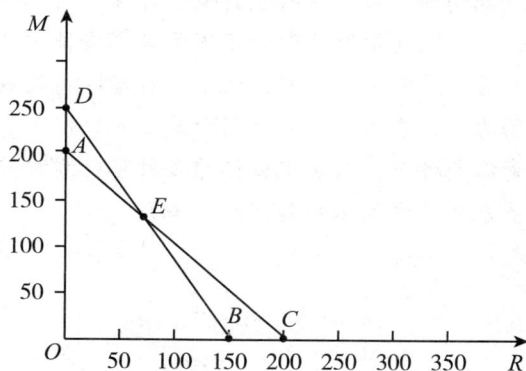

图 3-2 电器公司的线性规划问题图解法

图中，$AEBO$ 区域代表不超过任何部门生产能力限制的各种可供选择的方案，即满足限制条件的可行区域。直线 AC 和直线 BD 的交点 E 即公司利润最大化时的最优产量。在 E 点，吸尘器的产量为 125 台，扫地机器人的产量为 75 台。

$$公司的最大化利润 = 80 \times 125 + 120 \times 75 = 19\ 000（元）$$

五、甘特图法

甘特图是美国机械工程师和管理学家亨利·甘特在 20 世纪初发明的。甘特图是一种线条图，横轴表示时间，纵轴表示要安排的任务及进度。利用甘特图，可以直观地表明计划任务的预期完成时间，并可将实际完成进度与计划要求进行对比，使管理者对计划任务的完成情况一目了然，以便对计划工作进行正确评估。

◨ 本章小结

计划是所有管理职能中最基本的职能，其任务就是明确目标，并拟定实现目标的方法和措施。计划可以给出组织未来行动的方向，减少不确定性和环境变化的冲击，使浪费和冗余减至最小，以及设立标准便于控制。计划工作具有目的性、主导性、普遍性、效率性、灵活性和创造性等性质。为了保证计划的有效性，任何计划工作都应有步骤地进行。完整的计划工作应包括以下几个步骤：机会分析、确定目标、明确计划的前提条件、提出可供选择的方案、评价各种备选方案、选择方案、计划分解、编制预算。

预测是计划和决策工作的基本环节，为计划和决策提供科学依据。在组织管理中，预测发挥着重要的作用，它能够揭示事物未来可能的发展方向和变化趋势。预测的四个要素为预测对象、预测目的、预测信息和预测方法。预测的实践基础是调查研究。

滚动计划法是一种定期修订未来计划的方法。这种方法根据计划的实际执行情况和环境的变化，定期修订计划并逐期向前推移，使短期计划、中期计划和长期计划有机结合起来。计划评审技术是运筹法的一种，它是把网络理论应用于工程项目的计划与控制之中，根据所要完成项目的各项活动的先后顺序和所需时间，找出关键路线和关键活动，以达到合理安排可以动用的人力、财力和物力，谋求用最短的时间和最小的代价来实现目标的一种方法。线性规划法是研究在有限的资源条件下，对实现目标的多种可行方案进行选择，以使目标达到最优的方法。线性规划法要求变量之间必须具有线性关系。

◨ 思考题

1. 管理者为什么要制订计划？计划和控制有什么关系？

2. 战略计划与作业计划有哪些不同？战略计划应由谁来制订？

3. 定量预测是运用数学模型预测事物未来变化趋势的方法，它是否比定性预测更为科学和有效？

4. PERT 网络中的关键路线有什么重要意义？

5. 制定一个中期学习目标，并试着将其具体化为行动方案。

第四章　目标管理

学习目标

学完本章内容，你应该能够：
- 说出目标的内涵
- 解释目标的性质和确定目标的原则
- 说出目标管理的含义
- 概括目标管理的特点
- 描述目标管理的实施过程，并能够将其应用于企业管理中

关键术语

目标　目标管理　目标建立　目标分解　目标控制　目标评定

目标是组织开展经营活动的出发点，是制订计划的基础。组织目标是由各层次目标组成的目标体系。了解组织目标，围绕目标进行管理是发挥管理职能的重要基础。目标管理（management by objective，MBO）是一个全面的管理系统，它既是一种设立目标的方法，也可用于绩效考评，属于结果导向型的考评方法。在实践中，目标管理从一种管理哲学、一种计划和控制的手段，发展成为一个全面的管理系统。现在，目标管理已经成为企业普遍采用的管理方法，为企业带来了较高的效益。本章以目标与目标管理为核心进行讨论。

第一节　目标的确定

一、目标的含义

目标是期望的成果，这些成果可能是个人、部门或整个组织的努力方向。

组织目标是在分析外部环境和内部条件的基础上，确定的组织各项经济活动的发展方向和奋斗目标，是组织经营思想的具体化。组织目标为组织决策指明了方向，是组织计划的重要内容，也是衡量组织实际绩效的标准。

传统的组织目标定位于利润最大化。这种观点认为，组织生存的目的就是追求利润最大化。按照西方古典经济学的理论，在完全竞争的市场环境下，组织在追求自身利益最大化的同时，通过市场这只"看不见的手"的引导，实现资源配置的最优化，从而实现全社会的公共利益最大化。

现代组织中，由于制度的变迁，人们更注意在组织的稳定发展中寻求长期稳定的利润，于是一些学者对传统的利润最大化理论进行了一定的修正。一些学者提出，组织要以"适当利润"作为目标，即追求同行业的合理利润。还有一些学者提出，"满意利润"是组织的追求，即组织在追求利润最大化的过程中，由于各种内外部因素的限制，只能获得所谓的"满意利润"。那种以单一的利润作为目标的组织，以利润目标的完成情况为标准来考核组织绩效的做法，是与现代管理思想相悖的。

著名管理学家彼得·德鲁克提出，组织目标唯一有效的定义就是创造顾客。他认为，只强调利润会使经理人迷失方向，以致危及组织的生存，组织可能为了今天的利润而危害了自己的明天。组织可能大量生产今天容易推销的产品而看轻了明天有销路的产品。组织在产品研发、员工培训等长期投资方面舍不得花钱，特别不情愿进行基建投资来扩大固定资产规模。这样，设备就可能陈旧，以致达到危险的程度。"必要的、最低的利润"是维持组织继续生存和发展的保证。组织创造顾客，意味着组织管理应着眼于有效地利用资源，在一定程度上满足顾客对组织的不同要求。只有取得顾客的支持和理解，才能实现组织的长期稳定和发展。

在现代管理中，人们通常不仅把组织看作单纯的经济组织，也将其看作社会组织。组织作为以员工、经营者和投资者为主体，并包含顾客、供应商、竞争者、政

> **关键点**
> 目标是期望的成果；德鲁克指出，组织目标唯一有效的定义就是创造顾客。

府在内的开放系统，应把这些系统要素的共同利益作为自身的目标。一些学者指出，组织不应单纯地追求自身的发展，还要将社会责任、尊重人等作为组织目标的组成部分。在现代社会中，传统的组织利己主义受到社会的批判，组织应在寻求自身发展的同时，努力为社会做贡献。

面对日趋变化的社会环境，为了保持在公众中的良好形象，组织不得不"割舍"一定的利润，完成其在环保、就业、社会稳定、救助弱势群体等方面应承担的社会责任。例如，美国埃克森石油公司每年在环保方面的支出就达数亿美元。该公司建立了埃克森教育基金会支持教育事业，还通过捐助非营利组织来支持和满足重大的社会需求。正如美国未来学家阿尔温·托夫勒在《第三次浪潮》一书中所做的预言，未来世界衡量管理的标准不再仅仅是劳动生产率、销售量和盈利额，还包括由社会、环境、信息、政治、经济、道德等方面组成

的综合标准。

专栏 4 -1

某大学的总目标

1. 吸引高素质的学生。
2. 在文学艺术、科学以及其他专业领域为学生提供基本训练。
3. 授予资质合格的学生博士学位。
4. 吸引有声望的教师。
5. 通过研究发现和组织新的知识及学科。

二、目标的性质

任何一个组织的目标都是其经营思想的集中体现。经营思想是组织开展经营活动的指导思想和理念，它是看不见、摸不着的，管理者必须将其具体化为组织目标，才能使其成为组织的共同追求。组织活动的复杂性决定了组织目标具有多重性、层次性和变动性等性质。

1. 多重性

组织寻求生存和发展，既要为资产所有者谋求利润，又要向顾客提供满意的产品或服务，并对社会承担一定的责任。组织寻求具体的单一目标，或一味地追求自身利润和眼前利益，可能会阻碍组织的长远发展。组织目标作为衡量组织履行使命的标志，单一目标无法胜任，互相联系、互相支持的目标群才能构成组织的总目标。

在目标类型方面，拉·柯·戴维斯等学者指出，组织目标可分为主要目标、并行目标和次要目标。要全面完成这些目标，组织必须依据其重要程度，在完成最重要目标的同时，兼顾其他目标。主要目标由组织性质决定，它是贡献给顾客的目标；并行目标可分为个人目标和社会目标，它是为组织的关系人服务的目标；次要目标是贡献给组织本身的目标，它是组织实现高效生产的前提和保障，只不过与主要目标、并行目标相比，次要目标是相对次要的。

在目标内容方面，德鲁克指出，组织的性质本身需要多重目标。在每一个领域，只要组织绩效和成果对组织的生存与兴盛有直接的利害关系，就需要制定目标。这些领域受到管理部门每一项决定的影响，因此管理部门在做任何一项决定时都要考虑它们。他认为，有八个领域必须制定绩效和成果的目标。这八个领域是市场地位、创新、生产率、物资和财务资源、可营利性、经理人的业绩和培养、员工的工作和态度、社会责任心。这里，虽然后三个领域比较抽象，但是如果忽视它们，组织就会在市场地位、创新、生产率、物资和财务资源、可营利性方面产生损失，最终丧失生命力。

斯蒂芬·罗宾斯通过对80家美国公司的目标的调查发现，每家公司设立的目标数量都不尽相同，从 1 个到 18 个不等，平均为 5~6 个。在这些目标中，得到最高评价的前 10 个目标依次为利润率、增长、市场份额、社会责任、雇员福利、产品质量和服务、研究与开发、多元化、效率、财务稳定性，具体内容如表 4-1 所示。

表 4-1　斯蒂芬·罗宾斯对 80 家美国公司的目标的调查结果

目　　标	承认目标的程度
利润率 ——利润的绝对额或投资报酬率	89%
增长 ——销售额、雇员数量等方面的增长	82%
市场份额 ——本组织销售额占同行业全部销售额的比重	66%
社会责任 ——认识到组织在更大范围内的社会责任，包括帮助治理污染、消除歧视、缓解城市化压力及类似问题	65%
雇员福利 ——关心雇员的满意程度和他们的工作质量、生活质量	62%
产品质量和服务 ——生产优质的产品或服务	60%
研究与开发 ——成功地创造出新产品和新过程	54%
多元化 ——识别和进入新市场的能力	51%
效率 ——以最低的成本将输入转化为输出的能力	50%
财务稳定性 ——财务指标的绩效、避免不稳定的波动	49%

2. 层次性

组织目标要通过各部门和各环节的生产经营活动去实现。因此，组织中各部门需要围绕总目标制定本部门的目标，并作为分目标支持总目标的实现。组织管理层次的差异决定了目标体系的垂直高度，组织目标就成了一个有层次的目标体系或目标网络。这种层次性体现为组织目标从综合的组织总目标到具体化为各管理层次的中层目标，直至具体化为特定的个人目标。在目标体系中，除了纵向目标的指导与保障关系，各相同层次目标之间也必须具有协作关系，纵横交错的目标体系保证了各部门的生产经营活动能够紧密衔接。

3. 变动性

组织目标的内容和重点是随着组织外部环境、组织经营思想、自身优势的变化而变化的。从组织发展史的角度看，组织目标的内容日趋丰富。从泰罗时代单纯的

> **关键点**
>
> 　　多重性、层次性和变动性是目标的主要性质。

利润目标，到强调人际关系，注重工作丰富化，强调对组织内部资源的挖掘；第二次世界大战后，顾客至上的组织目标日益普及；当前，组织目标中又融入了社会责任、提倡绿色管理。政府对组织的干预又决定了组织目标必须与政府的政策相一致。另外，组织作为市场竞争主体，竞争环境的变化以及对自身核心能力提高的需要也在一定程度上决定了在不同时点组织目标是不同的。

三、确定目标的原则

1. 现实性原则

目标的确定要建立在对组织内外部环境进行充分分析的基础上，并通过一定的程序加以确定，既要保证目标的科学性，又要保证目标的可行性。

2. 关键性原则

作为社会经济组织，要以合理的成本为社会提供产品或服务。实现这一宗旨的组织发展目标很多，组织必须保证将有关大局的、决定经营成果的内容作为组织目标主体，面面俱到的目标会使组织无所适从。

3. 定量化原则

要实现目标由上而下的逐级量化，使其具有可测度性。一方面，通过对量化目标完成情况的监控，保证组织总目标的实现；另一方面，通过组织成员个人目标与组织总目标的衔接，组织成员更容易感受到自身工作对组织总目标实现的贡献，有利于激发组织成员的积极性。

4. 协调性原则

各层次目标之间、同一层次目标之间要协调，在保证分目标实现的同时，实现总目标。

5. 权变原则

目标并不是一成不变的，组织应根据外部环境的变化及时加以调整与修正，以便更好地实现组织的宗旨。比较而言，组织的长期目标应保持一定的稳定性，短期目标应保持一定的灵活性。

第二节　目标管理的含义及特点

一、目标管理的含义

目标管理是德鲁克1954年在《管理的实践》一书中提出来的。他认为，并不是有了工作才有目标，而是相反，有了目标才能确定每个人的工作，所以"企业的使命和任务，必须转化为目标"。此后，目标管理受到广泛重视，并逐步成为许多国家普遍遵循的一种管理方法。

目标管理的理论基础是科学管理理论与行为科学理论的有机统一。科学管理理论重视工作效率，忽视人的主观能动性。行为科学理论侧重于对组织成员思想与行为的研究。德鲁克将二者有机结合起来，认为任何组织都是一个真正的协作体，要把个人的努力凝结成集体共同的努力。组织的目的和任务必须转化为目标，管理者通过目标对下属实行领导，并保证总目标的实现。目标管理通过激励机制，使组织成员发现工作的乐趣和自身的价值，在工作中自我发展、自我控制，在享受成就感的同时，保证组织的高效率。目标管理将以工作为中心和以人为中心的两种管理思想统一起来，是对管理学的重大贡献。

目标管理是一个全面的管理系统。它用系统的方法，使许多关键管理活动结合起来，高效率地实现个人目标和组织目标。具体而言，目标管理是一种通过科学地制定目标、实施目标，依据目标进行考核评价来实施管理任务的管理方法。

从形式上看，目标管理是一种程序或过程。一切管理活动从制定目标开始，以目标为导向，以目标完成情况作为管理依据，目标贯穿组织管理活动的全过程。组织中上级与下级共同商定组织目标，并将

> **关键点**
> 目标管理是一个全面的管理系统。它的理论基础是科学管理理论与行为科学理论的有机统一。

总目标逐级分解为各部门的目标和个人目标。组织通过目标体系明确各部门和个人的工作任务，将履行责任变为完成目标。目标完成情况成为组织对各部门和个人进行考核的依据。

二、目标管理的特点

目标管理不仅将目标作为一种控制方法，而且将目标作为激励组织成员的一种有效手段。它具有以下特点：

1. 组织成员参与管理

在目标管理中，组织目标的制定由上下级共同参与，部门和组织成员充分发表各自的见解，积极讨论组织目标、部门目标及个人目标。目标制定的方式是由上而下和由下而上相结

合，上下级充分沟通，而不是下级被动服从命令和指示。

2. 强调自我管理和自我控制

目标管理以组织成员自我管理为中心。在目标实现的过程中，组织成员可以根据明确的目标、责任和奖惩标准，自我安排工作进度，自检自查工作中的成绩和不足，不断修正自身行为，提高工作效率，确保目标的实现。

3. 重视成果导向

目标管理重视工作成果而不是工作行为本身。目标管理以制定目标为起点，以目标实现情况的考核为终点。组织和个人最关心的是目标的实现情况。组织成员首先对照目标进行自我检查，然后上下级共同确定考核结果，并以此作为奖惩的依据。至于实现目标的具体过程、途径和方法，上级并不过多干预，这有利于激发组织成员的工作积极性和创造性。

第三节　目标管理的实施过程、应用与评价

一、目标管理的实施过程

目标管理的实施过程一般可分为目标建立、目标分解、目标控制、目标评定四个阶段。不同的组织，不同的应用领域，目标管理的实施步骤也不尽相同。一般来说，目标管理的实施步骤如表4－2所示。

表4－2　目标管理的实施步骤

步　骤	内　　容
1	制定组织的总目标和战略
2	在经营单位和部门之间分配组织目标
3	各单位的管理者及其上级共同设定本部门的目标
4	部门成员参与设定自己的目标
5	管理者与下属共同商定实现目标的行动计划
6	实施行动计划
7	定期检查目标的进展情况，并向有关单位和个人反馈
8	基于绩效的奖励将促进目标的实现

下面就目标管理实施过程的四个阶段进行阐述。

（一）目标建立

目标建立是目标管理实施过程的第一个阶段。由于组织目标体系是目标管理的依据，因

而目标建立是目标管理有效实施的前提和保证。

从内容来看，组织目标应该首先明确组织的使命和宗旨，并结合组织内外部环境确定一定期限内的具体目标。

传统的目标建立过程是由组织的最高管理者制定总目标，然后将总目标分解成各分目标，最后落实到个人目标。这是一种单向的目标建立过程。

现代管理学提倡参与制目标制定法，组织成员参与组织目标的建立。常见的有自上而下的目标制定法和自下而上的目标制定法。自上而下的目标制定法先由高层管理者提出组织目标，再交由组织成员讨论，最后修改形成组织目标。自下而上的目标制定法是先由下级部门或组织成员讨论提出目标，再由上级批准，最后修改形成组织目标。自下而上的目标制定法要求组织成员具有强烈的责任感，有为组织负责的精神。无论是自上而下的目标制定法还是自下而上的目标制定法，都需要组织目标在上下之间进行若干次运动，在充分讨论的基础上才能最后确定。参与制目标制定法既有利于集思广益，保证目标的科学性，又有利于调动组织成员参与组织决策、关心组织发展的热情。

在目标建立过程中，应注意以下几个问题：

（1）目标要略高于组织当前的生产经营能力，保证组织经过一定努力能够实现。若目标过高，则会因无法完成任务而使组织成员丧失信心；若目标太低，则会失去激发组织成员工作热情的意义。先进性与可行性要相统一，在对组织成员的能力进行充分认可的基础上确定目标的水平。

（2）目标要能保证质与量的有机结合，尽可能地量化组织目标，确保目标考核的准确性。

（3）目标期限要适中。在大多数情况下，目标建立可以与年度预算或主要项目的完成期限相一致。将长期目标分解为一定的短期目标，有利于目标的监督考核，也有利于保证组织长期稳定发展。

（4）目标数量要适中。一般将目标控制在 5 个以内。目标少而精，有利于组织在行动中保证重点目标的实现。

专栏 4 - 2

某企业不可考核与可考核的目标如表 4 - 3 所示。

表 4 - 3　某企业不可考核与可考核的目标

不可考核的目标	可考核的目标
获取合理利润	本会计年度实现投资收益率 12%
加强信息沟通	自 2019 年 1 月 1 日起每月发行新闻简讯
提高生产部门的生产效率	到 2019 年 12 月 31 日，增加 5% 的产量，保持成本和质量不变
提高管理者的素质	设计并开办一期有关管理学知识的培训班，预计 60 课时，2019 年 6 月 30 日前完成，要求 90% 的通过率

续表

不可考核的目标	可考核的目标
安装一个计算机处理控制系统	2019 年 6 月 30 日前生产部门安装一个计算机处理控制系统，要求不多于 500 个工作小时的系统分析，前三个停机时间不超过 10%

（二）目标分解

目标分解是指把组织的总目标分解成各部门的分目标，再层层分解直至形成组织成员的个人目标，使组织成员都乐于接受组织的总目标，明确自己在完成这一目标中应承担的责任。组织的各级目标都是总目标的一部分，组织按管理层次进行分解，形成目标体系。组织中各部门的分目标支持总目标，又由各基层单位目标支持部门的分目标。目标与目标之间相互关联、彼此呼应，融为一体。参与制目标分解法强调上级与下级商定目标。上级要以平等、信任的态度倾听下级的意见，了解下级存在的困难，并对影响下级完成重要目标的因素进行分析，将其中需要与其他部门相协调的问题列入自己的工作计划，保证下级拥有经过努力实现目标的条件。图 4 - 1 表明了组织目标分解情况。

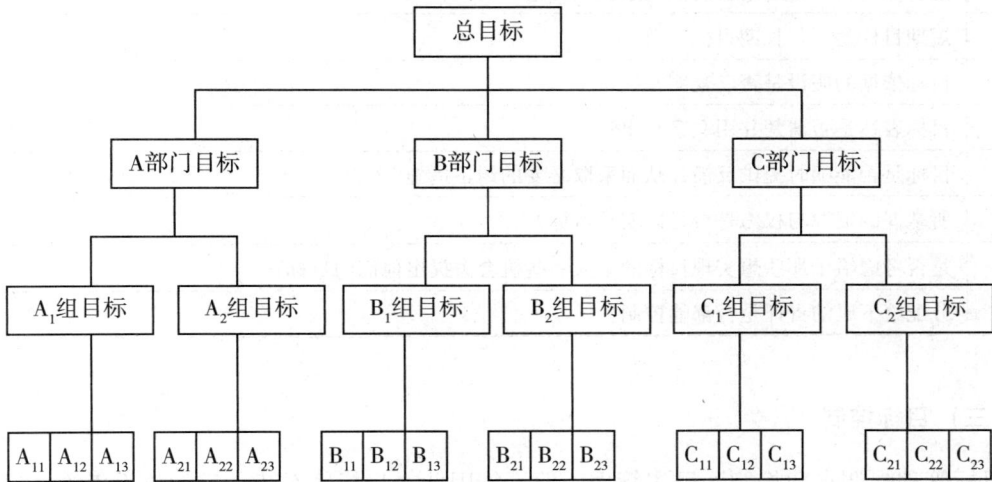

图 4 - 1 组织目标分解情况

在目标分解中，应注意以下几点：

（1）目标体系要逻辑严密，纵横形成网络，体现出由上至下目标越来越具体的特点。

（2）目标要突出重点，与组织总目标无关的其他工作不必列入各级分目标。

（3）鼓励组织成员积极参与目标分解，尽可能地把目标分解工作由"要我做"变为"我要做"。组织成员的自我设计和参与是保证目标管理效益的重要一环。

（4）目标分解完毕后要进行严格的审批。组织应明确责任，并承诺提供实现目标的条件，保证目标的严肃性。在进行目标审批时，要详细分析目标的科学性与可操作性。如果表

4 - 4 中所有的问题都考虑到了，则目标管理可以进入下一阶段。

表 4 - 4 主管人员目标检验表

序 号	目标相关问题
1	目标是否包括我的工作的主要特征？
2	目标的数目是否太多？如果太多，能否合并一些目标？
3	目标是否可考核，即如何知道期末是否已经实现目标？
4	这些目标是否表示了数量（多少）、质量（如好到什么程度或具体的特征）、时间（何时）、成本（按什么成本）？
5	这些目标具有挑战性吗？合理吗？
6	是否已给这些目标安排了优先程序（如次序、侧重等）？
7	目标是否包括改进工作的目标和个人发展的目标？
8	目标是否与其他主管人员和组织单位的目标协调？目标是否和上级领导的目标、部门的目标以及公司的目标协调？
9	是否已将目标传达给所有需要掌握这种信息的人？
10	短期目标是否与长期目标一致？
11	目标依据的假设是否已查明？
12	目标表达是否清楚并用文字写出？
13	目标是否能随时提供反馈，从而采取必要的纠正措施？
14	所掌握的资源与权力是否足以实现目标？
15	是否考虑给予那些想实现目标的个人一些机会去提出他们的目标？
16	分配给下属的责任是否都能控制？

（三）目标控制

目标管理强调自我控制、民主管理，但不能因此在目标体系建立后就放手不管。目标体系的内在逻辑关系决定了组织内任何个人或部门的目标在完成过程中出现问题，都将影响组织目标的实现。组织管理者必须进行目标控制，随时了解目标实施情况，及时发现问题，并协助解决。必要时，也可以根据环境的变化对目标进行一定的修正。积极的自我控制与有力的领导控制相结合是实现目标控制的关键。

组织成员的自我控制是以目标分解过程中的民主参与及上级的授权和指导为前提的。在目标实施过程中，目标实施者应定期对照目标进行检查，及时发现问题，采取补救措施，并根据目标实施方案的要求加强学习，提高履行责任的能力。当在目标实施过程中遇到非主观努力所能解决的问题时，应主动请求上级的帮助，保证按时、保质、保量地完成任务，实现目标。

在目标控制中，应注意以下几点：

（1）充分发挥组织成员自我控制的能力，将上级的充分信任与完善的自检制度相结合，保证组织具有进行自我控制的积极性与制度保障。

（2）建立目标控制中心，结合组织均衡生产的特点，保证组织生产的动态平衡。一般来说，组织可通过旬、月、季、年的时间周期进行目标归口管理。

（3）保证信息反馈渠道的畅通，以便及时发现问题，对目标进行必要的修正。

（4）创造良好的工作环境，保证组织在目标责任明确的前提下形成团结互助的工作氛围。

（四）目标评定

目标管理注重结果，因此对部门、个人的目标的实施情况必须进行自我评定、群众评议、上级评审。通过评定，肯定成绩，发现问题，奖优罚劣，及时总结目标实施过程中的成绩与不足，完善下一个目标管理过程。目标评定的具体方法多种多样，但有一点是共同的，那就是通过评定活动总结经验教训，组织成员不仅可以获得自我实现的满足感，更能认识到自己的不足，更加积极地参与下一个目标的制定与实施。

在目标评定中，应注意以下几点：

（1）要进行自我评定。评定的内容包括目标实施方案与手段是否合适、条件变化情况、主观努力程度等。

（2）上级评审要全面、公正。对发现的问题要分析原因，找出解决问题的方法，以便鼓励下级继续努力。

（3）目标评定与人事考核相结合。人事考核要以目标完成情况为基础，通过报酬、升迁等体现奖优罚劣。处罚是辅助措施，其目的是鼓舞士气，总结经验教训，为组织发展服务。

（4）及时反馈信息是提高目标管理水平的重要保证。目标评定意味着一个管理

> **关键点**
> 　　目标建立——清晰准确。
> 　　目标分解——具体且落实到个人。
> 　　目标控制——自我控制与领导控制相结合。
> 　　目标评定——发现不足并纠偏，完善下一个目标管理实施过程。

循环的结束，而循环中的信息反映出组织的综合发展能力，是制定下一个组织目标的重要依据。在实践中，目标卡片制度成为目标管理的有效方法。目标卡片一般是一式两份，正本由目标实施者保存，副本由上级保存。对上级而言，目标卡片是实施管理与指导的依据；对目标实施者而言，目标卡片是自我控制的标准。

目标卡片一般包括以下内容：① 目标名称，按目标对组织总目标的重要程度排列；② 目标分解，即把重点目标细分为更具体的目标；③ 行动方案，即实现目标的主要措施和时间安排；④ 工作条件，即上级对工作环境做出的承诺、授权等；⑤ 目标控制，即目标完成过程中自我检查的安排；⑥ 自我评定，即目标实施者对目标实施情况进行评定；⑦ 上级

评审，即上级对目标实施情况进行评审。

专栏 4-3

目标管理通过目标体系进行管理

著名管理学家彼得·德鲁克认为，经理的任务就是要创造一个整体，他既是"作曲家"，也是"指挥家"。经理要在每一个决定和行动中协调眼前与长远的要求，通过目标的制定和分解，在组织内部建立起纵横交错完整的目标体系。组织管理工作主要是协调总目标之间、总目标与分目标之间、各分目标之间的关系，并考核、监督目标的实现情况。实行目标管理，可以使组织管理更为规范化、程序化，使组织高层管理者能纵览全局，实现组织管理的整体优化。

二、目标管理的应用与评价

（一）目标管理的应用

目标管理思想在理论上对管理学具有重要贡献，在实践中也得到了迅速发展。虽然目标管理思想起源于美国，但最早应用目标管理的是日本。1957 年，日本一家玻璃公司首先引入目标管理。在实践中，该公司结合日本企业管理的特点，赋予目标管理日本化的个性，将目标管理与民主管理相结合，形成了日本自己的管理风格，通过实践向世界展示了目标管理的魅力。1965 年以后，目标管理在美国各种组织中迅速普及，且其效果得到一致认可。目前，目标管理已成为一种流行的管理制度。

从应用范围看，目标管理的应用有如下特点：

（1）应用范围广，除工业、金融、商业等组织外，许多非营利组织也引入了目标管理。

（2）在许多大型组织中，目标管理作为组织系统管理的形式得到应用，通过目标管理对组织各个管理层次实行全面管理。在规模较小的组织中，目标管理一般应用于生产作业方面。

（3）目标管理在目标量化比较容易的财务领域应用最为广泛，如成本、利润、投资收益率的管理等。

20 世纪 60 年代初，我国一些企业曾实行的将计划指标分解、以指标为目标的劳动竞赛等就近似于目标管理。20 世纪 70 年代后，目标管理得到广泛应用，并在实践中与计划管理、民主管理、经济责任制等管理制度相结合，形成了具有我国特点的目标管理制度。我国实行比较广泛的是目标成本管理、目标质量管理、目标利润管理等。

（二）目标管理的评价

目标管理是应用极为广泛的一种管理方法。由于很难界定组织效益的增加有多少应归功于目标管理，因而对目标管理的评价只能依据小范围的调查或抽象的理论分析。从美国对70个目标管理计划的实施情况的调查结果来看，其中68个组织的生产效率得到了提高。

1. 目标管理的优点

（1）能有效提高管理效率。目标管理对目标的强调保证了组织的所有管理活动都围绕完成组织的经营宗旨。这种有的放矢的管理，一方面，可以保证各层次管理者权责明确、各司其职，增强管理工作的规范性；另一方面，通过员工的广泛参与，可以保证管理的科学性与有效性。从美国对70个目标管理计划的实施情况的调查结果来看，当高层管理者对目标管理高度重视，并亲身参与目标管理实施过程时，生产效率的平均提高幅度达到56%；而当高层管理者对目标管理的重视程度不够时，生产效率的平均提高幅度仅为6%。

（2）有助于组织机构的改革。目标管理的组织机构是围绕所期望的目标成果建立的。目标的归口管理要求组织机构权责明确，并根据责任划定组织结构。目标管理的自我控制原则要求组织机构的设定以分权为基础，即授权充分、职责明确。霍

> **关键点**
> 目标管理的优点：能有效提高管理的效率；有助于组织机构的改革；能有效地激励组织成员实现组织目标；能实行有效的监督与控制，减少无效劳动。

尼韦尔国际公司的一位高级管理者曾说，有两件事同时被考虑作为霍尼韦尔国际公司的基本信条：为使霍尼韦尔国际公司运转，需要分权管理；要使分权管理运转，需要目标管理。

（3）能有效地激励组织成员实现组织目标。目标建立期间组织成员的广泛参与明确了其在集体中的地位与作用。组织成员参与提出的目标，通过授权由组织成员自主完成。组织成员不是只听从命令的被动的生产者，而是有相当自主权、在一定范围内主要依靠自我控制进行工作的勇于承担责任的积极的生产者。目标管理"能力至上"的人事考核与评价体系使组织成员的努力能够得到客观、公正的评价，从而保证责、权、利的有机统一，产生强大的激励作用。

（4）能实行有效的监督与控制，减少无效劳动。自我控制与上级控制相结合的目标控制体系，保证了在目标管理实施过程中及时发现并纠正各种偏差，保证劳动的有效性。目标管理以目标作为一切活动的依据的思想，使可考核的目标控制体系成为组织进行监控的最好指导。

2. 目标管理的局限性

目标管理在应用中也有一定的局限性，主要表现在以下几个方面：

（1）目标建立较为困难。目标管理的有效实施要以目标的准确建立为前提。组织是开放的系统，在市场经济条件下，组织的活动受外部环境的影响较大，要把组织的目标具体化有一定的困难。保持目标的科学性与严肃性要求经理人具有较高的素质。目标管理看起来简单，但要把它付诸实践，管理人员必须对它有很好的领会和了解。对于目标建立，经理人必须有能力做到以下几点：一是了解组织的性质与宗旨，并结合组织内外部环境的变化，将组织在一定时期内的任务具体化为组织目标。二是了解组织结构，具有进行目标分解的能力，

能够保证分解后的目标具有可考核性。三是具有及时调整目标的能力，既要保证目标的严肃性，又要保证目标的科学性。虽然目标建立期间有组织成员的广泛参与，但管理者必须做到心中有数，并引导、说服组织成员建立具有一定挑战性的目标。要求管理者每年甚至每个季度、每月都要为此努力。

（2）目标建立与目标分解中的组织成员参与费时、费力。目标管理的思想基础是组织成员具有全局观念和长远观念。这种思想的形成需要组织长期对成员进行教育，并通过规章制度限制本位主义和急功近利思想的滋长。在目标建立过程中进行双向沟通，对部门提出的目标要进行分析、修正，去除出于本位主义提出的、不利于实现组织目标的部门目标，并说服组织成员将个人目标与组织目标相结合。比较而言，目标管理比单向的命令式管理费时、费力。如果协调不好，就会直接影响目标自我控制的积极性。

（3）目标成果的考核与奖惩难以完全一致。由于目标建立过程中对不同部门目标实现的难易程度很难做出精确判断，在评价、考核、制定奖惩方案时，上级领导会根据实际情况调整方案，或为了规避矛盾而不将目标成果的考核与奖惩相结合。

> **关键点**
>
> 目标管理的局限性：目标建立较为困难；目标建立与目标分解中的组织成员参与费时、费力；目标成果的考核与奖惩难以完全一致；组织成员素质的差异影响组织目标管理方法的实施。

在实际运作中，经常发生某一目标制定得偏低的情况，按照实现情况进行奖励会引起其他部门的不满；或目标中途变动，引起矛盾。当然，如果出于其他原因无法按原定目标方案进行考核和报酬分配，则更会使上级领导失去信誉，伤害员工参与目标管理的积极性。

（4）组织成员素质的差异影响组织目标管理方法的实施。目标管理的哲学假设是：组织可以形成自觉、自愿、愉快的工作环境；组织成员乐于发挥潜力，承担责任，实现自我管理，体验工作成就感，而且认为工作中的成就感比金钱更重要，但实践中并非完全如此。

总之，目标管理的应用要求组织成员具有一定的思想基础与业务水平，同时要求组织长期坚持做好自己的基础工作，如做好组织成员培训、健全各种责任制等。由于受到各种条件的限制，目标管理只能逐渐推行。首先在特定领域推行，待条件成熟后，再把它作为系统管理的主体制度。目标管理需要长期坚持，不断发展和完善，只有这样，才能逐渐挖掘出它的效益。

本章小结

任何一个组织从其创建之日起就确定了目标。有了目标，组织就有了努力的方向。

传统的组织目标定位于利润最大化。在现代管理中，组织不仅被看作单纯的经济组织，也被看作社会组织。组织不应单纯地追求自身的发展，还要将社会责任、尊重人等作为组织目标的组成部分。组织目标是组织经营思想的集中体现；它具有多重性、层次性和变动性等性质。

目标管理是一个全面的管理系统。它用系统的方法，使许多关键管理活动结合起来，高效率地实现个人目标和组织目标。目标管理思想起源于美国。20世纪50年代中期，彼得·德鲁克在《管理的实践》一书中提出了目标管理的思想。后经管理实践，目标管理发展成为一个全面的管理系统。目标管理的实施过程一般可分为四个阶段：目标建立、目标分解、目标控制、目标评定。

日本1957年率先将目标管理应用于组织管理。1965年以后，目标管理在美国各种组织中迅速普及，且其效果得到一致认可。20世纪70年代后，目标管理在我国得到广泛应用。我国实行比较广泛的是目标成本管理、目标质量管理、目标利润管理等。

目标管理在组织管理实践中的应用为组织带来了良好的经济效益，同时也对组织提出了相应的要求。目标管理需要长期坚持，不断发展和完善，只有这样，才能逐渐挖掘出它的效益。

思考题

1. 著名管理学家彼得·德鲁克提出，组织目标唯一有效的定义就是创造顾客。请结合自身体验谈谈你的见解。

2. 目标管理具有哪些特点？根据我国大多数组织目前的状况，在我国是否完全具备了实行目标管理的条件？

3. 目标制定得科学、合理又可行是成功实施目标管理的关键。作为业务主管，在制定本部门目标时应注意哪些问题？

4. 进行目标成果考核时，如何避免人为因素的影响？

第五章　战略管理

学习目标

学完本章内容，你应该能够：

- 给战略下定义
- 描述战略的特征
- 知道战略的五个构成要素
- 描述战略管理过程的六个阶段及其任务
- 界定各种类型的总体战略、竞争战略
- 解释总体战略的特征和竞争战略涉及的实施条件

关键术语

战略　战略管理　经营理念　核心能力

作为管理学的一个重要分支，战略理论是在第二次世界大战后世界范围内的市场态势逐步向多样化的买方市场转化、市场竞争日益激烈的背景下发展起来的。在科学技术飞速发展、顾客需求日益多样化和市场竞争进入超强时代的今天，组织不论规模大小，也不论处在什么样的发展阶段，都必须重视战略管理，因为它指明了组织未来的发展方向，为实现组织长期生存和发展提供了重要保证。本章在介绍战略的含义、特征和构成要素的基础上，重点阐述战略管理的过程、战略的类型、总体战略的选择等内容。

第一节　战略概述

一、战略的含义和特征

（一）战略的含义

"战略"原本是军事领域的一个概念，原意是指指挥军队的科学与艺术。《孙子兵法》是我国历史上最早的研究军事战略的伟大著作，书中阐述的"知彼知己，百战

> **关键点**
> 　　"战略"一词源自军事领域，原意是指指挥军队的科学与艺术。

不殆"等思想，不仅是取得军事胜利的重要途径和保证，而且早已成为企业战略决策和竞争制胜的优秀管理思想。

将"战略"一词引入企业经营管理是基于市场如同战场、企业如同兵团，企业之间也有非常激烈的竞争的认识。如今，战略管理已超出工商领域，医院、学校、研究机构等非营利组织也都制定并实施发展战略。

关于战略的定义，目前学术界尚未形成统一的认识。有的学者认为，战略就是组织的发展目标以及实现目标的基本方针；有的学者认为，战略就是决定组织所从事业务的范围以及在某个具体的业务领域如何获得竞争优势；还有的学者认为，战略就是协调和配置组织各种资源和市场活动来创造价值的方式。归纳各种观点，我们认为，战略是指组织为了实现长期生存和发展，在综合分析组织内部条件和外部环境的基础上做出的一系列带有全局性和长远性的谋划。这些谋划是为了使组织在快速变化的环境中实现长期生存和发展而由组织高层管理者绘制的一张蓝图。企业战略是企业家经营管理思想的集中体现。

（二）战略的特征

与一般性计划相比，战略具有以下特征：

1. 全局性

人力资源管理、技术管理、财务管理等管理职能主要解决关于组织某个局部或某个层次的问题，而战略管理是以组织全局为管理对象确定组织发展的远景和总目标，规定组织总的行动纲领，追求整体绩效最大化。也就是说，战略既不是研究组织的局部问题，也不是包罗万象，而是把重点放在组织的整体发展上，因此，战略决策正确与否直接关系到组织的兴衰成败。当然，战略管理必然涉及组织内部的各个战略业务单位、职能部门或计划编制单位，战略决策所导致的关于权责与资源的分配与再分配必然会对这些部门产生复杂的影响。

2. 长远性

战略的着眼点是组织的未来，是为了谋求组织的长远发展和长远利益，而不是眼前利

益。制定有效的战略需要决策者高瞻远瞩。有时，为了实现组织的长远利益，可能会牺牲眼前利益。因此，那种不顾组织的长远利益、贪图一时所得的做法是典型的缺乏战略眼光的行为。从长远来看，战略管理的基础不是决策者知道什么，而是决策者预测到什么，对环境变化趋势做出科学预测是战略管理的一项基础性工作。

3. 纲领性

组织战略所确定的战略目标和发展方向是一种概括性与指导性的规定，是对组织未来的一种粗线条的设计。它不纠缠于现实的细枝末节，而是解决组织长期发展中的主要矛盾。它为组织的未来指明了发展方向，是组织所有行动的纲领。但要把它变成现实，仍需要经过一系列的展开、分解和具体化。

4. 客观性

组织战略是高层管理者为了使组织在未来的环境中求得长期生存和发展而绘制的一张蓝图。这张蓝图不是高层管理者凭空想出来的，而是在对未来环境变化趋势和自身资源、能力进行客观分析的基础上，通过一系列科学的决策而提出来的。因此可以说，战略的实质是谋求外部环境、内部条件与战略目标三者之间的动态平衡。值得注意的是，一些拥有大致相当的内部条件的企业，面对相同的外部环境，制定和实施的经营战略却大相径庭。例如，有的企业追求开拓进取，不断开发新技术、开拓新市场；有的企业固守原有的市场和产品，追求按部就班、平稳地发展。这种差异的存在与人们对客观世界的认识方式不同有关。

5. 竞争性

制定战略的一个重要目的就是要在激烈的竞争中战胜对手，赢得竞争优势，进而赢得市场和顾客。这使得经营战略有别于那些单纯以改善组织现状、提高管理水平为目的的行动计划。也就是说，战略是一种具有"火药味"的，而非"和平状态"下的长远谋划。

6. 风险性

组织战略着眼于未来，但未来充满不确定性，即使利用先进的预测技术，也很难明确所有的不确定性因素，这必然导致任何战略方案都带有一定的风险。例如，一些企业期望通过并购来增强对市场的控制力，但如果市场占有率的提高不是建立在规模经济或协同效应的基础上，或者并购后期的整合不能有效进行，则该项并购活动可能会给企业带来负效应，并购目标可能实现不了。

二、战略的构成要素

哈佛商学院教授戴维·科利斯和辛西娅·蒙哥马利在《公司战略：企业的资源与范围》一书中提出，一项有效的组织战略应是由战略远景、目标和目的、资源、业务和组织五个基本要素组合而成的协调一致的系统，正是这个系统创造了企业优势，并产生了经济价值。战略的构成要素如图 5 - 1 所示。

图 5 – 1　战略的构成要素

（一）战略远景

无论是刚刚成立的合伙制企业，还是已经有百年发展历史的大型企业集团，在制定战略时，都必须首先确定战略远景，即明确自己应承担什么样的社会责任、从事什么样的事业，以及成为什么性质的组织。简言之，战略远景是指组织在社会进步和经济发展中应扮演的角色和承担的责任。战略远景向组织内外的利益相关者说明了组织存在的理由。能够清楚地表述连贯一致的战略远景，并在相当长的时间内致力于实现这一远景是组织具有战斗力的重要表现。组织战略的设计必须围绕战略远景进行，如图 5 – 1 所示，战略远景位于"三角形"分析框架的中央。强有力的战略远景应能够激发组织成员的事业心和责任感，激励他们为实现这个远景而不断努力。

一般来说，战略远景包括两方面的内容：经营理念和组织宗旨。

1. 经营理念

经营理念常常被称为经营哲学或经营信条，是指组织在长期的经营实践中形成的、为全体组织成员所认同的价值观、信念和行为准则等。它常常反映创始人在创办组织时或组织领导人在经营管理组织的过程中所持有的理念和远见。实践表明，一个组织要取得真正的成功，单靠资金、技术、品牌等资源是不够的，还必须拥有一套明确而又独特的指导思想和价值观。世界上那些成功的组织无一例外地都具有自己独特的经营理念。例如，IBM 公司在长期的经营实践中形成了"尊重个性、服务顾客、精益求精"的经营哲学；松下幸之助为松下电器公司确立的经营信条是：努力改善和提高人们的生活水平，使家用电器像"自来水"那样廉价和充足。

2. 组织宗旨

宗旨是指组织现在和未来应从事的事业。对于工商企业而言，宗旨就是要确定企业的业务范围、主攻市场和主要技术等。正确地确定组织宗旨是组织走向成功的必要条件。在确定组织宗旨时，应避免两种错误倾向：一是将组织宗旨确定得过于狭窄；二是将组织宗旨确定得过于宽泛。过于狭窄的宗旨会束缚管理层的经营思路，使组织可能失去许多发展机会；而过于宽泛的宗旨对于组织来说，可能会失去指导意义。例如，如果一家生产空调的企业将自己的宗旨确定为"帮你调节室内温度"，就显得狭窄了，这样会使企业失去开发其他家电产品的机会。相反，如果一家汽车制造厂将自己的宗旨确定为"提供各种交通工具"，则显得对企业发展方向的决策没有太多实际意义，因为这样的宗旨远远超出了该厂的能力，该厂不可能同时进入飞机制造、轮船制造等领域。

明确组织从事的事业的性质，对于非营利组织来说一样重要。医院、学校和政府机构也必须确立自己的宗旨。例如，一所师范学院究竟是培养学生将来从事教师职业所需的基本技能，还是培养学生从事教育理论研究的素质和能力。又如，一所商学院是培养将来从事管理学研究的科研人员，还是培养高级管理人才，或者培养深入一线的基层管理者。要回答这些问题，必须明确学校的宗旨。

（二）目标和目的

战略远景描述的是组织希望在多年以后要达到的一种状态，而一项有效的战略还必须设定中短期的目标和目的，作为组织实现战略远景道路上的里程碑。同时，由于这些目标和目的近在眼前，就更具有现实性，所以它们能够更直接地激励组织成员。其中，目标是指具体的中期和短期的定量目标，如"每年保持20%的销售收入增长率"或"到2020年实现销售收入达到100亿元"等；目的是指在相应期限内的定性期望，如"努力成为一家跨国经营的公司"或"形成较强的研究开发能力"等。目标和目的应时刻与战略远景保持一致，但要比战略远景更具有可操作性。

（三）资源

每个组织都拥有大量独特的资源，这些资源决定的不是组织想做什么，而是组织能做什么，所以资源是组织战略的关键要素。同时，资源也是区分一家组织与另一家组织的主要标志。如果所有组织都拥有相同的资源，那么所有组织都可以制定并实施相同的战略，组织培育竞争优势的基础也就随之消失了。因此，资源是战略的本质，是组织持续竞争优势的源泉。资源的存在方式是多样的，从唾手可得的普通投入要素，到高度差别化的无形资源。组织中的资源包括有形资源和无形资源两大类，如专栏5-1所述，这两类资源的特性及其对组织发展所产生的作用存在较大差异。

专栏5-1

有形资源和无形资源

有形资源主要是指那些可以在资产负债表上反映的资产，包括现金、房地产、机器设备和原材料库存等。虽然有形资源也是组织发展所必需的，但是由于具有易获得性及标准化属性而使它们很难成为组织长期竞争优势的源泉。

无形资源是指以知识或技能形态表现的战略资源，包括品牌、技术、组织文化以及各种组织能力等。无形资源是组织在长期的学习、修炼、创新和生产实践中积累起来的，具有创新性、难以模仿性、扩张性等特征，能够对组织发展长期地发挥作用，因此是组织长期竞争优势的主要源泉。海尔集团之所以能从一个小型集体企业发展成为一个年销售收入过千亿元的大型企业集团，就是因为它在经营管理中非常重视品牌、技术、企业文化等无形资源的培育和应用。

在无形资源中，组织能力是比较特殊的一类资源，如研发能力、渠道管理能力、售后服务能力、融资能力等。这类资源是组织多种资产、技术、人员与组织投入产出过程的复杂结合，因此它不能独立存在。精心培养的组织能力可以使企业在与竞争对手投入要素相同的情况下，以更高的生产效率或质量将这些要素转化为顾客需要的产品或服务。

（四）业务

业务是战略"三角形"分析框架的第二条边，指的是组织参与竞争的产业领域。产业选择对于企业战略的长期成功至关重要。企业在决定是否进入某个产业时，首先要考虑该产业是否具有吸引力，因为如果一个产业的盈利能力较其他产业要高，处于该产业的企业通常也能获得不错的投资收益。

决定企业是否要进入某个产业的另一个重要法则是，企业是否拥有在该产业中产生竞争优势的资源，尤其是专属性资源，如企业特有的技术专长、管理经验、专门人才、顾客忠诚、营销网络等，即所选择的产业与企业的战略资源之间是否存在适配性。众所周知，企业谋求业务扩张的原始动机是能够在新的产业中创造价值，如果企业的资源不能在该业务上创造价值，企业就不应该涉足这个业务领域。这也是一家服装企业不宜在计算机产业参与竞争的重要原因。

（五）组织

组织是战略"三角形"分析框架的底边，指的是组织结构与管理体制等要素，它们共同形成组织的行政关系，维持各业务单元之间的一致性，保证战略方案的有

> **关键点**
> 　战略的构成要素：战略远景、目标和目的、资源、业务、组织。

效实施。在很多情况下，正是缺乏合理的组织结构设计，才导致战略执行出现失误。

1. 组织结构

组织结构描述的是在组织内部分配权力的框架。如同没有普遍成功的企业战略一样，也没有一种组织结构适用于所有企业。20 世纪以来，工商企业实践中出现过的组织结构有职能制、事业部制、矩阵制和虚拟组织等。无论设计过程多么复杂，每一种组织结构都有其自身的优点和弊端。因此，管理层面临的一个重要任务就是设计出满足战略需要的组织结构。

2. 管理体制

在对各业务单位授权后，还必须对其运用权力的情况实施监督和控制，管理体制的作用就在于此。所谓管理体制，是指控制组织内部各业务部门行为的各种正式制度、政策与程序，涉及从战略制定到业绩考核的一系列事项。组织常见的管理体制有财务预算、考核制度、薪酬体系和组织文化等。如果没有合适的管理体制和行为准则、文化等制约因素，授权就会产生一些不利的结果，如为追求局部利益而损害整体利益、资源得不到有效利用等。管理体制的作用在于保证资源在各业务单元之间合理配置，并使各业务单元与企业整体战略保持一致。

专栏 5 - 2

佳佳集团的 "十四五" 战略规划

1. 企业理念

（1）发展远景：为人类创造美好生活，做世界的佳佳。

（2）企业精神：开放、和谐、务实、创新。

（3）经营理念：为社会创造价值，为股东创造利润，为员工创造机会。

2. "十四五" 战略目标

通过做精、做细、做强家电和机电产品等核心产业，加大海外市场拓展和投资力度，提高佳佳集团的国际竞争力。综合实力在白色家电制造商中居亚洲前两位、全球前五位，成为中国最有价值的白色家电品牌，成为在全球范围内拥有一定品牌知名度和影响力的世界级消费类电器企业集团。

通过未来五年持续稳定的发展，形成产业多元化、发展规模化、经营专业化、业务区域化、管理差异化的产业格局。到 2025 年，成为运作管理科学、治理结构规范、年销售额突破 1 000 亿元人民币的世界级消费类电器企业集团。其中，海外销售收入突破 50 亿美元，拥有 1~2 个海外管理总部、2~3 个海外生产基地，逐步实现品牌国际化、营销本土化、资源全球化。

3. 组织建设

根据企业的发展速度与规模，建立与企业经营管理相适应的组织架构，以协调发展、有效控制为目的，清晰集团定位，形成权责明确、流程通畅、运作高效的组织体系。

三、战略体系构成

一般来说，组织的战略可以划分为三个层次，即公司层战略、业务层战略和职能战略，如图 5 - 2 所示。这三个层次的战略具有不同的特征，要解决的战略问题也不同。

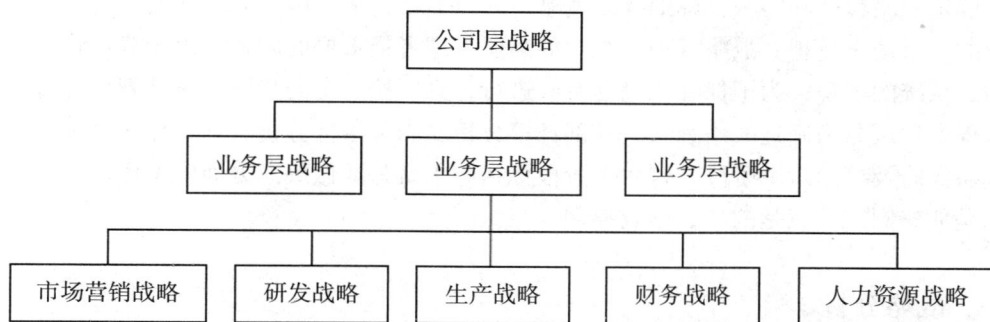

图 5-2 组织战略体系构成

（一）公司层战略

公司层战略是组织总体的、最高层次的战略，也称总体战略。它主要解决两方面的问题：一是根据组织内部条件和外部环境，确定组织的经营范围，即组织应拥有什么样的业务组合。例如，海尔集团的业务组合比较复杂，涉及家电、计算机、手机、保健品等业务，而格力集团的业务组合就相对简单，主营业务就是空调的研发、生产和销售。二是确定每种业务在组织中的地位，并据此决定在各种业务之间如何分配资源。

（二）业务层战略

业务层战略处于组织战略体系的第二层次，主要解决的是在特定的业务领域组织如何参与市场竞争，以获取超过竞争对手的竞争优势，因此也称竞争战略。对于只经营一种业务的小企业，或者从事专业化经营的大型企业来说，业务层战略与公司层战略是一回事。对于拥有多个业务，即进行多元化经营的企业，每个业务部门都会有自己的竞争战略，这种战略主要规划业务部门提供什么产品或服务，以及向哪些顾客提供产品或服务等内容。

（三）职能战略

职能战略是在公司层战略和业务层战略的指导下，针对组织各职能部门或专项工作所制定的谋划与方略，是公司层战略和业务层战略的具体实施战略。职能战略包括市场营销战略、研发战略、生产战略、财务战略等，它们必须与公司层战略和业务层战略保持一致。如果说公司层战略和业务层战略强调的是"做正确的事情"，那么职能战略强调的是"将事情做好"。与前两个层次的战略相比，职能战略具有短期性、具体性和低风险性等特征。

第二节 战略管理的过程

战略管理是组织为了实现长期生存和发展，在对组织内部条件和外部环境进行分析的基础上，确定战略目标和实现目标的有效战略，并将战略付诸实施，对战略实施过程进行控制和评价的一个动态过程。战略管理是组织的高层管理者最重要的职责。由于战略管理是一个复杂的、系统的过程，为了保证该过程有效进行，必须按一定的步骤、有计划地进行。战略管理过程大致可分为确定战略远景、外部环境分析、内部条件分析、确定战略目标、制定战略、战略实施及控制六个阶段，这六个阶段概括起来就是要做好三方面的工作：一是战略分析；二是战略制定；三是战略实施及控制。

一、战略分析

绝大多数组织都是开放的系统，在组织内部以及组织与它所处的外部环境之间时时刻刻都发生着物质和信息的交换，组织的活动每时每刻都受到外部环境和内部条件的影响。因此，组织在制定战略目标及实现目标的战略措施之前，必须对组织的外部环境和内部条件进行分析、评估，为战略决策提供依据。一般来说，战略分析分为外部环境分析和内部条件分析两部分。其中，外部环境分析的目的是适时寻找和发现组织发展可能面临的机会、威胁与约束，以便在制定战略时能够利用外部环境提供的机会并避开威胁；内部条件分析的目的是发现组织具有的优势和劣势，以便在制定战略时扬长避短、发挥资源优势。

（一）外部环境分析

现代组织受到外部环境的影响越来越大，而且大多数环境影响因素是组织不可控制的。因此，组织在制定战略时，必须全面、客观地分析和把握外部环境的变化趋势及其对组织的影响，并能够发现其中哪些因素对于组织是机会、哪些因素是组织面临的威胁，以此作为制定战略目标和战略措施的出发点、依据与限制条件。成功的战略大都是那些与外部环境相适应的战略。外部环境分析可以分为宏观环境分析和行业环境分析两个层次。而组织与外部环境的关系如图 5 – 3 所示。

1. 宏观环境分析

宏观环境是指间接或潜在地对组织产生影响的社会因素。宏观环境只是给组织发展提供机会、威胁与约束，不会单独作用于某个组织，而且单个组织的力量难以改变它。

宏观环境分析的内容包括政治因素、法律因素、经济因素、技术因素、人文因素和生态因素等。

2. 行业环境分析

组织总是存在于某一行业环境之内。行业环境分析的内容主要包括行业竞争结构、行业所处的生命周期以及本行业与其他行业的关系等。从一定意义上讲，行业竞争结构决定了行业的竞争规则和组织可能采取的战略，因此行业竞争结构分析是组织制定竞争战略的重要的基础性工作。按照美国著名管理学家迈克尔·波特的理论，行业竞争结构分析主要从五个方面进行，即现有企业间的竞争强度、潜在入侵者的威胁、购买者的讨价还价能力、供应商的

图 5 – 3　组织与外部环境的关系

讨价还价能力及替代品的威胁（如图 5 – 4 所示）。这五种力量综合起来决定了行业中的某个组织获取超出资本成本的平均投资收益率的能力，因为它们影响价格、成本和组织所需要的投资等因素。

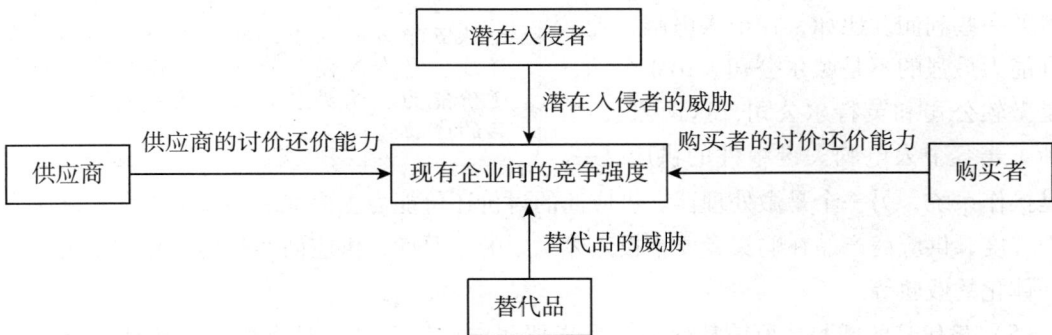

图 5 – 4　行业竞争结构分析框架

（1）现有企业间的竞争强度。在上述五个方面中，现有企业间的竞争强度的作用最为明显。影响现有企业间的竞争强度的因素有很多，其中最主要的就是竞争者的数量和相对实力的大小。比如，当行业内现有竞争者的数量相对较少且大家的实力相当时，竞争者就可能会认识到相互依赖的重要性，进而抑制相互之间的竞争行为，这样市场竞争格局会相对平稳。如果行业由一个占支配地位的竞争者主导，并包括一批实力相对较弱的追随者，同样行业竞争态势会减缓，因为该支配者能够制定行业价格和惩罚违规者。相反，如果行业内竞争者实力相当且数量众多，市场竞争就会趋于激烈，因为各竞争者都希望自己能够胜过他人。

（2）潜在入侵者的威胁。这种威胁主要在于，新进入该行业的企业，不仅会带来生产能力的扩大，而且会带来对经营资源、市场份额的要求，这必然会加剧市场竞争，降低行业的平均盈利能力。

分析潜在入侵者的威胁的关键概念是进入壁垒。当一个行业扣除资本成本后的利润高于零时，就会有大量的企业涌向该行业。这时，如果有较明显的进入壁垒，就可以阻止过多的企业进入该行业。进入壁垒是指潜在入侵者在进入该行业时所遇到的各种不利因素和限制，它可以以不同的形式存在。常见的进入壁垒存在于经济规模、产品差异化、销售渠道、政府政策等方面。

（3）购买者的讨价还价能力。购买者的讨价还价能力往往会挤掉供应商的一部分利润，具体的途径就是迫使供应商降价，要求更高的产品质量或更多的服务。比如，通用汽车公司在全盛时期拥有强大的砍价能力，因为它支配着这个行业。它经常以断绝业务关系来威胁零部件供应商，迫使供应商做出一定的价格或非价格方面的让步。购买者的讨价还价能力主要取决于以下因素：购买者的集中程度、购买者所购买的产品在其全部成本中所占的比重、本行业产品的标准化程度、购买者后向一体化的威胁等。

（4）供应商的讨价还价能力。如果供应商的讨价还价能力强，同样可以挤掉购买者的一些利润。比如，在个人电脑行业，盈利能力最强的不是戴尔公司、IBM 公司，而是微软公司和英特尔公司，这两家公司垄断了兼容个人电脑关键组件的供应，一

> **关键点**
> 迈克尔·波特的行业竞争结构分析理论从五个方面入手，即现有企业间的竞争强度、潜在入侵者的威胁、供应商的讨价还价能力、购买者的讨价还价能力及替代品的威胁。

个是操作系统，另一个是微处理器。供应商的讨价还价能力主要取决于以下因素：供应商的集中程度、供应商产品在购买者要素投入体系中的重要性、供应商产品的差异性、供应商前向一体化的威胁等。

（5）替代品的威胁。所谓替代品，是指那些与本行业产品具有相同或相似功能的其他产品。替代品的出现会对本行业内的所有企业产生冲击，因为替代品往往在某些方面具有超过原有产品的竞争优势，如价格低、质量高、功能新等，因而它们势必与原有产品争夺市场、分割利润，使原有企业处于不利地位。替代品的威胁的大小主要取决于替代品的价格、性能等因素。

（二）内部条件分析

外部环境分析向组织展示了未来发展的机会和威胁，但能否抓住机会并避开威胁取决于组织的内部条件。组织在某一领域的竞争优势就是其拥有的与众不同的资源或能力。例如，海尔集团拥有的制冷技术方面的独特能力、联想集团拥有的渠道管理能力都给企业带来了显著的竞争优势。

内部条件分析的核心是对组织核心能力的分析。核心能力是一种将知识、技能、资产和运行机制有机结合的组织的自组织能力，它以组织的技术创新能力为核心，通过与组织的生产制造能力、市场营销能力和文化等资源或能力的交互作用，最终生成能够使组织保持持续竞争优势的能力。随着战略理论的发展，人们普遍认识到，核心能力是组织长期竞争优势的源泉，决定了组织可以或不可以从事什么事业。因此，对组织核心能力的分析是内部条件分析的核心内容。通过核心能力分析，决策层能清楚组织核心能力的现状、核心能力存在哪些不足，进而指导组织制定增强核心能力的有效对策。对组织核心能力进行分析，必须把握核心能力具有的三个基本特征：充分的用户价值、难以模仿性和延展性。核心能力的特征见专栏5-3。

专栏 5-3

核心能力的特征

1. 充分的用户价值

一项资源或能力要成为组织核心能力，必须能够为用户提供根本性的好处或效用。例如，本田株式会社在发动机方面拥有的特长就是其核心能力的关键构成要素，因为它对用户来说是最有意义的。而本田株式会社在处理与经销商关系方面的专长对用户来说是无关紧要的，所以它不能成为其核心能力的构成要素。

2. 难以模仿性

由于核心能力可使组织获取超额收益，竞争对手总是极力去模仿。因此，组织所建立的模仿障碍越大，模仿的难度就越大，组织的竞争优势就越持久。一般来说，基于专利技术、营销网络、品牌等无形资源所建立的优势往往是竞争对手难以模仿的，这是因为无形资源是在长期的实践过程中逐步积累起来的，而且与组织结构、组织管理和文化特征高度符合。

3. 延展性

延展性即核心能力能够为组织打开多种产品市场提供有力支持，对组织所生产的一系列产品或服务的市场竞争力都有促进作用。例如，夏普公司的液晶显示技术使其比较容易在笔记本电脑、袖珍计算器、大屏幕电视等领域获得一席之地。

二、战略制定

战略制定过程是对战略方案进行探索、提出以及比较选择的过程。对于一个多元化经营的企业来说，战略制定应从公司层、业务层和职能层来进行。在这一阶段，战略决策层应主要解决两方面的问题：一是组织的经营范围或业务组合是什么样的；二是组织在某一竞争领域处于什么位置，以便获取领先于竞争对手的竞争优势。

在制定战略之前，决策者应将组织外部环境分析和内部条件分析的结果进行综合、比较，寻找二者的最佳战略组合，为战略制定和战略决策提供更为直接的依据。这就是人们常说的 SWOT 分析。其中，S 表示组织所拥有的优势（strength），W 表示组织的劣势（weakness），O 表示外部环境中的机会（opportunity），T 表示外部环境对组织的威胁（threat）。进行 SWOT 分析时，需要绘制 SWOT 分析矩阵。这个矩阵是以外部环境中的机会和威胁为一方、以组织拥有的优势和劣势为另一方而组成的二维矩阵（见表 5 - 1）。在这个矩阵中，存在四种组合，即优势 - 机会（SO）组合、劣势 - 机会（WO）组合、优势 - 威胁（ST）组合和劣势 - 威胁（WT）组合。

表 5 - 1　SWOT 分析矩阵

外部环境	内部条件	
	优势（S）	劣势（W）
机会（O）	SO 组合	WO 组合
威胁（T）	ST 组合	WT 组合

（1）优势 - 机会（SO）组合。这种组合应该是组织的最佳选择，即通过发挥自身优势，最大限度地利用外部环境所提供的机会实现组织的快速发展。

（2）劣势 - 机会（WO）组合。在这种组合下，决策层已经识别出外部环境中存在的机会，但自身的劣势可能会限制组织对机会的把握。对于这样的情况，最现实的问题就是如何弥补自身资源或能力的不足，抓住机会。如果自身资源或能力得不到改进，组织只能将机会让给竞争对手。

（3）优势 - 威胁（ST）组合。如果组织处于 ST 组合的位置，应该做的就是巧妙地利用自身优势来对付外部环境中的威胁，降低威胁可能产生的不利影响。但这种做法显然不是"上策"，因为组织的优势资源没有得到更好的利用。

（4）劣势 - 威胁（WT）组合。在四种组合中，组织应尽可能避免这种组合，因为在这种组合下，组织根本难以抵挡环境威胁。一旦处于这样的位置，组织在制定战略时就要设法降低环境不利因素对自身的冲击，将损失降到最低。比如，及时采取缩减生产规模、抽资转向、剥离等收缩战略。

决策层在制定战略时，应开发出实现战略目标的多种战略方案，并根据战略目标对这些方案进行分析和评价，以选择出适合组织情况的最佳方案。目前对战略的评价已经形成多种方法或战略管理工具，如波士顿矩阵法、行业寿命周期法等。

三、战略实施及控制

（一）战略实施

无论战略制定得多么精细，如果不能有效实施，也不会取得成功。组织战略实施的能力取决于管理层的领导能力、职能战略、激励机制以及其他因素。为了推进战略的有效实施，组织管理层应做好以下三个方面的工作：

首先，战略方案分解。战略方案一般比较笼统，为了方便执行，组织管理层需要将战略方案从时间和空间两个方面进行分解。所谓时间分解，就是将战略方案中的长期目标分解为若干个战略阶段，再将战略阶段分解为年度计划、季度计划等。空间分解就是将战略方案按业务领域和职能进行分解，形成具体的业务层战略或职能战略，如市场营销战略、人力资源战略等。

其次，编制行动计划。战略只是规定了发展方向、目标和基本措施。为了使战略顺利执行，必须编制具体的行动计划。通过编制行动计划，组织管理层可以进一步规定任务的轻重缓急和行动时机，明确每一个战略阶段或战略项目的工作量、起止时间、资源保证和负责人。

最后，对组织结构进行调整。战略是通过组织实施的，要有效实施一个新战略，往往需要设计一个新的或者经过调整的组织结构。根据组织服从战略的原理，新建的组织机构，或者经过调整的组织机构要能够适应战略的需要，并为战略实施提供良好的内部条件。

（二）战略控制

在战略执行过程中，为了实现预期目标，必须对战略实施过程进行控制，即将执行中的实际表现与预期目标进行比较，如果二者有明显的偏差，就应当采取有效的措施加以纠正。战略控制必须以战略目标为控制标准。

在战略控制过程中，如果发现偏差是由环境发生了预想不到的变化引起的，就需要重新审视环境，修改甚至重新制定战略方案，这就是战略调整。战略调整有被动调整和主动调整两种方式。被动调整是指对环境的重大变化毫无察觉，一旦发现，已陷入严重困难局面，被迫对战略方案做出调整，但损失已无法挽回。主动调整就是在预测到环境将发生重大变化时，不失时机地对战略方案进行调整。主动调整的损失较小，甚至不会造成损失。因此，决策层应力争主动，及时进行战略调整。

第三节　总体战略

总体战略主要回答的是组织应建立什么样的业务组合，以及不同业务在整个组织中处于什么样的位置，它是制定业务层战略和职能战略的依据。总体战略主要有三种类型：稳定型战略、发展型战略和收缩型战略。

一、稳定型战略

（一）稳定型战略的含义和特征

所谓稳定型战略，是指组织在战略期内期望达到的经营状态基本保持在战略起点水平上的战略。在执行稳定型战略时，组织基本上很少发生重大的变化。稳定型战略具有以下特征：

（1）继续提供相同的产品或服务来满足原有顾客的需要。

关键点

稳定型战略追求稳定、均衡发展。

（2）保持现有的市场占有率和产销规模或者略有增长，稳定和巩固现有的市场地位。

（3）满足于过去的经济效益水平，继续追求与过去相同的经济效益目标及其他目标。

（4）在战略期内，每年所期望取得的业绩按大体相同的比率增长，实现稳定、均衡发展。

从以上特征可以看出，稳定型战略追求稳定、均衡发展。实行稳定型战略，可以使组织在基本维持现有产销规模、市场占有率和市场地位的前提下，调整生产经营秩序，强化内部管理，从而进一步提高组织的整体素质，积累资源和能力，为将来的发展做好充分准备。

（二）稳定型战略的适用条件

（1）市场需求及行业结构基本稳定或波动较小，组织面临的竞争挑战和发展机会较少。例如，在宏观经济处于低速增长期，或行业处于成熟期时，市场需求规模趋于稳定，产品技术成熟，要想开发新的产品或改变市场地位都是非常困难的，因此，维持现状往往是组织较好的选择。

（2）决策层不希望承担大幅度改变现有战略所带来的风险。战略改变往往需要改变既有的资源配置模式，而要改变既有的资源配置模式是非常困难的，即使可以改变，通常也需要很长时间。此外，决策层通常会认为，过去成功、有效的战略在将来仍会有效，因此无须改变现行战略。

（3）发展太快可能导致组织的经营规模与业务范围超出其资源和能力的承受范围，进而很快就会出现低效率的情况。现实中，不少组织都是因为发展速度太快，资源、能力和管理水平跟不上发展的要求，而陷入困境的。

（三）稳定型战略的利弊

稳定型战略的好处：能够保持战略的稳定性，不会因战略的突然改变而引起在资源分配、组织结构和人员安排上的大变动，进而有助于实现组织的平稳发展；稳定型战略的风险较小，对于那些处于成熟期的行业或稳定环境中的组织来说，它不失为一种有效的战略。

稳定型战略也有弊端：一是组织只求稳定发展，可能会失去外部环境提供的一些发展机会。如果竞争对手抓住了这些机会，则组织会处于非常不利的地位。二是采取稳定型战略可能会助长组织管理层墨守成规、因循守旧的懒惰思想，甚至形成不思进取、回避风险的组织文化，这对于组织的长远发展是不利的。

二、发展型战略

（一）发展型战略的含义和特征

1. 发展型战略的含义

发展型战略也称扩张型战略，是一种在现有战略起点的基础上，向更高目标发展的总体战略。发展型战略强调的是抓住外部环境提供的有利机会，发掘和充分运用组织的各种资源，实现快速发展。

2. 发展型战略的特征

发展型战略具有以下特征：

（1）扩大产销规模，提高产品的市场占有率，增强组织的竞争力。

（2）不断开发新产品、新工艺和老产品的新用途，不断开拓新市场。

（3）不仅适应外部环境的变化，而且试图通过创新来引导消费，创造需求。

（二）发展型战略的主要形式

发展型战略主要有三种形式，即密集型发展战略、一体化发展战略和多元化发展战略。

1. 密集型发展战略

（1）密集型发展战略的含义。密集型发展战略也称专业化发展战略，是指集中组织资源，以快于过去的增长速度来增加某种产品或服务的销售额或市场占有率，而组织的业务范围基本上保持不变的一种战略。世界上许多著名的大公司，如可口可乐公司、沃尔玛公司、英特尔公司等，在发展初期都曾成功地采取密集型发展战略，有些企业还一直沿用到现在。例如，可口可乐公司就曾只生产一种口味、一种包装的饮料，并将产品行销到全世界。

（2）密集型发展战略的做法。密集型发展战略的具体做法：①在现有产品线内不断开发新产品；②扩大销售范围，向国内外新的市场领域扩张；③通过广告、促销或特殊的定价策略吸引更多的顾客，或提高原有顾客的重复购买率；④通过定价策略、产品差异化和广告等手段，向竞争对手的市场渗透。

（3）密集型发展战略的优缺点。密集型发展战略的优点：经营目标集中，管理简单、方便，有利于集中利用组织资源，实现生产的专业化，获取规模经济效益。但密集型发展战略也有缺点，就是对环境变化的适应能力较差，风险较大。在采取密集型发展战略时，组织集中经营一种产品，一旦该产品的市场需求明显下降，组织可能会快速陷入困境。因此，有人把密集型发展战略称为"把鸡蛋放在了一个篮子里"的战略。顾客需求偏好转移、技术变革、政府政策调整以及强大竞争者的进入等，都可能导致市场需求萎缩或市场生存空间缩小，进而对采取密集型发展战略的组织形成威胁。

2. 一体化发展战略

（1）一体化发展战略的含义。一体化发展战略是指组织在产业链的前向和后向两个可能的方向，扩大组织经营范围的一种战略。它包括前向一体化战略和后向一体化战略两种表现形式。其中，前向一体化战略就是组织对自己所生产的产品做进一步的深加工，或建立自己的销售组织来销售产品或服务的战略。例如，石油公司对自己开采的石油进行炼化，生产各种石化产品（如合成橡胶、化肥等），并自行组织这些产品的销售，这就是前向一体化战略。后向一体化战略是指组织生产所需的原材料和零部件等，由外部供应改为自己生产，如钢铁公司自己拥有矿山和炼焦厂、中药企业培育自己的中药材基地等。

（2）一体化发展战略的优缺点。一体化发展战略的优点：①前向一体化战略可以使组织有效地控制销售和分销渠道，进而有助于更准确地掌握市场需求信息和发展趋势，更迅速地了解顾客的意见和建议，增强对市场的适应能力。②前向一体化战略通过提高产品的深加工程度，给组织带来更多的利润。③后向一体化战略可以使组织对其所需的原材料或零部件的成本、质量和供应情况进行有效的控制，进而有助于降低成本，减少风险，保证生产正常进行。

一体化发展战略也有缺点：①一体化使组织规模扩大，人员和组织机构更加庞杂，这不可避免地会导致管理难度的加大和管理费用的增加。②组织进入新的经营领域，不仅需要投入大量的资金，而且需要掌握更多的新技术和能力，但如果组织缺乏所需的技术和能力，可能会导致效率的下降，使一体化失去应有的作用。③组织一旦进入新的经营领域，再退出就会很困难。当所进入的经营领域衰退时，组织很可能面临较大的风险。

3. 多元化发展战略

多元化发展战略可以分为关联多元化发展战略和无关联多元化发展战略两种类型。

> **关键点**
>
> 发展型战略主要有三种形式：
> 密集型发展战略，即集中化发展；
> 一体化发展战略，即纵向发展；
> 多元化发展战略，即多向发展。

（1）关联多元化发展战略。关联多元化发展战略也称同心多元化发展战略，是指进入与现有产品或服务有一定关联的经营领域，进而实现组织规模扩张的战略。比如，海尔集团原来主要生产冰箱，后来又生产空调，这就属于关联多元化发展战略。因为空调和冰箱在核心技术、目标顾客群、分销渠道等方面具有关联性。关联多元化发展战略的关键是新业务与原有业务之间必须有一定的关联性，这里的关联性包括产品的核心技术、生产系统、销售渠道和顾客基础等方面。

关联多元化发展战略有利于发挥组织在生产技术、销售网络、顾客忠诚等方面的优势，获取研发、生产、销售等方面的协同效应。因此，关联多元化发展战略是组织进行扩张时的主要选择。但如同其他发展战略一样，随着关联多元化发展战略的实施，组织规模必然扩大，管理难度和管理费用都会增加。

（2）无关联多元化发展战略。无关联多元化发展战略也称复合多元化发展战略，是指组织进入与现有产品或服务在生产、技术、市场等方面没有任何关联的新经营领域的战略。例如，海尔集团本来以经营家电产品为主，后来又进入生物工程、计算机等领域，四川新希望集团以生产饲料为主营业务，后来又进入房地产、旅游等行业，它们应用的就是无关联多元化发展战略。

无关联多元化发展战略的优点：①组织进入不同的经营领域和生产不同的产品，有助于分散经营风险，也有人把该战略称为"把鸡蛋分放在多个篮子里"的战略；②有助于组织抓住市场机会，进入更具发展潜力的行业；③有利于发挥组织资源优势，提高经济效益。

无关联多元化发展战略的缺点：①导致人员和组织结构膨胀，会加大管理难度和增加管理费用；②分散组织资源，会降低资源配置效率；③要在新的经营领域站稳脚跟，组织必须掌握该领域特有的技术和管理经验，如果组织不具备这些战略资源并且不能很快地进行弥补，进入这样的领域只能给组织带来更大的风险，更不要说分散风险了。

三、收缩型战略

（一）收缩型战略的含义和特征

收缩型战略是一种缩小组织的经营规模或经营范围的战略。收缩型战略的目的与发展型战略的目的恰恰相反，它不是寻求规模扩大和广泛的经营范围，而是通过收缩或撤退，缩小经营规模或经营范围。这种收缩或撤退可能出于多方面的原因，例如，经济不景气或行业进入衰退期，市场需求萎缩；组织财务状况恶化，难以继续经营众多业务；有更强大的竞争对手进入，导致市场生存空间缩小；等等。

（二）收缩型战略的主要形式

收缩型战略的主要形式有三种：抽资转向战略、调整性战略和放弃战略。

1. 抽资转向战略

抽资转向战略是指减少在某一经营领域的投资，把节约的资金投入其他更需要资金的领域的战略。采取这种战略的主要目的就是削减费用支出，改善组织总的现金流量。一般而言，停止资金投入的业务往往属于需求萎缩的业务；或者组织在该领域的市场占有率低，市场地位不利，而且要想改变这种状况非常困难。投资增加的业务往往是组织的主营业务和主要利润来源，并且组织在该领域处于领先位置，或者是组织认为有较大发展潜力的新业务。

2. 调整性战略

调整性战略是指为扭转不良的财务状况，使组织渡过危机而采取的收缩经营规模的战略。财务状况不好的原因可能有原材料价格上涨、经济衰退、竞争压力增大或者决策失误等。调整性战略的实现途径或措施可以是：调整管理人员；通过裁减员工、减少广告投入和促销开支等途径控制成本；出售部分资产；加强库存控制；催收应收账款；等等。

3. 放弃战略

当抽资转向战略和调整性战略都不能奏效时，组织还可以采取放弃战略，即出售组织的一个主要业务部门，这个业务部门可能是一个子公司，或一个事业部，或一条生产线。采取该战略的目的就是去掉经营赘瘤，收回资金，集中资源发展其他业务，或进入更有前途的经营领域。2003年底，摩托罗拉公司做出重大战略调整。该公司宣布，为了集中资源与诺基亚公司等在手机市场竞争，将剥离半导体业务部门。半导体业务部门一直处于亏损之中。其实在这之前，摩托罗拉公司已经采取了关闭工厂、外包制造等措施，但股东仍然不满意，强烈要求出售半导体业务部门。

四、总体战略的选择

一般情况下，一个组织可供选择的战略往往有多种。那么，在众多的战略中，组织究竟选择哪一种呢？理想的战略应当能够使组织利用外部环境的机会并规避不利条件的影响；与此同时，它也应当能够充分利用组织内部的资源优势以及对自身的弱点加以改进。考虑到理想的战略的这些特点以及组织所面临的多种战略方案，在进行战略选择时，决策者应借助一些有效的战略评价方法或工具来达到选择理想战略的目的。目前，人们已经设计出多种战略评价方法或工具，其中最著名的就是BCG矩阵法。

1. BCG矩阵法简介

BCG矩阵法，即市场增长率/市场份额矩阵法，由美国波士顿咨询集团（Boston Consulting Group，BCG）提出。该方法根据市场增长率和市场份额两项指标，将组织中所有的战略业务单元分为"现金牛""吉星""问号""瘦狗"四大类，并据此制定总体战略，如图5-5所示。

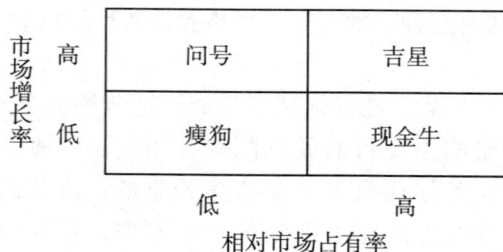

	高	问号	吉星
市场增长率			
	低	瘦狗	现金牛
		低	高

相对市场占有率

图5-5 BCG矩阵

在BCG矩阵中，横轴代表市场份额，用组织相对于主要竞争对手的相对市场占有率来表示，高市场份额意味着组织在该行业中处于领导地位；纵轴代表组织所在行业的市场增长率，表示该行业对组织的吸引力的大小，市场增长率高，往往意味着组织迅速收回投资的机会大。一般认为，市场增长率达到10%以上就算高增长率。相对市场占有率和市场增长率的计算公式分别如下：

相对市场占有率 = 本组织的销售额/主要竞争对手的销售额 × 100%

市场增长率 = （当年市场需求 - 上一年市场需求）/上一年市场需求 × 100%

2. BCG 矩阵对组织业务的划分

根据 BCG 矩阵，可以将组织业务分成以下四种：

（1）"现金牛"业务，即拥有较高的相对市场占有率和较低的市场增长率的业务。较高的相对市场占有率意味着可以带来较多的利润和现金，较低的市场增长率意味着需要较少的资金投入，因此，"现金牛"业务通常能产生大量的现金流入，并成为整个组织的支撑业务。

（2）"吉星"业务，即拥有较高的相对市场占有率和较高的市场增长率的业务。由于这类业务成长迅速，所以它对资金的需求大，但是其所处的支配性市场地位为回收投资提供了有力保证。

（3）"问号"业务，即拥有较低的相对市场占有率和较高的市场增长率的业务。高速的市场增长需要大量的资金投入，但较低的相对市场占有率意味着只能产生较少的现金流入。

（4）"瘦狗"业务，即相对市场占有率和市场增长率都较低的业务。这类业务往往不能带来大量现金流入。

3. 由 BCG 矩阵得出的重要启示

从 BCG 矩阵可以得出与战略决策相关的重要启示：

（1）管理层应当从"现金牛"身上挤出尽可能多的"奶"（现金流），而对它的投资应限制在最必要的水平上，即对"现金牛"业务实施稳定型战略。

（2）把"现金牛"产生的大量现金尽可能多地投资于"吉星"业务，以巩固和发展其有利的市场地位，即对"吉星"业务实施发展型战略。

（3）对于"瘦狗"业务，除非有证据表明其收益率较好，否则应该及早清理变现，即实施收缩型战略。

（4）比较复杂的是"问号"业务。对此，出路有两种：如果市场地位难以改变，可以采取放弃战略；如果通过努力能够显著改变市场地位，即将其转变成"吉星"业务，那么可采取发展型战略。因此，对于"问号"业务，关键是组织要通过调查研究，准确判断改变自身市场地位的可能性。

（5）管理层必须使各个象限的业务组合保持平衡，以使组织整体上获得快速成长。

第四节　竞争战略

竞争战略即业务层战略，主要解决的是在特定的行业领域内，组织如何参与市场竞争，以获取超越竞争对手的竞争优势。在竞争战略的设计和选择方面，迈克尔·波特的理论最流行。波特在他的行业竞争结构分析的基础上，提出了三种可供选择的一般性竞争战略，分别是成本领先战略、差异化战略和集中化战略。

一、成本领先战略

（一）成本领先战略的含义

如果组织打算成为行业中的低成本生产商，它实施的就是成本领先战略。组织取得成本优势的途径包括追求规模经济、技术创新、降低人员工资、优惠的原材料来源和高效率的运作等。实施成本领先战略，要求组织必须在加强成本控制方面做大量的工作，成为成本领导者，而不仅仅是降低成本。成本领先战略的理论基石是规模效益，它要求组织的产品或服务必须具有较高的市场占有率，否则大量生产就毫无意义，而不大量生产，也就不能使成本有较明显的降低。

（二）实施成本领先战略的条件

组织要实施成本领先战略，必须具备下列条件：

（1）组织内各产品之间的关联性强，能够充分利用组织的生产制造系统。

（2）低成本能有效提高市场占有率，进而给组织带来高额收益。

（3）拥有先进的生产工艺和现代化技术设备，能够进行大批量生产。

（4）已建立严格的、全面的成本控制系统，且成本控制系统能够在组织的各个部门得到有效执行。

（三）成本领先战略的利弊

实施成本领先战略可以给组织带来以下好处：

（1）当组织处于低成本地位时，可以形成抵挡竞争对手的优势。

（2）组织建立的巨大生产规模和成本优势能使欲进入该行业的投资者望而却步，可以形成行业进入壁垒。

（3）可以提高组织与购买者、供应商谈判时的讨价还价能力。

成本领先战略有以下弊端：

（1）新技术的出现可能使组织过去积累的经验变得低效。

（2）行业中的竞争对手或新进入者通过模仿、吸取前人经验或购买更先进的设备，使自己的成本更低，这时，组织的成本优势也就不复存在了。

（3）随着经济的发展和人们收入水平的提高，顾客从注重产品的价格开始转向更加注重产品的差异性，这使得成本优势的意义大大降低。

二、差异化战略

（一）差异化战略的含义

差异化战略也称标歧立异战略。如果一个组织在行业中寻求与众不同，它实施的就是差异化战略。该战略致力于满足顾客普遍重视的一个或几个特性，如高超的质量、卓越的性能、周到的服务、创新的设计或独特的品牌形象等。一个能够创造和保持产品或服务差异性的组织，如果其产品或服务价格溢价超过了它为寻求差异性而付出的额外成本，它的收益就会高于行业的平均盈利水平。

（二）实施差异化战略的条件

组织实施差异化战略的条件如下：

（1）具有卓越的研究与开发能力，能够不断开发出满足顾客需要的新产品。

（2）拥有产品质量好或技术领先的声望。

（3）具有强大的市场营销能力，能够提供优质的服务，在市场上树立良好的形象。

（4）研发、生产和营销等部门之间能够进行有效的协调与配合。

（5）资金实力或融资能力较强。

（三）差异化战略的利弊

组织通过实施差异化战略，可以建立稳固的市场地位，获得高于行业平均水平的收益率。具体来说，实施差异化战略可以给组织带来以下好处：

（1）建立顾客对组织及其产品的信赖和忠诚，形成差异化的竞争优势。

（2）顾客的信赖和忠诚形成了强有力的行业进入壁垒。新进入者要想参与市场竞争，必须投入大量资源来扭转顾客对本组织及其产品的信赖和忠诚。

（3）差异化可以使组织制定高价格，进而获取高额收益。

差异化战略的弊端主要体现在以下方面：

（1）由于增加了研发费用、采购高档原材料或做大量广告等，实施差异化战略的组织的成本往往都较高。如果因成本高而把产品价格定得很高，超出了顾客的承受能力，那么顾客宁可牺牲质量、性能、形象等方面的差异性，而去追求低价格产品。

（2）如果竞争对手也推行差异化战略，并且在质量、性能、形象等方面不断推出差异性，就会使得本组织的差异化优势大大降低。

三、集中化战略

（一）集中化战略的含义

集中化战略也称目标集聚战略，是指将组织资源集中于狭小的细分市场，寻求成本领先优势或差异化优势的战略。如果组织寻求的是在目标市场上的成本优势，它实施的就是成本集聚战略；如果组织寻求的是在目标市场上的与众不同，它实施的就是歧异集聚战略。成本集聚战略和歧异集聚战略构成了集中化战略的两种表现形式。因此可以说，集中化战略是成本领先战略和差异化战略的特殊表现形式，不同的是，成本领先战略和差异化战略寻求在整个市场范围内实现成本领先或差异化，而集中化战略寻求在较狭窄的范围内，集中组织有限的资源和能力，获取竞争优势，进而获得高于行业平均水平的收益。

格力集团是我国家电行业实施集中化战略的典范。该公司自成立之日起，就将空调生产作为主营业务，而且主要从事家用空调生产。格力集团为了在空调市场上立足并实现长远发展，一方面，不断提高自己的产品研发能力，以更好地满足不断变化的市场需求；另一方面，不断进行营销创新。例如，通过与经销商联手，开创了"区域性销售公司"的营销模式，增强了公司对销售网络的控制力，避免了厂商之间的残酷博弈。格力集团实施的是歧异集聚战略。

（二）集中化战略的利弊

集中化战略的好处有：组织结构简单，便于管理，而且有利于充分利用组织的资源和能力。但是，它也有明显的弊端，即市场风险较大。一旦目标市场的需求发生较大变化，组织就可能陷入困境。根据中小企业在规模、资源等方面的特点，以及集中化战略的特性，可以说，集中化战略是中小企业较为适宜的战略选择。

本章小结

战略是指组织为了实现长期生存和发展，在综合分析组织内部条件和外部环境的基础上做出的一系列带有全局性和长远性的谋划。战略的实质是谋求外部环境、内部条件与战略目标三者之间的动态平衡。一项有效的组织战略应是由战略远景、目标和目的、资源、业务和组织五个基本要素组合而成的协调一致的系统。对于多元化经营的组织来说，战略可以划分为三个层次，即公司层战略、业务层战略和职能战略。有效的战略管理必须做好三个方面的工作：一是战略分析；二是战略制定；三是战略实施及控制。战略分析分为外部环境分析和内部条件分析两部分。行业竞争结构分析是组织制定竞争战略的重要的基础性工作。内部条件分析的核心是对组织核心能力的分析。战略制定过程是对战略方案进行探索、提出以及比较选择的过程。在制定战略之前，决策者应将组织外部环境分析和内部条件分析的结果进行综合、比较，寻找二者的最佳战略组合，为战略制定和战略决策提供更为直接的依据，这就是人们常说的 SWOT 分析。为了推进战略的有效实施，组织管理层应做好以下三个方面的工作：战略方案分解、编制行动计划、对组织结构进行调整。总体战略主要回答的是组织应建立什么样的业务组合，以及不同业务在组织中处于什么样的位置；竞争战略主要解决的是在特定的行业领域内，组织如何参与市场竞争，以获取超越竞争对手的竞争优势。

思考题

1. 通过互联网或其他渠道查找一家企业的战略远景，并分析其战略远景的陈述是否清晰，说明该企业的战略远景由哪几部分构成、其战略远景有何独到之处。

2. 如何利用 BCG 矩阵法选择组织总体战略？

3. 以家电行业或钢铁行业为例，阐明如何分析行业竞争结构，并讨论行业中的企业是如何制定竞争战略的。

4. 无关联多元化发展战略有很多弊端，但现实中许多企业还是选择实施无关联多元化发展战略。请分析这些企业是怎么想的，它们的想法是否正确。

5. 请运用 SWOT 分析对你的职业生涯进行分析。你的主要优势和劣势各是什么？你如何运用对这些优势和劣势的认识来进行职业生涯规划？

第六章 决 策

学完本章内容，你应该能够：
■ 理解决策的含义
■ 了解决策在组织管理中的地位和作用
■ 对决策进行类型划分
■ 掌握决策过程的七个阶段及其任务
■ 会用德尔菲法、头脑风暴法等定性决策方法做出决策
■ 会用盈亏平衡点法、决策树法等定量决策方法做出决策

🗗 **关键术语**

决策　决策过程　确定型决策方法　风险型决策方法　不确定型决策方法

决策是组织管理工作的核心，渗透于管理的所有职能中，组织任何层次的管理者都需要做决策。可以说，决策贯穿整个组织管理过程之中。在促使组织管理取得成功的各种因素中，科学的决策是不可或缺的。回顾国内外企业发展的历史，决策失误几乎无一例外地成为企业经营管理失败的主要原因。本章首先介绍决策的含义及决策在组织管理中的地位和作用等，然后介绍决策过程，最后介绍决策方法，即定性决策方法和定量决策方法。

第一节 决策概述

一、决策的含义

决策是指为了实现一定的目标，采用一定的科学方法和手段，从两个或两个以上的可行

方案中选择一个满意方案的分析判断过程。对于组织来说，其经营管理体系的各个环节、各个层次都存在决策问题，决策的基本目的是使组织未来的发展更符合决策者的意愿和要求。如今，决策能力已成为任何类型组织中管理者都必须具备的素质，如何提高决策能力已经成为管理者最需要解决的课题。

要理解决策的含义，需要把握以下几点：

（1）决策要有明确的目标，即做出决策时必须明确要解决的问题是什么。无目标的决策或目标不明确的决策往往会导致决策无效甚至失误。

（2）决策要有可供挑选的可行方案。决策必须有两个以上的备选方案，并通过比较、评价做出选择。如果无法制定方案或只有一个方案，决策就失去了意义。与此同时，可供挑选的备选方案必须是可行的，这样才能保证决策方案切实可行。

（3）决策要做分析与评价。决策既非单纯的出谋划策，更非简单的"拍板定案"，而是一个多阶段、多步骤的分析判断过程。在选择方案、做出决策时，必须要进行决策分析，即在明确决策目标和决策标准的基础上，根据所掌握的信息，对各种可行方案进行评价，以便比较各种可行方案的优劣，做出选择。

（4）决策要具有科学性。决策是组织一切行动的前提和基础，没有科学的决策，就没有合理的行动。然而，科学决策并非易事，它要求决策者能够透过现象看到事物的本质，准确认识事物的发展变化规律，并采取科学的程序和方法，做出符合事物发展规律的决策。科学性并不否认决策具有风险，也不能全面消除决策失误，这就要求决策者善于从失误中总结经验教训，尽量降低风险，这也是决策科学性的重要内涵。

（5）决策应遵循满意原则。处于复杂多变环境中的组织要对未来做出绝对理性的判断是不可能的，因为人的认知是有局限性的，决策者难以完全掌握并恰当处理与决策有关的全部信息，也不可能提出所有的可行方案，

> **关键点**
> 决策具有科学性；决策应遵循满意原则。

更不可能准确判断各种方案的结果。因此，决策者不可能做出最优化的决策，只能做出满意的决策，即根据有限的信息发现并选择解决问题的满意方案。

二、决策在组织管理中的地位和作用

决策是管理的核心问题，它贯穿整个组织管理过程，组织的各类管理者都存在如何做出决策的问题。从这个意义上说，决策实际上是管理最本质的东西。正如赫伯特·西蒙所强调的：决策是管理的心脏；管理就是由一系列决策组成的；管理就是决策。

决策在组织管理中的地位和作用可以从以下几个方面加以说明：

（1）决策正确与否对组织的前途命运有决定性的影响。组织决策，特别是战略性决策是否正确，在很大程度上决定着组织的兴衰存亡。如果决策失误，则一切工作都会徒劳无功，甚至给组织带来灾难性的损失。正如专栏6-1中所描述的，史玉柱的决策失误（盲目

的多元化扩张）使得巨人集团快速倒塌。对于每个决策者来说，不是是否要做出决策，而是如何使决策更科学、更合理、更有效，这是关系到组织兴衰存亡的关键。

（2）决策过程不仅是一个分析判断的过程，也是一个集思广益、发动群众的过程。管理好组织必须十分重视人的因素，要充分发挥每个成员的积极性和创造性，而让组织成员参与决策或者授权下属自主做出决策，是充分调动和发挥组织成员才智的有效办法。

（3）合理的决策是提高经济效益的基础。任何时候能投入的资源都是有限的，为了取得尽可能好的经济效益，组织就需要合理地分配和调度资源，这实质上就是一个合理决策的问题。这里，合理决策就是指合理配置人、财、物等资源，这是提高经济效益的基础。

专栏 6 - 1

"巨人"为何倒塌？

巨人大厦本应是史玉柱和他的巨人集团的一个丰碑式的建筑，结果却成了一个拥有上亿资产的企业集团衰落的开始。1992 年，在史玉柱决定建造巨人大厦时，最初的计划是盖 38 层，大部分自用，并没有搞房地产的想法。1992 年下半年，一位政府领导的视察让史玉柱改变了主意，巨人大厦的设计从 38 层升到了 54 层，后来又定为 70 层。挟着巨人集团的赫赫名声及强有力的推销攻势，巨人大厦的楼花在香港卖得十分火爆。

1993 年，在楼花销售中大尝甜头的史玉柱觉得，做计算机实在太辛苦。他很快选中了当时十分火爆的保健品行业并迅速进入。开始时，仍然是财源滚滚。但令史玉柱始料未及的是，国内保健品市场渐趋停滞，而巨人大厦像永远张开的大口，每天将大笔的资金"吃"进去，多线开战的恶果终于显露出来。在迫不得已的情况下，史玉柱只好不断地抽调保健品公司的流动资金填补到巨人大厦的建设中，最终造成了各个战场的捉襟见肘、顾此失彼。到 1997 年 1 月，数十位债权人和一群闻讯赶来的媒体记者来到巨人集团总部，"巨人"在公众和媒体心目中的形象轰然倒塌，从此万劫不复。究其原因，是巨人集团在没有进行环境分析、缺少稳健的资金保障和完善的管理机制的条件下采取了激进的多元化发展战略。

三、决策的类型

组织管理决策涉及的范围十分广泛、内容众多，而且各有特点。为了便于决策者从不同管理层次或侧重点掌握各类决策的特点，下面介绍几种较为实用的决策类型。

（一）按照决策的重要程度划分

按照决策的重要程度，可以将决策分为战略性决策、战术性决策和业务性决策。

1. 战略性决策

战略性决策是指为了使组织与外部环境保持适应性，而对影响全局、左右组织长期发展的重大问题所做的决策。战略性决策多是非程序化、带有风险的决策。做好战略性决策，主要是组织高层管理者的职责。

2. 战术性决策

战术性决策又称为策略性决策，是指为了执行和实施战略性决策，合理、有效地处理组织内部的一些重大问题而做出的决策，如财务决策、销售计划决策、产品开发方案决策等。战术性决策主要由中层管理者或高层管理者制定。

3. 业务性决策

业务性决策又称为日常管理决策，是指为了执行战略性决策和战术性决策，对日常生产经营活动中有关提高效率和效益、合理组织业务活动等方面所做的决策。这类决策主要由基层管理者制定。

（二）按照决策的条件划分

按照决策的条件，可以将决策分为确定型决策、风险型决策和不确定型决策。

1. 确定型决策

确定型决策是指在有充分的信息来预见各种可行方案的结果的情况下所做的决策。由于确定型环境只是一种例外情况，因此确定型决策并不是组织管理中的常规情况。

2. 风险型决策

风险型决策是指在对各种可行方案的结果缺少完整的信息，但能够预见各种可行方案的执行结果及其出现的概率的情况下所做出的具有一定风险的决策。由于风险是组织面对的一种普遍的决策环境，因此风险型决策成为组织管理最重要的决策。

3. 不确定型决策

不确定型决策是指在各种可行方案都可能出现几种结果，但各种结果出现的概率未知的情况下，完全凭决策者的经验、感觉和创造性而做出的决策。不确定型环境是组织决策环境中最为困难的，它要求决策者在很大程度上必须依赖个人或团队的创造性来成功地解决问题。

（三）按照决策的重复性划分

按照决策的重复性，可以将决策分为程序化决策和非程序化决策。

1. 程序化决策

程序化决策又称为常规决策或重复决策，是指经常重复发生，能按已规定的程序、处理方法和标准进行的决策，其决策步骤和方法可以程序化、标准化、简单化，重复使用。程序化决策主要由基层管理者甚至工作人员做出。例如，在百货商场，顾客拿来一件没有开封的罐头要求退货，商场服务员无须请示上级主管，直接按商场的规定处理即可。退货这样的问题是商场每天都要面对并处理的，商场为此制定了标准化的退货规定和程序，服务员只需按规定和程序执行即可。

2. 非程序化决策

非程序化决策又称为非常规决策、例外决策，是指具有极大的偶然性、随机性，又无先例可循且有大量不确定性的决策。这类决策往往是独一无二的，因此其在很大程度上依赖于决策者的知识、经验、洞察力及胆识来进行。新产品的营销组合方案决策就是非程序化决策的一个例子。因为产品是新的，竞争者是不同的，市场环境也时过境迁，因此，不能使用其他产品的营销组合方案，必须制定新的方案。

（四）按照决策者的性质划分

按照决策者的性质，可以将决策分为个人决策和群体决策。

1. 个人决策

个人决策又称权威决策，是指管理者主要根据个人所掌握的信息并依靠个人的知识、经验、判断力而做出的决策。个人决策往往速度快，更能体现个人价值，且责任清楚。但由于个人拥有的知识、经验和信息，以及能够提出的可行方案有限，因此，个人决策比群体决策的精确性要差。

2. 群体决策

群体决策是指通过委员会、工作团队、研究小组等群体而做出的决策。群体决策以反复交换意见为特点，更有助于集思广益，发挥群体智慧。由于有更多成员的参与，群体决策的方案更具合法性，更容易被接受和得到有效执行。但是，群体决策并非完美无缺。

相对于个人决策，群体决策更耗费时间，或者说，效率更低。此外，在群体决策中，还有可能出现少数人统治、群体思维、责任模糊等问题。其中，群体思维是指一些成员因害怕得罪权威或受困于强烈的趋众心理（担心被指责"破坏统一认识"）而不愿意发表不同观点，更不希望标新立异。在个人决策中，谁负责任是明确、具体的，而在群体决策中，每一个成员的责任都被冲淡了。

四、现代企业管理决策的新特点

管理决策伴随着企业的发展而发展，由于科学技术的不断发展、现代企业规模的不断扩大、市场竞争的不断加剧以及企业目标的进一步多元化，过去那种只凭借领导者个人的阅历、知识和智慧进行决策的时代已经过去。在今天的历史条件下，现代企业管理决策出现了非常鲜明的时代特点，随着经济社会的进一步发展，这些特点不但不会改变或被削弱，而且有愈演愈烈的趋势。

（一）决策问题越来越复杂且影响面越来越大

随着经济全球化的不断深入和科学技术的迅猛发展与应用，大工业生产的时代正逐步向企业集群、柔性制造的时代过渡，不同企业之间的关系越来越密切，既竞争又合作成为重要的竞争规则。与此同时，企业的组织模式和经营模式也不断发生变化。在提高组织学习能力和响应能力的强大压力的驱使下，资源共享、优势互补成为重要的组织原则，企业间组织、虚拟企业成为重要的组织形式。为提高满足市场需求的能力，柔性制造、敏捷生产、计算机辅助设计等技术得到广泛应用。正是在这样的背景下，企业面对的决策问题变得越来越复杂。例如，为了更好地满足市场需求，企业应采用什么样的生产技术？为了获取战略性资源，企业应选择兼并还是建立战略联盟或者内部新建？如果要建立战略联盟，企业应选择什么样的合作伙伴？面对财务危机，企业应选择裁员还是压缩管理费用？这些复杂而又必须面对的问题可能不断地摆在决策者面前，要求决策者及时、科学地做出决策。决策问题的复杂化，要求决策者必须学会使用更多的决策方法。

在决策问题复杂化的同时，经营决策的影响面也越来越大。在企业的组织模式和经营模式不断变化的过程中，决策客体已变得越来越大。一项决策的执行往往带来组织在人、财、物等方面的大规模投资，而且投资与企业各方面都会有千丝万缕的联系，牵一发而动全身。决策成败的意义已不仅仅在于决策本身，还必须更多地考虑决策可能引起的与企业相关联的环节，甚至与社会相关联环节的一连串反应。

（二）决策时间要求越来越短

当今世界既是一个多变的世界，也是一个日新月异的世界。科学技术的迅猛发展，新思想、新技术的不断产生，不断地在改变着这个世界。与传统的社会环境相比，今天的社会环境变化的速度越来越快，一项新技术从其发明到转化为现实生产力再到从市场退出的周期越来越短。特别是计算机技术和网络技术的迅猛发展，使技术寿命和产品生命周期快速缩短。技术变革导致的经营环境的加速变化意味着决策环境的加速变化，这给决策带来了更大的困难。正如专栏 6-2 所提到的，管理者不仅要关注效率，还要关注机会。换句话说，决策的标准也要随着环境的变化而变化。

决策环境的快速变化必然对决策时间提出新的要求，今天的决策已经不可能像过去那样，通过长时间的收集资料、调查研究、分析、认证、决策这种"一看、二慢、三通过"的程序来进行，否则会坐失良机。市场的激烈竞争也要求企业能尽早地先他人而动，尽快地抢占市场"制高点"。因此，现代企业管理要求决策者能迅速地厘清庞大的复杂系统中各环节之间的相互关系，从大量杂乱无章的信息中，通过科学的信息工程手段，找出其规律性，迅速地进行判断并做出决策。

专栏 6-2

机会先于效率

经济全球化，由重视有形产品转变为更重视思想、信息和关系、广泛的相互联系，这些特征催生了一个植根于网络的新的经济和社会。因此，美国《连线》杂志的主编凯文·凯利在其著作《新经济的新规则》中指出，在网络化世界中，如果你还像以往那样只重视效率，那你就错了。对效率的关注必然带来产出的单一化，但这是一个强调定制和创造性革新的时代，提供标准化的产出将日益少见。管理者不仅要关注效率，更要关注机会，即关注做正确的事，而不仅仅是正确地做事。任何需要以生产效率来衡量的工作大体上都可以从要由人做的工作清单中删除。抓住机会要求决策者具备一些网络世界中特有的素质，如灵活性、创造性、探索性和好奇心等。

（三）决策所包含的信息量越来越大

随着企业规模和市场规模的不断扩大，以及产品、市场关联性的不断加强，决策的复杂程度越来越大。要制定正确的决策，单凭决策者个人的经验和直觉必将使决策面临极大的风险，这就要求必须通过各种渠道收集更多的信息。现代决策要求在信息准确、及时和充分的基础之上进行，那么所有相关联的市场、产品、企业内部和外部的信息都成为决策的重要依据。信息量的不断扩大，不仅使处理信息的工作量加大，判断信息价值的难易程度加大，而且使最后决策的复杂程度加大。

（四）决策主体由个人转向群体

在工业化时代中前期，由于决策对象的简单化、规模小、变化慢、关联少，管理决策主要由主要领导者做出，决策也多以主要领导者的个人经验和判断为主要依据。虽然那时主要领导者周围也有不少幕僚机构，但这些幕僚机构在决策中的作用很小。在工业化时代后期，大工业生产和组织复杂化使得决策在量和质上都发生了根本性变化。决策的关联性使决策变得异常复杂，决策已不可能像过去那样仅凭主要领导者的个人经验和判断做出，而是逐步向群体决策转变；同时，决策的技术化和知识化也不断加强，不少专家、学者甚至企业外部的专家、学者也加入这个决策群体。为防止决策失误，决策技术被更广泛地应用到决策之中，主观判断的成分越来越少，决策已经成为一种主要依靠决策技术的群体决策。

第二节　决策过程

决策作为管理的一种活动，包括一定的步骤。虽然决策的具体过程不尽相同，但就一般决策而言，决策过程主要包括七个步骤（如图 6-1 所示），从识别问题开始，到选出解决问题的方案，结束于跟踪检查。这一过程不仅适用于一所学校选择哪位老师出国考察或参与全国优秀教师的评选，也适用于一家公司决定进入哪个新的行业或开发什么样的新产品。

识别问题 → 确定决策目标 → 拟订可行的方案 → 分析评价方案 → 选择方案 → 实施方案

跟踪检查

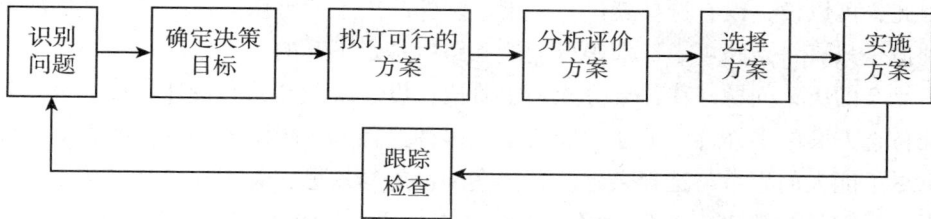

图6-1　决策过程

一、识别问题

识别问题是决策的起点。组织的任何进步、组织管理活动的任何进展都是从识别问题开始，然后通过变革实现的。这里所说的问题，是指期望状态和现实状态之间的差距，而且这种差距确实给管理者造成了压力，促使其采取行动。期望状态是指基于客观条件和外部环境所期望达到的水平。

要识别问题，首先，管理者必须有明确的衡量标准。这个标准可能是过去的绩效，也可能是预先设定的目标，还可能是其他组织的绩效。其次，管理者必须不断地对组织与环境适应情况进行深入的调查研究和创造性的思考才能识别问题。识别问题后，管理者还必须对问题进行分析，包括弄清楚问题的性质、起因、影响范围和影响程度等各个方面，为决策的下一步骤做准备。我们可以这样认为，决策就是识别问题、分析问题和解决问题的过程。

二、确定决策目标

决策目标是指管理者在特定的条件下所要获得的一定结果。显然，目标与管理者追求有效管理的效果是相联系的。确定决策目标是决策的前提，而实现目标，即取得预期的管理效果是决策的终点。决策目标确定了，决策标准也就形成了。

确定决策目标必须围绕要解决的问题进行。确定决策目标，必须认清所要解决问题的性质、特点、范围，找到问题的症结所在及其产生的原因。寻找问题症结的方法是以差距的形式把它反映出来，即通过分析内部和外部的情况，把预期和现实之间所有的差距都摆出来，进而抓住关键性的差距，找出产生差距的原因。此外，确定决策目标还必须全面研究所要解决问题的需要和可能，否则目标将成为空想。

三、拟订可行的方案

好与坏、优与劣都是在比较中发现的。只有提出一定数量和质量的可行的方案供选择，决策才能做到合理。如果只拟订一个方案，就无法对比，难以辨认其优劣，也就没有选择的余地。因此，可以说，没有选择就没有决策。国外的决策者常用这样的格言来提醒自己：如果你感到似乎只有一条路可走，那很可能这条路就是走不通的。

对于复杂的决策问题，往往要分成两个阶段：设想阶段和精心设计阶段。设想阶段的重点是保证备选方案的多样性，即从不同角度和多种途径，设想出各种可行的方案，以便为决策者提供尽可能大的思考与选择余地。新方案的设想与构思，关键在于打破传统思想的条条框框，大胆探索新的解决问题的途径。拟订方案的人员能否具有创新性，取决于他们的知识、能力和创新精神三个方面。有两种主要的心理障碍会影响创新：一是社会障碍，即有些人会自觉或不自觉地向社会看齐，人云亦云；二是思想认识障碍，即思想上的因循守旧。

如果说设想阶段特别需要勇于创新的精神和丰富的想象力，那么精心设计阶段正好相反，这一阶段需要冷静的头脑和求实的精神，需要进行严格的论证、反复的计算和细致的推敲，其目的是要在方案创造的基础上保持针对性和可行性。精心设计阶段主要涉及两项工作：一是确定方案的细节，包括制定政策、组织作业、安排日程、配备人员、落实经费等；二是预测方案的实施结果。

四、分析评价方案

拟订各种可行的方案后，就要根据决策目标的要求来分析评价各种方案可能的执行后果，判断其对决策目标的满足程度。要对备选方案进行评价，必须有明确的评价标准。评价标准的制定必须围绕决策目标。例如，一个广告公司要购买一辆新的轿车，管理者希望所购新车应比刚报废的旧车更安全、更舒适、更经济以及能够得到更周到的维修服务。管理者对A、B、C三个品牌的轿车有意向，但到底购买哪一个品牌呢？根据管理者的期望，采购部门应从价格、安全性、舒适性、经济性和服务五个方面建立评价标准，并明确每个因素的权重，然后对不同的品牌进行分析比较，得出不同品牌的评分，如表6-1所示。

表6-1 购买轿车的评价标准

方案	评价标准				
	价格（10%）	安全性（30%）	舒适性（20%）	经济性（20%）	服务（20%）
A品牌轿车					
B品牌轿车					
C品牌轿车					

五、选择方案

当所有可行的方案的评价结果出来后，决策者就可以从中选出一个最优方案。这一环节又称为决断，它是决策全过程的关键环节。

选择方案的基本要求如下：

（1）谁决断，谁就要对决策后果负责。按照管理权限，谁对某项工作负责，谁就有权对该项工作中的相关问题做出决策，谁就对备选方案进行选择。

（2）选择方案时要重新回到问题和目标上，审视决策方案对解决问题、实现目标的满足程度，比较择优。

（3）选择方案时要充分思考方案实施的后果。决策者不仅要从深层去考虑决策可能带来的组织成员的心理波动、对内部资源分配和利益分配可能产生的冲击与社会影响等，还应考虑如何应对可能出现的突发事件。

（4）选择方案时要考虑贯彻实施的时机。

（5）决策者既要重视智囊、信息人员的工作成果，以及他们的工作在保证决策科学性方面的作用，又不能被智囊所左右，要充分利用自己的经验、智慧、胆量、魄力，做出优化决策。

六、实施方案

选择方案之后就要认真贯彻实施。只有通过贯彻实施，才能检验决策是否合理、有效，才能最终实现决策目标，解决实际问题。赫伯特·西蒙在 20 世纪 60 年代主张决策过程仅有确定决策目标、拟订可行的方案、选择方案三个阶段。到 20 世纪 70 年代，经过反复研究和考虑，他提出要把贯彻实施列为第四个阶段。可见，对方案的贯彻实施仍是决策过程中的重要一环。现在许多组织都非常强调组织执行力，也是基于这样的考虑。如前所述，如果决策执行者参与了决策制定过程，那么他们执行决策的热情往往更高，更有可能干出成果。

七、跟踪检查

所谓跟踪检查，是指在决策贯彻实施之后，要随时检查验证，按照决策方案一步一步对比检查，对没有达到预期效果的项目要找出原因。这里一般有两种情况：①在执行过程中，没有认真负责地去落实，这是执行的责任。②原定方案还有不够完善的地方，从而导致没有达到预期效果，这时就要对原定方案进行修订。如果原定方案确有严重问题，就应将其废弃，并返回决策的起点——识别问题，再次按照决策过程，直到选出新的满意方案为止。

值得注意的是，不能把决策过程当作教条来看待，在具体决策过程中，各个阶段可能有所交叉；由于决策对象不同，各个阶段的比例也不尽一致，在某些决策中，省略某个阶段也是可以的。例如，购买打印纸、签字笔等办公用品的程序化决策在很大程度上依赖以前的解决方法，因此其决策过程中的"拟订可行的方案"阶段就可以省略。总之，要视决策者的经验、决策对象及决策手段等来确定，这也就是对待决策过程的灵活性问题。

组织决策是完全理性的吗？

组织决策被认为是理性的，即决策者在一定的约束条件下做出的价值最大化的选择。如果决策者面对的是一个清晰、简单的问题，有明确、单一的组织目标而非个性目标，能够创造性地提出所有可能的方案，决策标准明确而一贯，能够获得各种方案的所有信息以用于分析评价，而且组织文化支持变革，那么决策者的决策可以是完全理性的。

但是许多研究表明，这些理性假设常常得不到满足，换句话说，完全理性的决策是非常少见的。例如，常常有决策者陷入"承诺升级"的陷阱，即当过去解决问题的方法不再起作用时，决策者不是设法去寻求突破、变革，而是进一步增加对以前行动的资源投入，试图证明其以前的决策是正确的。此外，受有限的信息获取能力、个人利益、组织内部政治、个人情感、倾向于维持现状的组织文化等因素的影响，决策者做出的决策往往是有限理性的。

第三节 决策方法

随着组织决策理论与实践的不断发展，人们提出了许多科学可行的决策方法，但没有一种是万能的。决策者要根据决策问题的性质、所掌握的信息等因素灵活地选择决策方法。一般来说，决策方法可以分为两大类，即定性决策方法和定量决策方法。下面对这两类方法进行介绍。

一、定性决策方法

定性决策方法是决策者根据所掌握的信息，通过对事物运动规律的分析，在把握事物内在本质联系的基础上进行决策的方法。定性决策方法主要有德尔菲法、头脑风暴法以及其他定性决策方法（如哥顿法、淘汰法、环比法等）。

（一）德尔菲法

德尔菲法是美国兰德公司于20世纪50年代初提出的一种预测、决策方法，最早用于预测，后来被推广应用到决策中。德尔菲法是一种改进的专家意见法，其实质是有反馈的函询调查。它有两个基本点，即函询与反馈。它不是把专家召集在一起开会讨论，而是就一定的问题发函给某些专家（约 15 人），请他们提出意见，然后在不泄露决策者倾向的条件下，将收到的专家意见加以综合、整理，以不公布姓名的方式将归纳后的结果寄给专家，继续征询他们的意见。如此经过几轮的反复，直至意见趋于集中。这种函询调查方法的好处是，由于专家之间互相不知道姓名，征询和回答是用书信方式进行的，因而个人权威、资历、口才、劝说、压力等因素不会对意见反馈产生影响，有利于专家真实、坦率地提出自己的意见。同时，由于采取多轮反馈的方法，意见越来越集中，结论的可靠性也越来越强。具体实施过程如下：

第一步，决策分析小组发函给各个专家，提出所需要调查或决策的问题。问题的提出不应带有任何倾向性，各个专家独立自主地提出自己的意见。在发函时，应随寄必要的数据资料。

第二步，决策分析小组将回函所得的专家意见进行综合、整理，归纳出某一个问题下共有几种意见，同时将这些意见制成第二轮表格，再发给各位专家，由他们进一步做出评价，并阐明理由。

第三步，决策分析小组在收到第二轮意见之后进一步进行归纳整理，将意见进一步集中，然后制成第三轮表格，再次请专家进行分析判断。这样做，既可以使专家充分阐述理由，又可以使他们改变以前的意见而选择另一种意见。

> **关键点**
>
> 　德尔菲法的两个基本点：函询与反馈。

第四步，按照决策者的要求，决策分析小组对某些提出独到见解的专家有针对性地进行征询意见调查，使他们做更进一步的论证。

这样，经过上述四步的调查、分析、综合，所得的结论往往比较准确。德尔菲法的优点是能够克服面对面开会时，与会者附和权威意见，不敢提出自己见解的弊端，且费用不高。例如，海尔集团开发出一种新产品时，可以向其国内不同区域的营销经理或分布在不同国家的营销经理征询意见，以制定出一个可靠的营销组合方案。这样就可以节省把大家召集在一起的花费，又能够获得来自各地的市场信息。德尔菲法的缺点主要是太耗费时间。因此，当需要快速进行一个决策时，这种方法通常行不通。德尔菲法可在组织缺乏资料作为决策根据时采用（如新产品的决策等），也可与其他决策方法同时使用，相互补充。

（二）头脑风暴法

头脑风暴法也称思维共振法、畅谈会法，是美国创造学家亚历克斯·奥斯本首创的一种预测、决策方法。其基本思路是：邀请有关专家在敞开思路、不受约束的气氛下，针对决策问题畅所欲言，通过专家之间的信息交流，引起思维共振，产生连锁效应，从而导致创造性思维的出现。奥斯本为实施头脑风暴法提出了四条原则：

（1）对别人的意见不允许反驳，也不要下结论。

（2）鼓励每个人独立思考，敞开思路，不要重复别人的意见。

（3）意见和建议越多越好，允许相互之间矛盾。

> **关键点**
>
> 头脑风暴法的目的在于营造一种自由奔放思考的环境，诱发创造性思维的共振和连锁效应，产生更多的创造性思维。

（4）可以补充和发展相同的意见，以使某种意见更具说服力。

头脑风暴法的目的在于营造一种自由奔放思考的环境，诱发创造性思维的共振和连锁反应，产生更多的创造性思维。一般来说，头脑风暴法的参与者最佳为 5~6 人，多则 10 余人，时间为 1~2 小时。头脑风暴法适用于明确、简单的问题的决策。使用这种方法时，鉴别与评价方案的工作量较大。

在头脑风暴法的基础上，人们又提出了反头脑风暴法（又称质疑头脑风暴法）。该方法正好与头脑风暴法相反，同意的肯定意见一概不提，而是专门找矛盾、挑毛病，群起而攻之，在反驳与质疑中产生新设想。这两种方法一正一反，如果运用得当，可以起到互补作用。

（三）其他定性决策方法

除了上述两种方法，下面几种也属于定性决策方法。

1. 哥顿法

"哥顿法"是美国人威廉·哥顿于 1964 年提出的决策方法。该方法与头脑风暴法相似，先由会议主持人把决策问题向会议成员做笼统的介绍，然后由会议成员海阔天空地讨论解决方案。当会议进行到适当时机时，决策者将决策的具体问题展示给会议成员，使会议成员的讨论进一步深化。最后决策者总结讨论结果，进行决策。

2. 淘汰法

淘汰法，即先根据一定的条件和标准，将全部备选方案筛选一遍，把达不到要求的方案淘汰掉，以达到缩小选择范围的目的。淘汰的方法有以下三种：

（1）规定最低满意度，将达不到该满意度的方案予以淘汰。例如，规定投资回收期为 3 年，将投资回收期超过 3 年的方案予以淘汰。

（2）规定约束条件，将备选方案中不符合约束条件的予以淘汰。例如，现可获得的资金来源为 1 000 万元，将超过 1 000 万元的方案予以淘汰。

（3）根据目标的重要程度筛选方案。在多目标决策情况下，并非所有目标都同等重要，决策者可根据目标的重要程度，将与主要目标关系不大的方案予以淘汰。

3. 环比法

环比法也称为 0-1 评分法，即在所有方案中两两比较，优者得 1 分，劣者得 0 分，然后以各方案的得分为标准选择方案。假如有四个方案，两两对比后，各方案的得分如表 6-2 所示。由表 6-2 可知，甲方案的得分最高，故应选甲方案。

表6-2 环比法应用举例

比较方案 \ 被比较方案	甲	乙	丙	丁	总分
甲		1	1	1	3
乙	0		0	1	1
丙	0	1		1	2
丁	0	0	0		0

二、定量决策方法

定量决策方法是利用数学模型优选决策方案的决策方法。根据所选方案结果的可靠性的不同，一般可将定量决策方法分为确定型决策方法、风险型决策方法和不确定型决策方法三类。

（一）确定型决策方法

确定型决策方法的特点是，只要满足数学模型的前提条件，模型就给出特定的结果。属于确定型决策方法的模型有很多，下面主要介绍一种常用的方法，即盈亏平衡点法。

1. 盈亏平衡点法的基本原理

盈亏平衡点法是进行产量决策时常用的方法。该方法的基本特点是把成本分为固定成本和可变成本两部分，然后与总收益进行对比，以确定盈亏平衡时的产量或某一盈利水平的产量。其中，可变成本与总收益为产量的函数，当可变成本、总收益与产量呈线性关系时，总收益、总成本和产量的关系如图6-2所示。

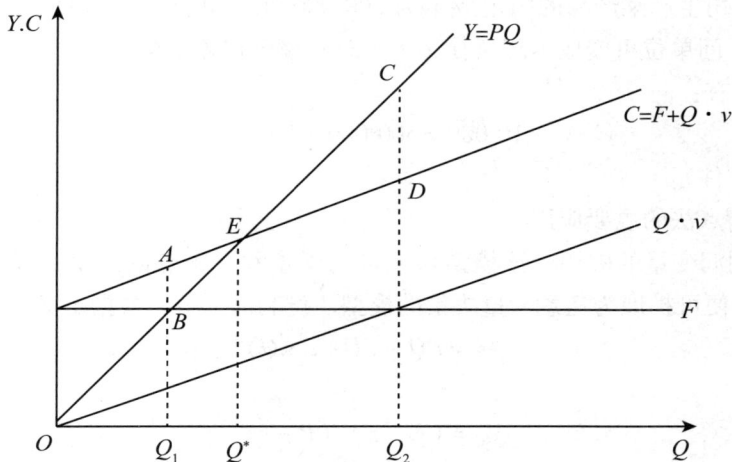

图6-2 盈亏平衡点分析

图 6-2 中，纵坐标表示总收益 Y、总成本 C、固定成本 F 及可变总成本 $Q\cdot v$，v 表示单位可变成本；横坐标表示产量 Q（或销量，该模型假定产销量一致）。总收益 Y 是单位售价 P 与产量 Q 的乘积；总成本 C 等于固定成本 F 加上可变总成本 $Q\cdot v$。总收益曲线 Y 与总成本曲线 C 的交点 E 对应的产量 Q^* 就是总收益等于总成本（盈亏平衡）时的产量，E 点就是盈亏平衡点。在 E 点的左边，即 $Q < Q^*$，总成本曲线 C 位于总收益曲线 Y 之上，即亏损区域，其中总成本曲线 C 与总收益曲线 Y 之间的垂直距离就是相应产量下的亏损额，如 Q_1 对应的亏损额为 AB。在 E 点的右边，即 $Q > Q^*$，总收益曲线 Y 位于总成本曲线 C 之上，即盈利区域，其中总收益曲线 Y 与总成本曲线 C 之间的垂直距离就是相应产量下的盈利额，如 Q_2 对应的盈利额为 CD。

用盈亏平衡点法进行产量决策时，应以 Q^* 为最低点，因为低于该产量就会产生亏损。对新方案的选择如此，但对于现有的生产能力是否在 $Q < Q^*$ 时就一定要停产呢？由图 6-2 可知，停产时的亏损额为 F，即固定成本支出，而在 OQ^* 区间内任一点的亏损额（$C - Y$）都低于 F。因此，企业生产能力形成后，即使受市场销量的约束使产量进入亏损区也不应做出停产决策，即"两害相权取其轻"。

图 6-2 所示的盈亏平衡点基本原理也可用公式来表示。由于在 Q^* 点有 $Y = C$，即

$$PQ^* = F + Q^* \cdot v$$

故盈亏平衡点的产量为：

$$Q^* = F/(P - v)$$

式中有四个变量，给定任意三个，便可求出另外一个变量的值。

例如，某公司生产某产品的固定成本为 500 000 元，单位可变成本为 10 元，单位售价为 15 元，则其盈亏平衡点的产量为：

$$Q^* = 500\ 000/(15 - 10) = 100\ 000\ （件）$$

又如，某公司生产某产品的固定成本为 500 000 元，单位售价为 80 元，本年度产品订单为 10 000 件，问单位可变成本降至什么水平时，该公司才不至于亏损？

根据题意，有：

$$10\ 000 = 500\ 000/(80 - v)$$

解得 $v = 30$（元/件）。

2. 盈亏平衡点法的主要应用

（1）引入利润变量的应用。该模型除了可用于盈亏平衡点的产量、成本决策，再增加一个利润变量，便可扩展为任意产量决策的模型。设利润为 π，根据定义，有：

$$\pi = PQ - (F + v \cdot Q)$$

即

$$Q = (F + \pi)/(P - v)$$

式中有五个变量，给定任意四个，便可求出另外一个变量的值。

例如，某企业生产某产品的固定成本为 500 000 元，单位售价为 80 元，单位可变成本

为 40 元。若企业的目标利润为 300 000 元，则企业应完成多少产量？

根据题意，有：

$$Q = (500\ 000 + 300\ 000)/(80 - 40) = 20\ 000\ （件）$$

又如，上例中的固定成本、单位可变成本、单位售价不变，若本年度的预计销量为 50 000 件，求利润额（亏损额）是多少。

根据题意，有：

$$\pi = 80 \times 50\ 000 - (500\ 000 + 50\ 000 \times 40) = 1\ 500\ 000\ （元）$$

（2）盈亏平衡点法除了可用于进行所含变量的决策，还可用于判断企业的经营安全状况及帮助其选择产品生产方案。

经营安全率是反映企业经营安全状况的一个指标，用公式表示为：

$$S = (Q - Q^*)/Q$$

式中，S 表示经营安全率，S 值越大，说明企业对市场的适应能力越强，企业的经营安全状况越好；Q 表示现实产量；Q^* 表示盈亏平衡点产量。

企业的经营安全状况可根据表 6-3 来判断。

表 6-3　经营安全率和经营安全状况

经营安全率 S	>30%	25%~30%	15%~25%	10%~15%	<10%
经营安全状况	安全	较安全	不太好	要警惕	危险

经营安全率可作为反映企业经营安全状况的综合性指标。由定义可知，增加现实产量 Q 或降低盈亏平衡点的产量 Q^* 都可提高经营安全率。

（二）风险型决策方法

风险型决策方法又称概率型决策方法、统计型决策方法或随机型决策方法。要使用风险型决策方法，必须具备以下五个条件：

（1）存在决策者欲达到的一个明确目标。

（2）存在决策者可以选择的两个以上的方案。

（3）存在不以决策者的主观意志为转移的两种以上的客观状态，即"自然状态"。

（4）不同方案在不同自然状态下的损益值可以计算出来。

（5）未来将出现哪种自然状态，决策者不能肯定，但其出现的概率，决策者预先大致可以估计出来。

由此可见，风险型决策方法是对方案中涉及的可能出现的无法控制或改变的各种自然状态的概率做出估计并进行决策的一种方法，因而这类决策存在一定的"风险"。这里介绍决策树法。

对方案不多而又比较复杂的决策问题，可通过决策树法加以解决。

1. 决策树法的具体步骤

（1）绘制决策树。绘制决策树的过程实质上是拟订各种方案的过程。决策树的结构可以用不同的符号表示。

□：决策节点。从决策节点引出的分支叫方案枝（□—）。

○：状态节点。从状态节点引出的分支叫概率枝（○—）。

△：结果节点。它表示每一方案在相应的自然状态下可能得到的损益值。

‖：剪枝（舍弃）。它表示剪去不必要的方案。

（2）估计可能事件发生的概率。应在收集和掌握大量资料的基础上，使估计的概率尽可能地接近实际。如果概率偏差过大，决策失误的可能性亦增大。

（3）计算各方案的期望值。期望值是反映方案优劣的主要依据。如果方案的目标是收益，则取最大期望值；反之，如果方案的目标是损失，则取最小期望值。

（4）修枝。根据不同方案期望值的大小，从右向左筛选，最后剩下的未剪的方案枝表示选定的方案。

2. 决策树法的应用

（1）用决策树法解决简单的决策问题。

例如，某企业对一条生产线的技术改造拟订两种方案：一是全部改造；二是部分改造。全部改造需资金 300 万元，部分改造需资金 160 万元。两种方案都可维持生产 10 年以上。估计 10 年期间，产品销路好的可能性为 0.7，产品销路差的可能性为 0.3，两种方案的损益值如表 6 - 4 所示。

表 6 - 4　两种方案的损益值

方　案	投资/万元	每年增加收益/万元		使用期/年
		销路好（0.7）	销路差（0.3）	
全部改造	300	100	-20	10
部分改造	160	40	10	10

决策步骤如下：

第一步，绘制决策树，如图 6 - 3 所示。

第二步，计算各方案的期望值。

全部改造方案的期望值为：

$$0.7 \times 100 \times 10 + 0.3 \times (-20) \times 10 - 300 = 340 （万元）$$

部分改造方案的期望值为：

$$(0.7 \times 40 + 0.3 \times 10) \times 10 - 160 = 150 （万元）$$

第三步，对方案进行比较选择。

经比较可知，全部改造方案的期望值大，所以选定对生产线全部改造的方案为好。

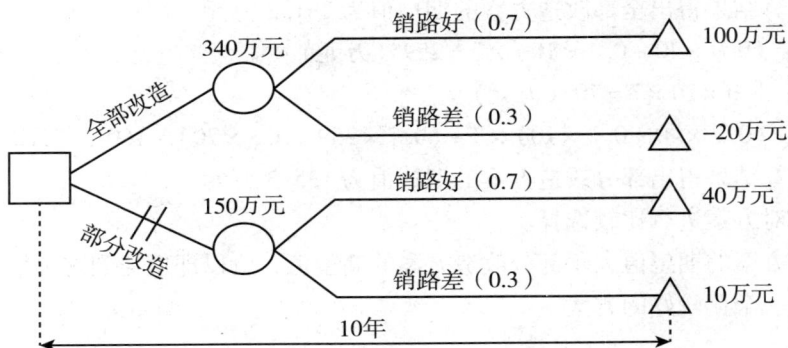

图 6－3　简单决策问题的决策树

（2）用决策树法解决复杂的决策问题。

例如，如果对上例中的问题分为前 3 年和后 7 年两期考虑，根据市场预测，前 3 年产品销路好的概率为 0.7，而且如果前 3 年产品销路好，则后 7 年产品销路好的概率为 0.9；如果前 3 年产品销路差，则后 7 年产品销路肯定差。在这种情况下，全部改造和部分改造哪个方案较好？

决策步骤如下：

第一步，绘制决策树，如图 6－4 所示。

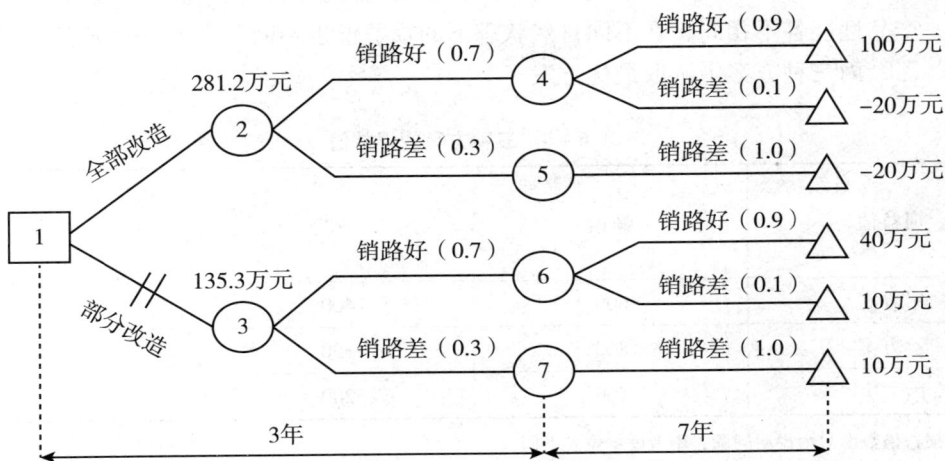

图 6－4　复杂决策问题的决策树

第二步，计算各点的期望值。

点 4：$[0.9 \times 100 + 0.1 \times (-20)] \times 7 = 616$（万元）

点 5：$1.0 \times (-20) \times 7 = -140$（万元）

点 2：$[0.7 \times 100 + 0.3 \times (-20)] \times 3 + [0.7 \times 616 + 0.3 \times (-140)] - 300 = 281.2$（万元）

由这个运算结果得出全部改造方案的期望值为 281.2 万元。

点 6：$(0.9 \times 40 + 0.1 \times 10) \times 7 = 259$ （万元）

点 7：$1.0 \times 10 \times 7 = 70$ （万元）

点 3：$(0.7 \times 40 + 0.3 \times 10) \times 3 + (0.7 \times 259 + 0.3 \times 70) - 160 = 135.3$ （万元）

由这个运算结果得出部分改造方案的期望值为 135.3 万元。

第三步，对方案进行比较选择。

全部改造方案的期望值大于部分改造方案的期望值，所以即使遇到这种情况，对生产线全部改造仍是一个比较好的方案。

（三）不确定型决策方法

不确定型决策方法是指决策者对未来事件的结果不能确定，但可以通过对各种因素的分析，估算出未来事件在各种自然状态下的损益值的一种决策方法。与风险型决策方法相比，不确定型决策方法缺少一个条件，即决策者对可能出现的自然状态的概率无法预计，只能通过其他因素分析估计。不确定型决策方法主要有保守法（小中取大法）、冒险法（大中取大法）、后悔值法、折中法、等概率法等。

例如，某企业准备生产一种新产品，由于缺乏历史资料，不能确定该产品的销售前景，只能估计为畅销、一般和滞销三种情况。为生产该产品，企业考虑了三种方案：甲方案是改建原有生产线；乙方案是新建一条流水线；丙方案是与外厂协作生产。三种方案下的制造成本不同，产品性能各不相同，在不同自然状态下的损益值也不同，有关资料如表 6 – 5 所示。试从甲、乙、丙三种方案中选取最优方案。

表 6 – 5　三种方案的损益值

自然状态 损益值 方案	畅销	一般	滞销
甲方案	600	400	– 200
乙方案	800	300	– 400
丙方案	400	200	– 80

注：损益值数据只为说明问题，不考虑单位。下同。

每一种方案均有三种自然状态下的损益值，其基本特点是可能获得收益大的方案，其损失的可能性也大。根据决策者思维的不同，使用的决策方法不同，最终选择的方案也会不同。

1. 保守法

保守法又称小中取大法，这种决策方法的原则是：先从每种方案中选择一个最小收益值，再将这些收益值进行比较，选取最小收益值中最大值的方案作为最优方案（如果是损失值，则选取最大损失值中最小值的方案作为最优方案）。这种决策方法是以最小收益值作为评价方案的标准，决策者的注意力重点放在收益不低于一定限度，或损失不超过一定程度上，因此这是一种比较保守的决策方法。

根据保守法的决策原则，先找出表 6 - 5 中三种方案在各种自然状态下的最小收益值，即｛-200，-400，-80｝，然后从中选取最大值，即 max｛-200，-400，-80｝= -80（损失最小），则对应的丙方案为用保守法选取的最优方案。

2. 冒险法

冒险法又称大中取大法，这种决策方法的原则是：先从每种方案中选择一个最大收益值，然后选取最大收益值中最大值的方案作为最优方案。这种决策方法是以最大收益值作为评价方案的标准，决策者对高利润比较敏感，勇于进取。但由于决策者求胜心切，只着眼于最佳自然状态，所以实现目标的成功率不一定很高。

根据冒险法的决策原则，先找出表 6 - 5 中三种方案在各种自然状态下的最大收益值，即｛600，800，400｝，然后从中选取最大值，即 max｛600，800，400｝= 800，则对应的乙方案为用冒险法选取的最优方案。

3. 后悔值法

一般情况下，当某一种自然状态出现时，就能很快明确以期望值最大者作为最优方案。假定决策者并未选取这种方案，而选取了其他方案，这时他往往感到后悔（最大期望值与选取的其他某种方案的期望值的差叫作后悔值，也叫作机会损失）。后悔值法的决策步骤如下：

（1）找出每种自然状态下的最大收益值。

（2）分别求出每种自然状态下各方案的后悔值（机会损失）。

（3）找出每种方案的最大后悔值（最大机会损失）。

（4）比较各种方案的最大后悔值，选取最大后悔值中最小值的方案作为最优方案。

根据这一方法，计算出各方案的最大后悔值，如表 6 - 6 所示。

表 6 - 6　各方案的最大后悔值比较

自然状态 损益值和后悔值 方案	畅销		一般		滞销		最大 后悔值
	损益值	后悔值	损益值	后悔值	损益值	后悔值	
甲方案	600	200	400	0	-200	120	200
乙方案	800	0	300	100	-400	320	320
丙方案	400	400	200	200	-80	0	400

从表 6 - 6 中可以看出，最大后悔值中最小值的方案是甲方案，所以选取甲方案作为最优方案。

对于同一个决策例题，由于采用的决策方法不同，出现了三种不同的结果。究竟采用哪种决策方法最合理，很难统而言之，主要还得看决策目的以及决策者的素质、经验和气质。

4. 折中法

保守法和冒险法都是以各种方案不同自然状态下的最大值或最小值为标准，但多数情况下，决策者既非完全的保守者，也非极端的冒险者，而是在介于两个极端之间的某一位置寻找决策方案，即采取折中法。折中法的决策步骤如下：

（1）找出各方案在所有自然状态中的最小值和最大值。

（2）决策者根据自己的风险偏好给最大值一个系数 $\alpha(0 < \alpha < 1)$，即最大值系数（也叫乐观系数），相应的最小值系数为 $1 - \alpha$。最大值系数 α 是对决策者冒险（或保守）程度的度量。

（3）利用给定的最大值系数 α 和对应的各方案的最大损益值、最小损益值，计算各方案的加权平均值。计算方法为：

加权平均值 = 最大损益值 × 最大值系数 + 最小损益值 × 最小值系数

（4）取加权平均值最大的损益值对应的方案作为最优方案。

仍以表 6 – 5 中所给的资料为例，设决策者给定的最大值系数 $\alpha = 0.75$（最小值系数为 $1 - 0.75 = 0.25$），则各方案的加权平均值如下：

甲方案：$(600 \times 0.75) + (-200 \times 0.25) = 400$

乙方案：$(800 \times 0.75) + (-400 \times 0.25) = 500$

丙方案：$(400 \times 0.75) + (-80 \times 0.25) = 280$

取加权平均值最大者：$\max\{400, 500, 280\} = 500$，对应的乙方案为最大值系数 $\alpha = 0.75$ 时的最优方案。

用折中法选取最优方案的结果取决于反映决策者风险偏好的最大值系数的确定。在上例中，如果 $\alpha = 0.3$，则选择结果是丙方案，而非乙方案。因此，用折中法决策依然取决于决策者的风险偏好。当 $\alpha = 0$ 时，选择结果与保守法相同；当 $\alpha = 1$ 时，选择结果与冒险法相同。因此，保守法与冒险法是折中法的两个特例。

5. 等概率法

当无法确定某种自然状态下发生的可能性大小及其顺序时，可以假定每种自然状态具有相等的概率，并以此计算各方案的期望值，进行方案选择，这种方法就是等概率法，也称莱普勒斯法。由于假定各种自然状态下发生的概率相等，这一方法实质上是简单算术平均法。

仍以表 6 – 5 中所给的资料为例，各方案有三种自然状态，每种自然状态下发生的概率为 1/3，则各方案的期望值如下：

甲方案：$(600 \times 1/3) + (400 \times 1/3) + (-200 \times 1/3) = 800/3$

乙方案：$(800 \times 1/3) + (300 \times 1/3) + (-400 \times 1/3) = 700/3$

丙方案：$(400 \times 1/3) + (200 \times 1/3) + (-80 \times 1/3) = 520/3$

由于 $\max\{800/3, 700/3, 520/3\} = 800/3$，故应选甲方案。

企业中的决策涉及面广，有各种各样的决策。除了以上介绍的几种方法，要做到正确决策，决策者还必须掌握更多的科学决策方法。更为重要的是，要利用各种科学决策方法对欲解决的问题进行综合分析评价，这样才能取得好的效果。

📖 本章小结

决策是指为了实现一定的目标，采用一定的科学方法和手段，从两个或两个以上的可行方案中选择一个满意方案的分析判断过程。决策是组织管理工作的核心，渗透于管理的所有职能中。

决策过程主要包括七个步骤：识别问题、确定决策目标、拟订可行的方案、分析评价方案、选择方案、实施方案、跟踪检查。定性决策方法是决策者根据所掌握的信息，通过对事物运动规律的分析，在把握事物内在本质联系的基础上进行决策的方法。定性决策方法主要有德尔菲法、头脑风暴法以及其他定性决策方法（如哥顿法、淘汰法、环比法等）。定量决策方法是利用数学模型优选决策方案的决策方法。根据所选方案结果的可靠性的不同，一般可将定量决策方法分为确定型决策方法、风险型决策方法和不确定型决策方法三类。

📖 思考题

1. 决策的含义是什么？科学决策对组织管理有什么作用？
2. 就"决策是组织管理工作的核心"这句话谈谈你的看法。
3. 管理者需要解决出现在他面前的所有问题吗？
4. 群体决策和个人决策的利弊分别是什么？
5. 定量决策方法一定比定性决策方法更好吗？

第三篇
组　　织

第七章　组织结构设计

学完本章内容，你应该能够：
- 描述组织结构的含义
- 了解组织结构设计的原则及影响因素
- 区分不同形式的组织结构
- 了解组织变革与组织发展的关系

🗐 **关键术语**

组织　组织结构　组织结构形式　组织变革

　　如果把组织比喻成一个人，组织结构就相当于人的骨骼架构。建立合适的组织结构对于组织的正常运行和提高效率有着至关重要的作用。现代组织如果没有一套分工明确、权责清晰、协作配合、合理高效的组织结构，其拥有的各种资源就不可能得到充分利用，组织目标也将难以实现。同时，如果一个组织不能根据内外部环境的变化及时调整、创新和优化组织结构，也会影响管理效能和组织效率的提高。因此，建立合理高效的组织结构成为十分重要的管理工作。本章将对组织结构及其设计等方面的问题进行阐述。

第一节　组织结构设计的含义、原则及影响因素

一、组织结构及组织结构设计的含义

（一）组织结构的含义

在管理学中，组织的含义可以从静态和动态两个方面来理解。静态方面，指的是组织结

构，即反映人、职位、任务以及它们之间特定关系的网络。动态方面，指的是维持与变革组织结构，以实现组织目标的工作过程。组织需要根据其目标建立组织结构，并适时调整，以适应环境的变化。

要认识组织结构的含义，必须把握以下三个方面的关键要素：

（1）组织结构决定了组织中的正式报告关系。

（2）组织结构明确了将个体组合成部门、部门再组合成整个组织的方式。

（3）组织结构包含了确保跨部门沟通、协作的制度设计。

上述三个要素涉及组织的纵、横两个方向。具体来说，前两个要素规定了组织的结构框架，即纵向的层级和管理者的管理幅度；第三个要素是关于组织成员之间的相互关系，理想的组织结构应鼓励成员在必要的时间和地点通过横向联系提供共享的信息和进行协调。

一些学者认为，可以从四个维度来描述组织结构的特征，即复杂性、正规化、职权层级和集权化。

（1）复杂性是指组织分化的程度，即将组织任务分解为各项独立工作的程度。

（2）正规化是指组织依靠规则和程序引导成员行为的程度。

（3）职权层级描述的是组织中的报告关系和每个管理者的管理幅度。

（4）集权化是指有权做出决策的层次高低。

根据这四个维度，可以按组织的灵活程度将组织结构形式分为两大类：机械式组织结构和有机式组织结构。机械式组织结构是高度复杂化、高度正规化、高度集权化和保持严格的层级关系的组织结构，而有机式组织结构是低复杂性、低正规化和分权化的组织结构。机械式组织结构是一种僵硬、稳定的组织结构，而有机式组织结构是一种松散、灵活且具有高度适应性的组织结构。

（二）组织结构设计的含义

组织结构设计是指一个正式组织为了实现其长期目标或者阶段性目标，设计或变革组织的结构体系的工作。无论是首次设计组织结构还是对原有的组织结构进行变革，组

> **关键点**
> 　　组织结构设计必须与组织目标相匹配。

织结构设计都必须与组织目标相匹配，并且考虑组织内外部因素，把组织的任务、流程、权责进行有效组合和协调，整合与优化组织资源，实现组织资源价值和组织绩效最大化，大幅提高组织的运行效率。任何一个组织，无论是政府机构、事业单位还是营利组织，都有其相应的使命，以及由此而存在的战略目标和策略目标。而这些目标总是阶段性的，当某一阶段的目标实现后，会在新的环境下产生新的目标，新的目标往往需要新的业务流程，为完成这些流程就必须建立新的组织结构。例如，为了抓住北京奥运商机，美国通用电气公司设立了一个新的高层管理岗位——美国通用电气公司奥林匹克项目总监，其职责是统领公司各业务部门在中国的奥林匹克项目团队，有效开展针对有关奥运建设项目的营销活动。

二、组织结构设计的原则

在设计组织结构时，必须遵循以下原则：

（一）有效性原则

有效性包括三个方面的含义：一是组织结构设计要为组织目标的实现服务；二是力求以较少的人员、较少的层次、较短的时间达到较好的管理效果；三是组织结构设计的工作过程要有效率。例如，有些集团企业为了提升绩效，采用工资总额硬性规定、职位等级比例规定等方法，迫使下级单位精减人员，同时要求高效率。

（二）分工与协作原则

分工是按照提高管理的专业化程度和工作效率的要求，把组织的任务、目标分成各个层次、各个部门以及个人的任务和目标，明确与其相适应的工作及完成任务的手段、方式和方法。分工有助于提高效率，但如果只有分工，任务将难以完成。在分工的基础上，各个部门、各个岗位还必须加强协作与配合，这样才能保证组织目标的实现。所谓协作，是指明确部门与部门之间以及部门内部不同岗位之间的协调关系和配合方法。分工与协作是相辅相成的，只有分工，没有协作，分工就失去了意义，而没有分工，就谈不上协作。

（三）责权利对等原则

责任、权力和利益三者之间是不可分割的，而且必须是协调的、平衡的和统一的。在委以责任的同时，必须委以自主完成任务所需的权力，有了权力，组织成员才可能负起责任。责任又是权力的约束，有了明确的责任，权力才不会被滥用。责任、权力明确了，还必须有利益来激励，利益的大小决定了组织成员愿意承担责任并履行职权的程度，利益大、责任小的事情谁都愿意去做，而利益小、责任大的事情谁都不会有太大的积极性去做。总之，有责无权，有权无责，或者权责不对等，或者责权利不协调、不匹配等，都会使组织结构不能有效运行，组织目标也难以实现。

（四）分级管理原则

分级管理是处理上下级之间关系的一条重要原则，它要求每个职务都要有人负责，每个人都知道自己的直接领导是谁、下级是谁。在正常情况下，等级链上的下级只接受一个上级的命令，多头指挥会让下级无所适从。与此同时，每一个上级领导都不得越权指挥，但可以越级检查，下级也不要越级请示，但可以越级反映情况和提出建议。

（五）协调原则

协调涉及两个方面的内容：一是组织内部关系的协调，它要求及时调整和改善组织内部

（在某些方面也包括组织外部）各单位、各部门、各岗位之间的关系，排除各种矛盾，保证组织结构有条不紊地运行，使整个组织能够步调一致地去实现组织目标；二是组织任务分配的协调，它要求各部门、各岗位任务的分配应平衡，避免忙闲不均。

（六）弹性结构原则

现代组织理论非常强调组织结构的设计应具有弹性。所谓弹性，是指一个组织的部门机构、人员的职责和职位都要随环境的变化而做相应的变动。一方面，弹性结构原则要求部门机构具有弹性；另一方面，弹性结构原则要求职位具有弹性。这种弹性在组织结构设计中可以做以下考虑：

> **关键点**
> 组织结构设计六原则：有效性原则、分工与协作原则、责权利对等原则、分级管理原则、协调原则、弹性结构原则。

（1）按任务和目标需要设立岗位，不因人设岗。
（2）管理者定期更换。
（3）实行成员一专多能。
（4）实行多种用工制度，使组织成员富有弹性。

三、组织结构设计的影响因素

在组织结构设计的过程中，必须考虑到各种因素对最优组织结构设计及选择的影响。关于组织研究的内容显示，组织结构设计的影响因素有多个，如战略、环境、技术、组织规模等，这些因素是相互联系、相互影响的。组织结构设计要考虑这些因素的综合作用，才能产生良好的组织绩效。

（一）战略

战略是在综合分析组织内部条件和外部环境的基础上做出的一系列带有全局性和长远性的谋划。组织结构必须服从组织所选择的战略的需要。战略选择的不同，能够在两个层次上影响组织结构：

（1）不同的战略要求不同的组织能力，而不同的组织结构具有不同的能力，从而影响组织结构设计。例如，根据波特的战略理论，组织可以采取成本领先战略和差异化战略。其中，成本领先战略需要极大地提高运营效率，以降低运营成本；而差异化战略需要卓越的创新能力，以不断开发出独特的新产品来适应差异化的市场需求。直线职能制组织结构通过专业化和分工能够提高内部运营效率，但不利于创新。而有机式组织结构（如矩阵制组织结构和网络型组织结构）具有相当的灵活性，有利于创新，但不利于提高内部运营效率。

（2）战略重点的改变会引起组织的工作重点、各部门与职务在组织中重要程度的改变，因而要求各部门及职务之间的关系做相应的调整。

（二）环境

任何组织都是在一定的环境中生存和发展的，组织结构必须响应环境变化，才能实现和环境的动态匹配，在环境中生存下来。如果环境稳定，组织就可以设计机械式组织结构，这种组织结构是刚性的、

> **关键点**
> 如果环境稳定，组织就可以设计机械式组织结构；如果环境快速变化，组织就需要设计有机式组织结构。

集权的，组织高度专业化、流程规则严密且有清晰的等级责任体系；如果环境快速变化，组织就需要设计有机式组织结构，这种组织结构相对宽松，强调分权，基层成员的自主性强，有更多的责任和权力，而且跨部门的横向协调被高度重视，人员流动性大，对环境变化有很强的适应力。

此外，组织的外部环境还会对职务和部门设计产生影响。外部环境决定了组织的社会分工不同，也决定了组织内部工作内容、所需完成的任务、所需设立的职务和部门不同。组织的外部环境还对各部门关系产生影响。环境不同，组织中各项工作完成的难易程度以及对组织目标实现的影响程度也不同，从而组织的工作重点及各部门的重要程度亦有所差别。

（三）技术

技术是指组织将输入转化为输出的知识、工具、技能和活动。技术不仅影响组织活动的效果和效率，而且影响组织结构设计。下面就生产行业的技术、服务行业的技术和信息行业的技术，分别说明技术是如何影响组织结构设计的。

1. 生产行业的技术

生产行业的生产方式可以分为小批量或者单件生产、大批量生产和全自动生产。这三种生产方式的特点不同，小批量或者单件生产根据顾客需求定制，大批量生产依靠自动化流水线生产设备，全自动生产几乎全部依靠机器，员工只是读取数据、维修机器、组织生产活动。因为生产技术特点的不同，这三种生产方式对组织结构的要求也不一样，大批量生产（如汽车装配线）需要高度集权，并且需要制定清晰的规则和程序，技术越复杂，越需要行政人员和辅助人员进行近距离监督，一线管理者的管理幅度最大；而小批量或者单件生产和全自动生产需要宽松、灵活的有机式组织结构。

2. 服务行业的技术

服务行业的技术具有直接接触顾客、产出无形的特点，所以服务行业需要设计灵活的、非正式的、授权的组织结构，而且每个权力部门规模要小、地点要接近顾

> **关键点**
> 不同生产工艺、不同行业，对信息技术的应用都影响组织结构的设计。

客，如银行、旅馆、快餐店、诊所等。但如果服务行业已经标准化，能够明确规定具体的步

骤让员工遵守，则机械式组织结构就更有效率，如麦当劳。

3. 信息行业的技术

信息行业的技术通常以计算机和互联网为基础，如亚马逊、谷歌等，信息技术的应用能让这些公司随时掌握市场动态，并根据市场情况调整公司运营，所以这些公司适宜设计有机式组织结构。

专栏7-1

知识管理、信息管理和组织结构变革

随着科学技术的飞速发展，越来越多的组织认识到，智力资本——组织成员拥有的知识——比其他资本更加重要，组织应能够像管理现金流、人力资源或库存那样对知识、信息进行有效管理，促进知识、信息的共享。比如，首席信息总监、首席知识总监、首席学习总监等新职位的创设反映了知识管理和信息管理在组织发展中的重要地位。

包括互联网在内的信息技术不仅支持知识管理和信息管理的广泛共享，也促进了组织结构设计和管理方式的改变。过去，组织发展出许多层级，部分原因就是为了实现信息在组织中的上下传递。许多公司主导性的观念是，关键的主意和决策来自组织高层，这些主意和决策需要通过一定的渠道往下传递。而当今富有竞争力的组织受这样一种观念的指导，即组织需要从每一个成员那里获得知识、信息，而管理者的角色就是要设法开通沟通的渠道，使知识、信息能够在组织中顺畅地流动。这种对知识和信息共享的重视常常导致组织结构的扁平化，并使向员工授权的幅度大大增加。

(四) 组织规模

组织规模不同，与之相适应的组织结构形式亦有很大的差别。并且，组织规模往往与组织的发展阶段相联系，因而它们都是影响组织结构设计的重要因素。规模大的组织与规模小的组织在正规化程度、集权化程度、复杂性和人员比例上都不同。一般来说，规模越大的组织，管理层次越多，工作和部门的数量越多，职能和技能的专业化程度越高，组织的正规化程度越高，分权程度越高，高层管理者所占的比例越小，专业技术支持人员所占的比例越大，书面沟通的文件越多。当然，规模不是决定组织结构设计的唯一因素，它与战略、环境、技术等因素共同决定组织结构设计。

第二节　组织结构的形式

组织结构形式有很多种，常用的组织结构形式有直线制组织结构、职能制组织结构、直线职能制组织结构、事业部制组织结构、矩阵制组织结构、网络型组织结构等。

一、直线制组织结构

（一）直线制组织结构的特征

直线制组织结构是组织发展初期的一种简单结构形式。所谓直线，是指在这种组织结构中，职权直接从高层开始向下"流动"（传递、分解），经过若干个管理层次达到组织最低层，如图 7-1 所示。

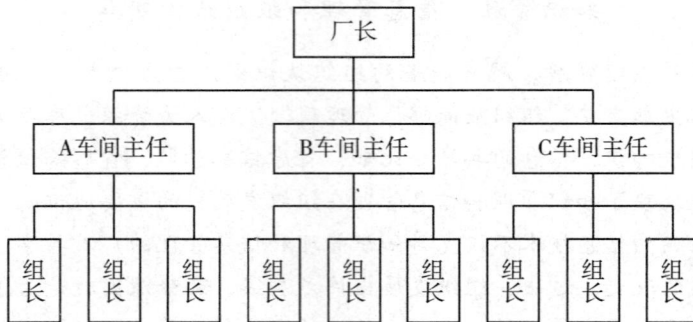

```
                        ┌────────┐
                        │  厂长   │
                        └────────┘
         ┌─────────────────┼─────────────────┐
    ┌─────────┐       ┌─────────┐       ┌─────────┐
    │ A车间主任 │       │ B车间主任 │       │ C车间主任 │
    └─────────┘       └─────────┘       └─────────┘
    ┌──┬──┬──┐       ┌──┬──┬──┐       ┌──┬──┬──┐
   ┌─┐┌─┐┌─┐       ┌─┐┌─┐┌─┐       ┌─┐┌─┐┌─┐
   │组││组││组│       │组││组││组│       │组││组││组│
   │长││长││长│       │长││长││长│       │长││长││长│
   └─┘└─┘└─┘       └─┘└─┘└─┘       └─┘└─┘└─┘
```

图 7-1　直线制组织结构

直线制组织结构的基本特征如下：

（1）组织中的每一位管理者对其直接下属拥有直接职权。

（2）组织中的每一个人只对他的直接上级负责或报告工作。

（3）管理者在其管辖范围内，拥有绝对的职权或完全职权，即管理者对所管辖的部门的所有业务活动行使决策权、指挥权和监督权。

（二）直线制组织结构的优缺点

直线制组织结构的优点：权力集中，职权和职责分明，命令统一，信息沟通便捷，便于统一指挥，集中管理。直线制组织结构的显著缺点是：各级管理者必须熟悉与本部门业务相关的各种活动（尤其最高行政首脑，必须是全能型的）；缺乏横向的协调关系，如果没有职能机构作为行政首脑的助手，容易使其产生忙乱现象。所以，一旦组织规模扩大，管理工作复杂化，管理者可能由于经验不足、精力不济而顾此失彼，难以进行有效的管理。实践中，一般根据组织的生命周期判断方法，来确定何时变更组织结构。

（三）直线制组织结构的适用范围

直线制组织结构适用于技术较为简单、业务单纯、规模较小的组织。

二、职能制组织结构

（一）职能制组织结构的主要特征

职能制组织结构起源于 20 世纪初法约尔在煤矿公司担任总经理时所建立的组织结构形式，故又称"法约尔模型"。这种组织结构是按职能来组织部门分工的，即从组织高层到基层，均把承担相同职能的管理业务和人员组合在一起，设置相应的管理部门和管理职务。例如，把所有与销售有关的业务和人员都集中起来，成立销售部门，由分管市场营销的副经理领导全部销售工作。研究开发、生产制造、工程技术等部门同样如此。职能制组织结构如图 7 - 2 所示。

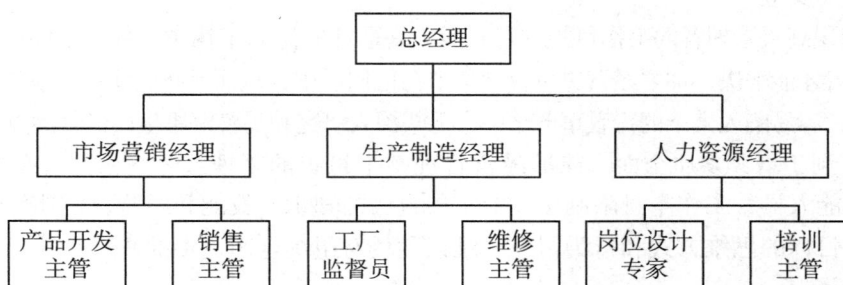

图 7 - 2 职能制组织结构

职能制组织结构的主要特征如下：

（1）各级管理机构和人员实行高度的专业化分工，各自履行一定的管理职能。因此，每个职能部门所开展的业务活动将为整个组织服务。

（2）实行直线 - 参谋制。整个管理系统被划分为两大类机构和人员：一类是直线指挥机构和人员，对其直属下级有发号施令的权力；另一类是参谋机构和人员，其职责是为同级直线指挥人员出谋划策，不能对下级发号施令，而是在业务上起指导、监督和服务的作用。

（3）管理权力高度集中。由于各个职能部门和人员都只负责某一方面的职能工作，唯有最高领导层才能纵观组织全局，所以生产经营决策权必然集中于最高领导层。

（二）职能制组织结构的主要优点

职能制组织结构的主要优点有以下方面：

（1）由于按职能划分部门，各部门的职责容易明确规定，职能目标容易实现。

（2）稳定性强。每个管理者都固定地归属于一个职能部门，专门从事某项职能工作，在此基础上建立的部门间的联系能够长期不变，这就使整个组织系统有较高的稳定性。

（3）各部门和各类人员实行专业化分工，有利于管理者注重并能熟练掌握本职工作的技能，有利于强化专业管理，提高工作效率。

（4）管理权力高度集中，便于最高领导层对整个组织实施严格的控制。

（三） 职能制组织结构的主要缺点

职能制组织结构的主要缺点有以下方面：

（1）横向协作差。高度的专业化分工和稳定性使各职能部门的眼界比较狭窄，它们往往片面强调本部门工作的重要性，希望提高本部门在组织中的地位，十分重视维护本部门的利益，特别致力于提高本部门的工作效率，从而容易产生本位主义，造成摩擦和内耗。

（2）对环境变化的适应性差。由于人们主要关心自己的专业工作，这不仅使部门之间的横向协作差，而且妨碍相互之间的信息沟通，高层决策在执行中也往往被狭窄的部门观点和利益所曲解，或者受阻于部门隔阂而难以贯彻。这样，整个组织系统就不能对外部环境的变化及时做出反应。

（3）组织高层管理者的工作负担往往较重。在职能制组织结构中，部门之间的横向协作只有高层管理者才能解决，加之经营决策权又集中在他们手中，从而导致组织高层管理者的工作负担往往较重，容易陷入繁杂的行政事务之中，无暇深入研究和妥善解决生产经营的重大问题。

（4）不利于培养素质全面、能够经营管理整个组织的管理人才。由于各部门的管理者属于专业职能人员，工作本身限制了他们扩展自己的知识、技能和经验，使他们养成了注重部门工作与目标的思维方式和行为习惯，难以胜任对组织全面负责的高层领导工作。

（四） 职能制组织结构的适用范围

职能制组织结构主要适用于中小型、产品品种比较单一、生产技术发展变化较慢、外部环境比较稳定的组织。具备以上特性的组织，其经营管理相对简单，部门较少，横向协作的难度小或对横向协作需要较少，对适应性的要求较低，因此职能制组织结构的缺点不突出，而优点能得到较为充分的发挥。

当组织规模、内部条件的复杂程度和外部环境的不确定性超出了职能制组织结构所允许的限度时，固然不应再采用这种组织结构形式，但在组织的某些局部，仍可运用这种按职能划分部门的方法。例如，在分权程度很大的大企业中，组织的高层往往设有财务、人事等职能部门，这既有利于保持重大经营决策所需要的必要的集权，也便于让这些部门为整个组织服务。此外，在组织的作业管理层，也可根据具体情况程度不同地运用设置职能部门或人员的做法，以保证生产效率的稳定和提高。

三、直线职能制组织结构

（一） 直线职能制组织结构的特征

直线职能制组织结构是现代工业中常见的一种组织结构形式，而且在大中型组织中尤为普遍。这种组织结构的特征是：以直线为基础，在各级行政主管之下设置相应的职能部门（如计划、销售、供应、财务等部门）从事专业管理，并作为该级行政主管的参谋，进而实现主管统一指挥与职能部门参谋指导相结合。在直线职能制组织结构下，下级机构既受上级部门的管理，又受同级职能部门的业务指导和监督。各级行政领导逐级负责，高度集权。因此，这是一种按管理职能划分部门，并由最高经营者直接指挥各职能部门的组织结构形式。

直线职能制组织结构亦称 U 形组织结构或单一职能型组织结构、单元组织结构。这种组织结构对于产品单一、销量大、决策信息较少的组织非常有效。直线职能制组织结构如图 7-3 所示。

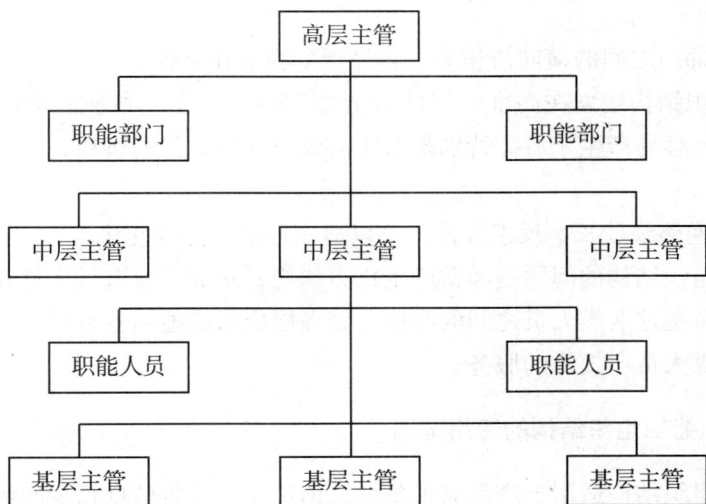

图 7-3 直线职能制组织结构

在直线职能制组织结构中，除了直线人员，还需要职能参谋人员提供服务——他们与直线人员共同工作。直线人员直接参与组织目标的实现，而职能参谋人员间接参与，他们为组织目标的实现提供服务。

对于生产型企业，它的主要目标有两个：生产和销售。作为组织目标实现的直接参与者，生产人员与市场人员构成了直线人员。区分组织中谁是直线人员、谁是职能参谋人员的一个方法就是根据组织的目标，看谁直接为其做出贡献、谁间接为其做出贡献。在一个组织中，人事、工程、研究与开发、法务、财务及公共关系等部门往往被认为是职能参谋部门，尽管在整个组织中这些部门是职能部门。

职能参谋部门拟订的计划、方案以及有关指令由直线主管批准下达；职能参谋部门只起业务指导作用，无权直接下达命令。因此，职能参谋人员提供的服务本质上是建议性的，他们不能对直线人员行使职权。例如，人事部经理只能向生产部门建议聘用新员工，而没有职权强迫生产经理接受其建议。在组织最高层，职能参谋人员参与决策制定。除了这些特殊的职能参谋人员，在组织中还有服务性质的职能参谋人员，包括办公室人员、速记员、维修人员以及其他类似人员。

（二）直线职能制组织结构的优缺点

直线职能制组织结构比直线制组织结构和职能制组织结构更具有优越性，它既保留了直线制组织结构集中统一指挥的优点，又吸收了职能制组织结构分工细密、注重专业化管理的长处，从而有助于提高管理工作的效率。

直线职能制组织结构的缺点如下：

（1）这种组织结构属于典型的集权式结构，权力集中于最高管理层，下级缺乏必要的自主权。

（2）各职能部门之间的横向协作差，容易产生脱节和矛盾。

（3）这种组织结构建立在高度的"职权分裂"基础之上，各职能部门与直线部门之间如果目标不统一，容易产生矛盾。特别是对于需要多部门合作的事项，往往难以确定责任的归属。

（4）信息传递路线较长，反馈较慢，难以适应环境的迅速变化。

直线职能制组织结构的问题是经常产生权力纠纷，从而导致直线人员和职能参谋人员之间的摩擦。为了避免这两类人员之间的摩擦，管理层应明确他们各自的作用，鼓励直线人员合理运用职能参谋人员所提供的服务。

（三）直线职能制组织结构的适用范围

直线职能制组织结构适用于产品品种单一、销量大、决策信息较少的组织，大中型组织较普遍采用。

专栏 7-2

秦始皇开创的直线职能制政府组织系统

公元前221年，秦始皇结束了长期的分裂局面，建立了统一的大秦王朝。不仅如此，秦始皇还创建了前所未有的中央集权制度。国家的最高统治者称为皇帝，皇帝拥有至高无上的权力，总揽全国的一切军政大权。中央政府由"三公九卿"组成。"三公"即丞相、御史大夫、太尉。丞相辅佐皇帝处理全国事务，御史大夫掌管图籍奏章并监察百官，太尉协助皇帝掌管全国军事。"三公"之下有"九卿"：廷尉掌管司法，治粟内史掌管租税钱谷和财政收支，奉常掌管宗庙礼仪，典客掌管外交和民族事务，郎中令掌管宫殿警卫，少府掌管皇室财政与手工业，卫尉掌管宫廷警卫，太仆掌管宫廷车马，宗正掌管皇族和宗室事务。"三公九卿"分工负责，权力集中于皇帝，大政方针都由皇帝裁决。

在行政体制上，秦朝在地方建立了直属于中央的郡、县两级行政区划。郡的行政长官称为郡守，其副职是郡尉（分管军事），另外还配备郡监（直属于御史大夫），代表中央监控地方。在郡级行政区划之下，设立若干县，按照县的大小，设立县令或县长。

这样的一种中央集权制度，使得皇帝的政令可以通过"三公九卿"直达郡、县。

四、事业部制组织结构

事业部制组织结构亦称 M 形组织结构或多部门组织结构，有时也称产品部式组织结构或战略经营单位。事业部制组织结构最早由美国通用汽车公司总裁艾尔弗雷德·斯隆于1924 年提出，故有"斯隆模型"之称，是一种高度（层）集权下的分权管理体制。

（一）事业部制组织结构的特征

事业部制组织结构是一种分级管理、分级核算、自负盈亏的组织结构形式，即一个组织按地区或产品类别分成若干个事业部，从产品设计、原料采购、成本核算、产品制造到产品销售，均由事业部及其所属工厂负责，实行自主经营、独立核算，总部只保留人事决策、预算控制和监督大权，并通过利润等指标对事业部进行控制。有的事业部只负责指挥和组织生产，不负责采购和销售，实行生产和供销分立，但这种事业部正在被产品事业部所取代。另外，还有的事业部按区域来划分。

（二）事业部制组织结构的优点

事业部制组织结构的优点：总部领导可以摆脱日常事务，集中精力考虑全局问题；事业部实行自主经营、独立核算，更能发挥经营管理的积极性，更利于组织专业化生产和实现组织的内部协作；各事业部之间有比较、有竞争，这种比较和竞争有利于组织的发展；事业部内部的供、产、销等职能之间容易协调，不像在职能制组织结构下跨职能的问题需要高层管理者过问才能顺利解决；事业部经理要从事业部整体来考虑问题，这有利于培养和训练全能型管理人才。

（三）事业部制组织结构的缺点

事业部制组织结构的缺点：总部与事业部的职能机构重叠，造成管理人员浪费；事业部实行独立核算，导致各事业部只考虑自身的利益，影响事业部之间的协作，一些业

> **关键点**
> 事业部制组织结构适用于多品种生产、技术复杂的大型组织。

务联系与沟通往往也被经济关系所替代，甚至连总部的职能机构为事业部提供决策咨询服务时，也要事业部支付咨询服务费；科研资源的分散使用使得深层次研究活动难以开展。

（四）事业部制组织结构的适用范围

事业部制组织结构适用于规模庞大、产品品种繁多、技术复杂的大型组织。当总部的无

形资产有巨大吸引力且总部的管理能力很强，事业部又有独立的市场和独立的利益时，适宜选择事业部制组织结构。地域事业部制组织结构如图 7 - 4 所示，产品事业部制组织结构如图 7 - 5 所示。

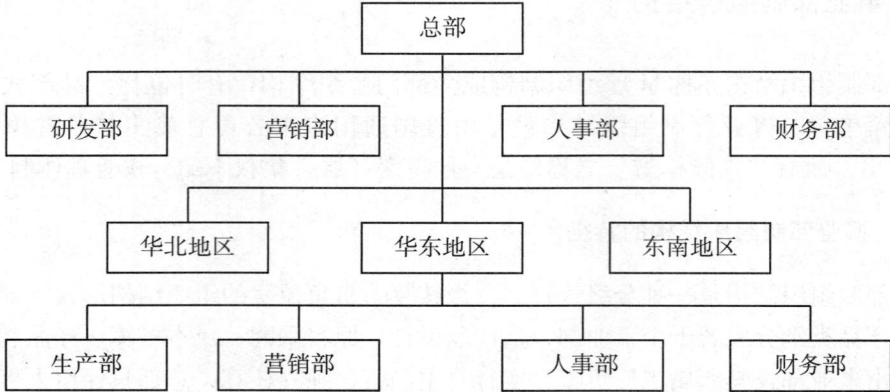

图 7 - 4 地域事业部制组织结构

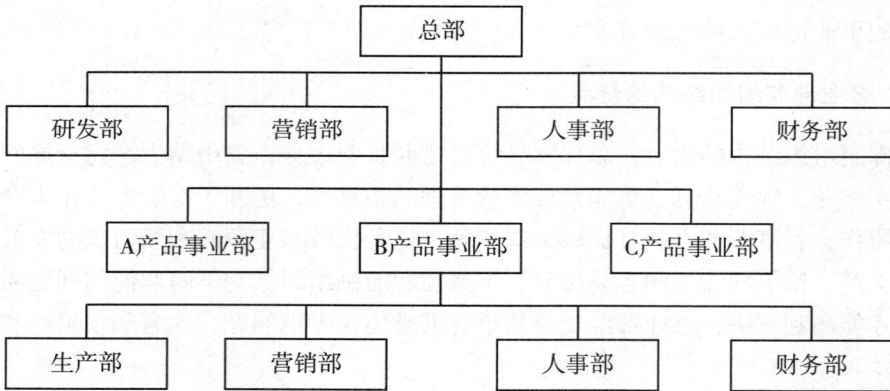

图 7 - 5 产品事业部制组织结构

五、矩阵制组织结构

（一）矩阵制组织结构的特征

矩阵制组织结构是把按职能划分的部门和按产品（项目）划分的小组结合起来组成一个矩阵，组织成员既与原职能部门保持组织和业务上的联系，又参加产品（项目）小组的工作的一种组织结构形式。职能部门是固定的组织，产品（项目）小组是临时性组织，任务完成后就自动解散，其成员回到原部门工作。矩阵制组织结构如图 7 - 6 所示。

矩阵制组织结构是为了改进直线职能制组织结构横向协作较差、缺乏弹性的缺点而形成

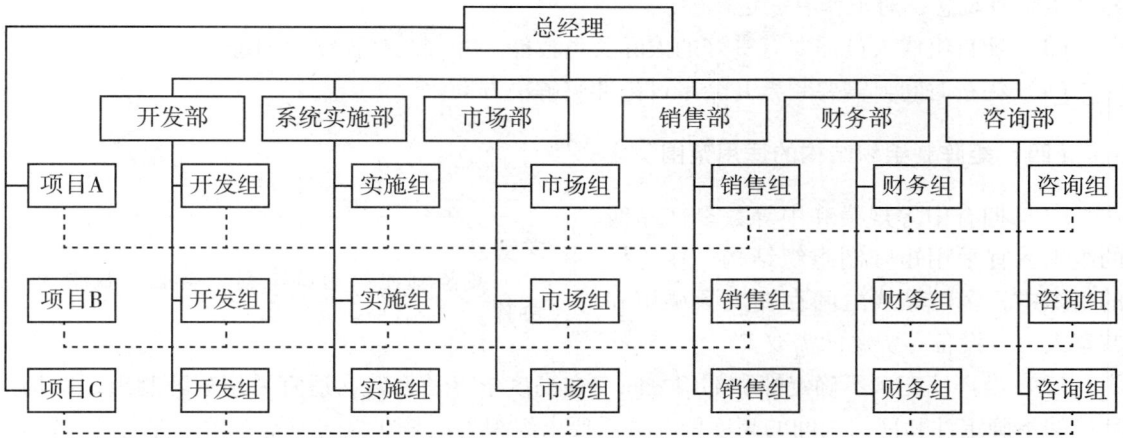

图 7 - 6　矩阵制组织结构

的一种组织结构形式。它的特征表现为围绕某项专门任务成立跨职能部门的专门机构。例如，组成一个专门的产品（项目）小组去从事新产品开发工作，在研究、设计、试验、制造、营销各个阶段，由有关部门派人参加，力图做到条块结合，以协调有关部门的活动，保证任务的完成。这种组织结构形式是固定的，人员却是变动的，需要谁，谁就来，任务完成后就可以离开。虽然产品（项目）小组及其负责人是临时组织和委任的，但项目负责人具有与职能部门经理同等的正式职权。

（二）矩阵制组织结构的优点

矩阵制组织结构的优点如下：

（1）将组织的横向与纵向联系相结合，有利于协作生产和适应环境变化的需要。

（2）针对特定的任务进行人员配置，有利于发挥个体优势，集众家之长，能提高项目完成的质量和劳动生产率。

（3）各部门人员不定期的组合有利于信息交流，增加互相学习的机会，提高专业管理水平。

（三）矩阵制组织结构的缺点

矩阵制组织结构的缺点如下：

（1）项目负责人的责任大于权力，因为项目组成人员来自不同部门，隶属关系仍在原单位，他们只是为"会战"而来，所以项目负责人对他们管理起来比较困难，没有足够的激励手段与惩治手段。与此同时，项目组成人员面临双重的职权关系，容易产生无所适从和混乱感。这种人员上的双重管理是矩阵制组织结构的先天缺陷。

（2）由于项目组成人员来自各个职能部门，任务完成后，他们仍要回原单位，因而容易产生临时观念，对工作有一定影响。

（3）项目组成人员需要有良好的人际关系技能，并接受高强度的训练。

（4）耗费时间，需要频繁开会来讨论冲突解决方案。

（四）矩阵制组织结构的适用范围

（1）拥有中等规模和中等数量产品线的组织适宜采用矩阵制组织结构。在这样的组织中，多产品线之间存在灵活调用和共享人力、设备等资源的需要。

> **关键点**
> 　矩阵制组织结构有利于企业加强横向协作。

（2）当环境充满不确定性和部门之间存在高度依存关系时，适宜采用矩阵制组织结构。环境的不确定性和部门之间的高度依存关系要求组织无论是在纵向还是在横向都应具有较高的协调能力和信息处理能力。

六、网络型组织结构

（一）网络型组织结构的特征

网络型组织结构是利用现代信息技术建立和发展起来的一种新型组织结构形式。它使管理当局对于新技术、新时尚，或者来自海外的低成本竞争能够具有更大的适应力和应变能力。网络型组织结构是一种较小的中心组织，依靠其他组织以合同为基础进行制造、分销、营销或其他关键业务的经营活动的组织结构形式。在网络型组织结构中，组织的大部分职能从组织外"购买"，这给管理当局提供了高度的灵活性，并使组织集中精力做最擅长的事。

图7-7列示了管理当局将其经营的主要职能外包出去的一种网络型组织结构。该网络型组织结构的核心是一个小规模的销售公司，它的工作是直接监督公司内部开展的各项活动，并协调与执行制造、分销和网络组织的其他重要职能的外部机构之间的关系。从本质上说，网络型组织结构的管理者会将大部分时间花在协调和控制这些外部关系上。

（二）网络型组织结构的表现形式

网络型组织结构是一种只有很精干的中心机构，以契约关系的建立和维持为基础，依靠外部机构进行制造、销售或其他重要业务活动的组织结构形式。被联结在这一组织结构中的各经营单位之间并没有正式的资本所有关系和行政隶属关系，只是以相对松散的契约（正式的协议契约书）为纽带，通过一种互利互惠、相互协作、相互信任和相互支持的机制来进行密切的合作。

采用网络型组织结构的组织所做的就是通过组织内联网［企业资源计划（enterprise resource planning，ERP）系统］和组织外联网［客户关系管理（customer relationship manage-

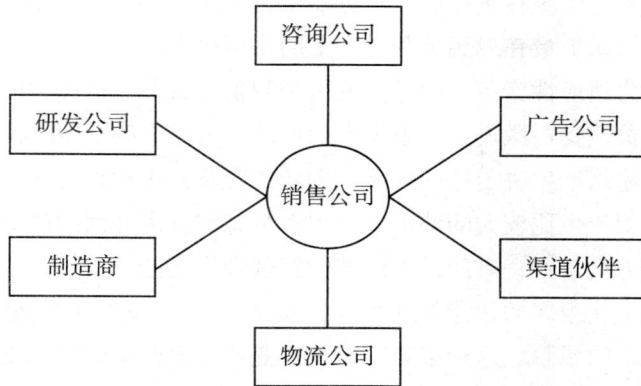

图7-7 网络型组织结构

ment，CRM）系统、电子数据交换（electronic data interchange，EDI）系统〕创设一个物理和"契约关系"网络，与独立的制造商、代理商以及其他机构达成长期合作协议，使它们按照契约要求执行相应的生产经营功能。由于采用网络型组织结构的组织的大部分活动都是外包、外协的，因此，组织的管理机构只是一个精干的经理班子，他们负责监管组织内部开展的活动，同时协调和控制与外部合作机构之间的关系。

（三）网络型组织结构的优缺点

网络型组织结构极大地促进了组织经济效益质的飞跃，其优点有：一是降低了管理成本，提高了管理效率；二是实现了更大范围内供应链与销售环节的整合；三是简化了机构和管理层次，实现了充分授权式的管理。

网络型组织结构的缺点：它不仅需要外部环境的支持，而且要求组织有能力利用现代信息技术。

（四）网络型组织结构的适用范围

网络型组织结构并不是对所有的组织都适用，它需要组织有相当大的灵活性，以对环境的变化做出迅速反应。网络型组织结构适用于那些制造活动需要低廉劳动力的组织。

第三节 组织变革、组织发展和组织文化

一、组织变革

变革是组织的现实。现阶段面临的高新技术、激烈竞争的全球化经济以及全面深化的改革开放环境，会在很大程度上冲击组织的目标定位、业务流程等，从而对组织本身造成很大

的影响。这种影响表现为组织在运行制度、体制等方面的改革，同时包括组织形式的革新、组织文化的革新以及组织成员在思想上和心理上的变革。

组织变革一般分为适应性变革、激进性变革和创新性变革三种。适应性变革是渐进的变革，较容易为组织成员接受；激进性变革是大规模的、高压力的变革，变革的代价很大，一旦成功，对组织的前途将产生决定性的影响；创新性变革介于两者之间，变革的范围和程度也较大，可能会对组织产生比较大的冲击。组织变革有的是由外部的政治、经济、文化、技术、市场等因素和压力推动的，有的是由内部的管理者推动的。

尽管变革总是为了使组织的效能得到改善，但变革无论是对组织的管理者还是对组织的非管理者均形成了一定的威胁。这种威胁主要来自变革所要产生的新状态是对组织原有状态的革新，因而组织会产生惯性阻碍变革的顺利进行。

很多学者和管理人员对变革阻力进行过分析与总结，斯蒂芬·罗宾斯曾总结出产生变革阻力的原因一般有三个：变革带来的不确定性、组织人员关心个人得失以及组织成员认为变革不是为了组织的最佳利益。为了最大限度地降低变革的阻力，组织可以进行宣传培训，消除变革主体对变革的恐惧心理；让组织成员参与变革，使其了解变革过程并且集思广益，改善变革过程；与组织中有重要地位的阻力人员进行谈判；制定相应的制度，帮助组织成员认可、理解变革，如请专门人员进行有关减轻工作压力的培训、心理咨询和治疗以及新技能培训等；对于无法通过有效的方式消除阻力的部分组织成员，组织可通过行政权力采取强制措施。

弗里蒙特·卡斯特提出了组织变革过程的六个步骤：①审视状态，即对组织内外部环境的现状进行回顾、反省、评价、研究；②觉察问题，即识别组织中存在的问题，确定组织变革需求；③辨明差距，即找出现状与所希望状态之间的差距，分析所存在的问题；④设计方法，即提出和评定多种备选方法，经过讨论和绩效测量，做出选择；⑤实行变革，即根据所选方法及行动方案，实施变革行动；⑥反馈效果，即评价效果，实行反馈。若有问题，再次循环此过程。

库尔特·卢因提出了组织变革过程的三个步骤即解冻、变革、再冻结，用以指导组织平稳变革。解冻的焦点在于创设变革动机，鼓励组织成员改变原有的行为模式和工作态度；变革是一个学习过程，需要给组织成员提供新信息、新行为模式和新的视角，指明变革方向，使他们形成新的行为模式和工作态度；再冻结是以必要的强化手段，使新的行为模式与工作态度固定下来，使组织变革处于稳定状态。

二、组织变革与组织发展的关系

领导研究与变革管理专家约翰·科特认为，组织变革失败往往是由于高层管理者犯了以下错误：没有建立变革需求的紧迫感；没有创设负责变革过程管理的有力指导小组；没有确立指导变革过程的愿景，并开展有效的沟通；没有系统计划，获取的是短期利益；没有对组织文化变革加以明确定位；等等。

20世纪60年代以来，管理心理学家和企业家都特别关注"有计划变革"，即从零散的变革转向系统的、战略性的有计划变革，重视变革的理论指导和方法途径，由此发展出一个新的管理心理学领域，即组织发展。组织发展以人员优化和组织气氛协调为思路，通过组织层面的长期努力改进和更新组织，以实现系统的组织变革。

组织变革与组织发展有着十分密切的关系。组织发展可以看成实现有效组织变革的手段。组织发展不仅关注管理层，而且关注普通成员；不仅依靠组织自上而下的行政命令，而且依靠组织之间从下而上、从上而下以及群体之间的互动来改进组织活动。组织发展是一个诊断与改进的过程，在诊断的基础上有目的地进行组织变革，能够使变革有的放矢，从而减少不必要的变革成本。组织发展还是一个渐进的过程。组织发展既有一定的目标，又是一个连贯的、不断变化的动态过程，这使得组织变革能够持续推进，从而与环境动态匹配。组织发展是以有计划的再教育手段来实现组织变革的，而不只是关于知识和信息等方面的变革，更重要的是态度、价值观、技能、人际关系和文化氛围等管理心理方面的更新，这也就能够大大减少组织成员带给组织变革的阻力。组织发展具有明确的目标与计划性，并通过各种培训和学习活动提高组织成员的目标设置与战略规划能力，这就不仅能够最大限度地利用组织的各种资源，发挥人和技术的潜力，而且能够产生高质量的长远计划，提高组织成员长期的责任感和义务感，有助于组织实现成功的和可持续的变革。

三、组织变革与组织文化的关系

组织文化是组织成员共同认可的一系列核心价值观、理念、信仰和规则，是关于在组织内部如何做事的共识。组织文化影响组织成员如何解决内外部问题，指导组织新成员如何正确地理解事物、思考事物和感知事物。组织文化能够以其崇高的理想激励组织成员，并在共同价值观的基础上增强组织的凝聚力，同时还能够引导组织成员改变行为，使其行为与组织战略协同。既然组织文化对组织如此重要，那么组织在追求经济绩效的同时，一定要关注组织文化建设，让组织文化与组织战略协同，与组织最需要完成的事情协同，塑造组织微观主体的思维方式和行为方式，实现组织的可持续成长。

组织发展包含深层次的长期的变革，包含高度的价值导向。许多组织为了获取新的竞争优势，在组织文化层次实施新的组织变革，鼓励组织注重分享、合作、协调，而不是冲突、对抗；强调自我管理，而不是规章控制；鼓励民主参与管理，而不是集权管理。这些组织文化层次的变革能够赋予组织内生的力量，增强组织的自我演化能力，有助于组织发展和组织变革。图7-8指出了组织文化、组织发展和组织变革的关系。

图7-8表明，组织变革是组织适应环境的客观要求，组织发展是实现有效组织变革的

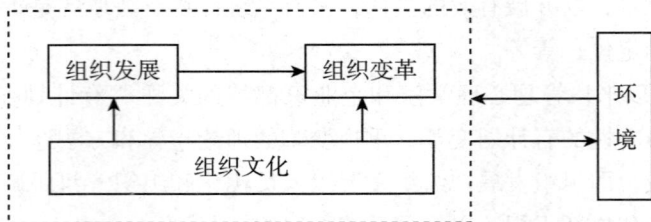

图 7-8 组织文化、组织发展和组织变革的关系

手段，组织文化支持着组织发展，也支持着组织变革。

本章小结

任何一个组织都是由人构成的。怎样才能有效地把这些人组织起来，按照某种共同的规则和方式来运行，以保证每个人的工作都朝向组织的整体目标，这就是本章所要探讨的问题——组织结构。

组织结构设计是组织与其目标、与其环境相匹配的必然结果，在设计组织结构时需要遵循有效性原则、分工与协作原则、责权利对等原则、分级管理原则、协调原则、弹性结构原则等，并要充分考虑战略、环境、技术和组织规模等因素的影响。

常见的组织结构形式有直线制组织结构、职能制组织结构、直线职能制组织结构、事业部制组织结构、矩阵制组织结构、网络型组织结构。不同的组织结构有不同的优缺点，并有不同的适用范围。

组织变革是组织与环境互动之必需。组织发展是组织系统地、有计划地进行组织变革，而组织文化是组织发展和组织变革的重要支持。组织必须不断地进行组织形式、组织文化等方面的变革，以更新组织躯体，激活组织精神，让组织永葆青春。

思考题

1. 除了本章提到的因素，你认为在组织结构设计时还需要考虑哪些因素？
2. 如果你正在创业，你会选择哪种组织结构形式？为什么？
3. 请认真思考组织变革的阻力来源于哪些因素。

第八章　人员配备

🔲 学习目标

学完本章内容，你应该能够：
- ■ 说出人员配备的内涵
- ■ 了解人员配备的程序和原则
- ■ 会根据组织的需要和选聘程序选聘管理人员
- ■ 掌握对管理人员进行考评的方法
- ■ 知道如何根据需要对管理人员进行培训

🔲 关键术语

人员配备　管理人员选聘　管理人员考评　管理人员培训

　　组织结构设计为组织系统的运行提供了基本的框架，而要使组织系统运行起来还要依靠人的力量，人是组织目标得以实现的直接推动力。特别是在知识经济时代，人们越来越认识到人力资源对组织生存和发展的重要作用，人力资源的管理与开发已经成为组织发挥管理效能的关键所在，因而人力资源的管理与开发越来越受到重视。人员配备的主要任务就是为组织结构中的所有职位，特别是管理职位，配备合适的人员。

第一节　人员配备概述

一、人员配备应考虑的因素

　　人员配备是根据组织结构规定的职位数量与要求，对所需各类人员进行恰当有效的选拔、使用、考评和培养，以合适的人员去充实组织中的各个职位，保证组织活动正常进行，并实现组织既定目标的活动。人员配备包括管理人员的配备和普通员工的配备，其中管理人员的配备最为关键，这是由管理人员在管理活动中的地位和作用决定的。组织的有效活动在很大程度上取决于管理人员的配备及配备的质量，因此，获得并保持一支高质量的管理人员队伍是关乎组织活动成功与否的一项重要任务。

开展有效的人员配备工作需要考虑一系列因素。这些因素可以从组织需要和组织成员需要两个角度去考虑。

（一）从组织需要的角度去考虑

组织需要什么样的人员？显然，知识和能力能够满足组织系统正常运行需要的人员就是组织需要的人员。组织的所有工作都需要由具备相关知识和能力的人员去完成，知识和能力缺一不可。满足这一要求是人员配备的首要任务。

组织是不断发展的，有效的人员配备工作应能满足组织未来发展对主管人员和其他人员的需要，从而保持组织活动的稳定性、连续性，并使组织适应不断变化的环境状况。因此，从组织需要的角度去考虑人员配备，还必须考虑在组织内外部环境发生变化后的人员配备问题。也就是说，要考虑为组织的发展和可能的人员流动储备力量。

组织对人员的要求不仅体现在知识和能力方面，而且体现在人员对组织的忠诚度方面。如果仅仅关注知识和能力，而忽略对相关人员忠诚度的关注，就可能导致组织内部人员流动过大的问题。由组织新陈代谢导致的人员流动（如退休）是正常的和必要的，但由组织成员对组织的忠诚度出现问题导致的人员流动是非正常的。一个相对稳定的员工队伍，特别是一个稳定的管理团队，是组织正常运转和健康成长的保障。因此，从组织需要的角度去考虑人员配备，不仅仅是找到知识和能力能够满足需要的人员，还要确保相关人员对组织的忠诚度。

（二）从组织成员需要的角度去考虑

人员配备不仅仅要考虑组织的需要，还要考虑组织成员的需要。从组织需要的角度考虑人员配备，关注的是组织需要什么样的人员，而从组织成员需要的角度考虑人员配备，关注的是每个组织成员需要什么样的工作，其关键点在于通过人员配备，每个组织成员的知识和能力得到公正、客观的评价及合理的运用。只有做到这一点，才有可能给每个组织成员找到一个适合的岗位。简言之，组织不仅要保证每个岗位都有最合适的人，而且要确保每个组织成员都有最适合的岗位。如果不能让组织成员做最适合的工作，那么无论是对组织还是对组织成员而言，都是一种损失。

从组织成员需要的角度考虑人员配备，还需要关注组织成员的成长和职业生涯的发展。人是具有能动性的，每个人在其职业生涯中都需要不断进步、不断成长，因此，进行人员配备时必须考虑如何帮助组织成员更好地成长和发展，进而实现组织成员与组织的共同成长和发展。无论是对组织成员还是对组织而言，这一点都是必要的。

专栏 8-1

员工是组织最重要的资源

越来越多的管理者已经意识到员工是组织最重要的资源，是组织活力的源泉，是组织价值创造的源泉。法国企业界有一句名言：爱你的员工吧，他会百倍地爱你的企业。这一观念已经越来越深入人心，而且被越来越多的管理者所接受。实践使他们懂得，没有什么比关心员工、热爱员工更能调动员工的积极性、更能提高工作效率。

美国西南航空公司在二十多年中始终保持着创纪录的收入增长速度和可观的利润率，而环球航空公司、洲际航空公司、泛美航空公司以及其他一些航空公司却背负着巨额的财务赤字。

美国通用电气公司在田纳西州哥伦比亚市有一家生产冰箱压缩机的工厂，它的人力成本比国外竞争对手每小时高出 15 美元，而生产成本却比国外竞争对手低 20%。

是什么使这些企业取得了巨大的成功，而它的竞争对手业绩却不断下滑？调查发现，这些企业都有一个共同的特点：以正确的态度对待员工，令员工满意，并因此取得了丰厚的回报。

二、人员配备的程序

人员配备一般经过下列几个步骤：

1. 制订用人计划

组织用人计划的内容包括用人的数量、层次和结构等。该计划应该符合组织的目标任务和组织机构设置的要求。

2. 确定人员的来源

从根本上说，人员只能从外部获得，但对特定的时间和工作岗位而言，也可以从现有员工中调配，以便充分挖掘现有人员的潜力，降低成本，同时也易于保持组织的稳定性。

3. 考察应聘人员

根据岗位标准对应聘人员进行考察，确定备选人员。

4. 培训备选人员

对备选人员进行岗前培训，以确保其符合组织需要。

5. 调配备选人员

将备选人员调配到合适的岗位上。

6. 业绩考评

经过一段时间的试用期后，对员工的业绩进行考评，并据此决定员工的续聘、调动、升迁、降职或辞退。

三、人员配备的原则

人员配备是一项重要的工作。为了做好这项工作，组织在人员配备过程中应遵循以下原则：

1. 因事择人原则

人员的选择要以职位的空缺和实际工作的需要为出发点，以职位对人员的要求为标准，选拔、录用各类人员。要使工作卓有成效地完成，就要使选择的人员具备相应的知识和能力。

2. 量才使用原则

不同的工作要求具有不同能力的人去完成，而不同的人也具有不同的能力和素质，能够从事不同的工作。从人的角度考虑，只有根据人的能力来安排工作，才能使人的潜能得到最充分的发挥，使人的工作热情得到最大程度的释放。

3. 人事动态平衡原则

任何组织都是在不断变化的环境中发展的，工作中人的知识是在不断丰富的，能力是在不断提高的。同时，组织对其成员素质的认识也是在不断完善的。因此，

> **关键点**
> 因事择人、量才使用、人事动态平衡、程序化与规范化是人员配备的原则。

人与事的配合需要不断进行调整，使能力强的人有机会从事更高层次的工作，能力一般的人从事力所能及的工作，使组织中的每个人都能得到最合理的使用，实现人与事的动态平衡。

4. 程序化与规范化原则

组织成员的选拔与录用必须遵循一定的程序和规范。科学、合理地确定组织成员的选拔标准和聘任程序是组织聘任优秀人才的重要保证。只有按照规定的程序和标准办事，才能选聘到真正愿为组织的发展做出贡献的人才。

专栏 8 - 2

海尔集团的用人机制

海尔集团总裁张瑞敏认为，中国缺的不是人才，而是出人才的机制；而最好的人才机制是"赛马"，而非"相马"。海尔集团用平等用人的机制，告诉每一位员工，他们中的每个人都是人才，都能在工作中超越自我。

要形成"赛马"机制，需要做两个方面的努力：其一，创造一个公平竞争的局面，在万马奔腾中使"千里马"脱颖而出；其二，要想成为"千里马"，就不能回避赛场，必须积极参与竞争并显示自己的才能。

"赛马机制"包含三条原则：一是公平竞争，任人唯贤；二是职适其能，人尽其才；三是合理流动，动态管理。在用工制度上，海尔集团建立了"三工并存，动态转换"的机制。

"三工"是指优秀员工、合格员工、试用工，其中，优秀员工为固定工，合格员工为合同工，试用工为临时工，"三工"并存，动态转换，而且在福利、补贴、医疗费、退休养老金、出国培训、休假疗养等方面都有明显差别。这个机制比较有效地解决了"铁饭碗"的问题，增强了员工的危机感和进取精神，使企业不断焕发出新的活力。

第二节　管理人员的选聘

千军易得，一将难求。人是组织活动的关键资源，特别是管理人员，他们在组织的各个管理层次和管理部门中，不仅担负着计划、组织、领导和控制等职能，而且负责和参与对各类非管理人员的选拔、使用和培训工作。高层管理者更是组织的灵魂，负责全面规划组织的未来，以及组织关键性人才的选拔。因此，管理人员的配备直接影响组织人员配备的整体水平，关系到组织人力资源的有效利用和开发。因此，管理人员的选聘、考评和培训是组织管理的核心。

一、管理人员需要量的确定

一般来说，确定管理人员的需要量时应该考虑以下因素：

1. 组织现有的规模、结构和岗位

管理人员的配备是为了指导和协调组织活动的开展，因此，首先需要参照组织结构系统图，根据管理职位的数量和种类确定组织所需要的管理人员的数量。

2. 管理人员的流动率

在任何一个组织中都存在管理人员的外流和自然减员现象。因此，在确定未来管理人员的需要量时，要对这些自然的和非自然的管理人员的减员情况加以考虑。

3. 组织发展的需要

随着组织规模的不断扩大，经营管理工作日益复杂，工作量也不断加大，对管理人员的需要量也会不断增加。因此，组织中管理人员需要量的确定还需预测和评估组织发展与业务扩充的要求。

二、管理人员的来源

管理人员主要来自两个方面：内部提升和外部招聘。

（一）内部提升

内部提升是指组织内部成员的能力增强并得到充分证实后，被委以需要承担更大责任的更高职位。

1. 内部提升的优点

内部提升是组织填补自然的和非自然的管理人员减员的主要方式。内部提升有以下优点：

（1）有利于调动组织内部成员的工作积极性。首先，内部提升制度给每个人带来了希望，使他们认识到，只要努力工作，不断提高工作能力，就有可能被分配担任更重要的职务。其次，内部提升要有职位空缺，而空缺的职位主要来自组织的发展，只有组织发展了，个人才可能有更多的被提升机会。为了组织的发展，组织成员会积极、努力地工作。

（2）有利于吸引外部人才。内部提升制度从表面上看是排斥外部人才，不利于吸引外部人才，但实际上，当外部人才准备进入组织时，如果他知道在这个组织中，只要不断努力工作，就有被提升的机会，从而愿意受聘于这个组织。

（3）有利于保证选聘工作的准确性。对于内部准备提升的候选人，组织对其了解的程度往往要高于外部招聘者。候选人在组织工作的时间越长，组织就越有可能对其做全面、深入的考察，从而提高选聘的准确程度。

（4）有利于被聘者迅速开展工作。管理人员能力的发挥受到他们对组织了解程度的影响。从组织内部提升的管理人员，由于熟悉组织中错综复杂的机构和人事关系，了解组织业务及其运行的特点，可以较快地适应新的管理工作，迅速打开工作局面。

2. 内部提升的缺点

内部提升也存在缺点，具体表现如下：

（1）引起同事之间的不团结。那些没有被提升的管理人员可能会产生不满情绪，不利于被提拔者开展工作。避免这种现象的有效方法是不断改进管理人员考核制度和方法，正确地评价、分析每个内部候选人的条件，努力使每个候选人都能体会到组织的选择是客观、公正的。

（2）可能造成"近亲繁殖"的现象，并抑制组织的创新力。从内部提升的管理人员往往会模仿上级的管理方式和方法，有可能使不良作风得以滋长，同时也不利于组织的管理创新和管理水平的提高。克服这种现象的方法，一是要在提升中重视对候选人开拓创新能力的考察；二是加强对管理人员的教育和培训，特别是创新意识的培养。

（二）外部招聘

外部招聘是指根据一定的程序和规范，从组织外部的众多候选人中选拔符合空缺职位要求的管理人员。

1. 外部招聘的优点

（1）外部招聘的管理人员具有"外来优势"。外部招聘的管理人员没有"历史包袱"，组织内部成员只知道其目前的工作能力和业绩，而对其历史，特别是职业生涯中的失败记录很少知道。因此，如果外部招聘的管理人员确实具有较强的工作能力，便可迅速地打开工作局面。

（2）有利于平息与缓和内部竞争者之间的紧张关系。在内部提升中，如果同一职位的竞争者发现自己的同事，特别是原来与自己处于同一层次、具有同等能力的同事得到提升，而自己未得到提升，就可能产生不满情绪，甚至相互拆台。而从外部招聘就可能使这些竞争者在心理上获得平衡，有利于缓和他们之间的紧张关系。

（3）能够为组织带来新的管理方法和经验。外部招聘的管理人员一般不受组织原有条条框框的束缚，能够放开手脚，给组织带来较多的创新机会。除此之外，由于他们新加入组织，与上级或下属没有历史上形成的个人恩怨，在工作中可以较少地顾忌复杂的人际关系，大胆地采用新的管理方法。

2. 外部招聘的缺点

（1）外部招聘的管理人员很难迅速打开工作局面。外部招聘的管理人员不熟悉组织的内部情况，也缺乏一定的人事基础，因此需要一段时间的适应才能有效地开展工作。

> **关键点**
> 　　外部招聘多用于招聘高层管理者，内部提升多用于招聘中层管理者和基层管理者。

（2）组织不能深入了解外部招聘的管理人员的情况。由于一个人的实际工作能力很难通过几次书面测试和面对面测试准确地反映出来，所以外部招聘的管理人员的实际工作能力与选聘时的评估能力之间可能存在很大差距。因此，组织有可能聘用了不符合要求的管理人员，这会给组织造成一定的损失。

（3）外部招聘会打击内部成员的工作积极性。外部招聘会使内部成员感到没有升迁的机会，从而影响他们的工作士气，挫伤他们的工作积极性，致使某些有才能的内部成员设法离开组织。

一个组织选聘管理人员是采用内部提升还是采用外部招聘，要视具体情况而定。一般而言，高层管理者适宜采用外部招聘，中层管理者和基层管理者可采用内部提升。在组织成长期，多采用外部招聘；在组织稳定期，多采用内部提升。

专栏8－3

"一把手"与管理人员的选聘

在选聘管理人员的过程中，组织中"一把手"的态度对能否选聘到优秀的管理人员的影响非常大。如果组织中的"一把手"能够求贤若渴、礼贤下士，优秀的管理人员就能被其吸引，愿意追随左右，建功立业，甚至会立下丰功伟绩。

中国历史上有许多千古流传的故事：

周公吐哺，天下归心；

刘邦沐浴熏香，高筑拜将台，拜韩信为大将军，终于赢得汉家天下；

曹操赤脚迎许攸，大败袁绍，扬眉吐气于官渡；

刘备三顾茅庐，终成三国鼎立之势；

……

由此看来，要想吸引一流的人才，组织"一把手"的气魄、度量、胸襟和胆识是非常重要的。

三、管理人员的选聘标准

管理人员的配备对组织活动效率有非常重要的影响，所以必须选择合格的管理人员从事管理工作。

合格的管理人员必须具备相应的素质和能力，满足一定的选聘标准。选聘标准主要包括：

1. 强烈的管理欲望

强烈的管理欲望是管理人员从事管理工作的基本前提。担任管理工作，不仅意味着在组织中拥有较高的地位、名声以及取得相应的报酬，而且意味着可以利用制度赋予的权力来组织他人的劳动。一个没有强烈的管理欲望的人，就不会很好地运用权力，从而影响组织目标的实现。

2. 良好的道德品质

良好的道德品质是每个组织成员都应具备的基本素质，对管理人员更是如此。担任管理工作的人拥有相当的权力，而组织对其权力的运用往往难以进行及时、有效的监督，所以管理人员能否正确运用权力在很大程度上取决于其良知。此外，管理人员能否有效影响和激发下属的积极性，也在很大程度上取决于其道德品质。

3. 富有创新精神

管理人员的任务不仅是执行上级的命令和维持系统的运行，而且要在组织系统或部门的工作中不断创新。只有不断创新，组织才能充满生机，不断发展。

4. 良好的决策能力

管理人员在组织下属工作的过程中，要进行一系列的决策，例如，何时去做，采用何种方式去做，由谁去做，等等。管理过程中充满决策。决策能力是管理人员应具备的一项重要能力。

5. 较强的沟通能力

管理人员既要善于理解别人，也需要别人的理解。组织成员之间的相互理解是组织成功的基本保证，而要实现相互理解，就要借助信息沟通。沟通的效果决定了管理人员与组织成员相互理解、相互信任的程度。管理人员必须具有较强的沟通能力。

6. 较强的组织协调能力

管理人员的职责之一就是实现组织内部各部门、各环节的密切配合，这就要求管理人员应有较强的组织协调能力，能够按分工协作的要求合理调配人员，布置工作任务。同时，管理人员还要善于协调内部成员之间的关系，创造和谐、融洽的气氛。

7. 相应的业务知识和技术水平

管理人员未必是专家，但了解一定的业务知识、具备一定的技术水平和能力仍是管理人员不可缺少的条件。

8. 良好的身体素质

管理工作的劳动强度很大，这就要求管理人员必须有健康的体魄和充沛的精力。

四、管理人员的选聘程序与方法

管理人员的选聘是人员配备的一个重要环节。能否选聘到合适的管理人员，对整个组织至关重要，合理的选聘程序和良好的选聘方法在其中起决定性作用。

（一）管理人员的选聘程序

1. 制订选聘计划

这是管理人员选聘的首要环节。选聘计划的内容包括选聘人员数量、选聘人员岗位分布、选聘的程序安排、选聘的组织保证等。

2. 初步筛选

根据应聘者提交的申请表以及档案记录、推荐信、证明书、工作鉴定等间接资料，结合管理人员的选聘标准，对应聘者进行初步筛选。

3. 测试

对通过初步筛选的应聘者进行必要的测试。常见的选聘方法有笔试、面谈和情景模拟训练。通过各种形式的测试后，聘任者要对测试的结果进行整理分析，然后根据职位要求对应聘者进行筛选，确定入选者名单。最后，以口头或书面形式通知入选者和未入选者。

4. 聘任

如果是内部提升，聘任的主要途径是升迁和调动，当然也包括降职。如果是外部招聘，则应按入选者的排列顺序向入选者发出聘任通知。若入选者前来应聘，则双方签订聘任合同，选聘工作结束；若入选者出于种种原因不来应聘，则由主聘人员从剩余的备选者名单中按顺序选取并通知待聘人员。这一过程持续到备选者中有人应聘为止。如果直到最后也无人应聘，则此次招聘宣告失败。

5. 使用

通过上述过程为各管理岗位选聘到合适的管理人员后，就进入管理人员的使用阶段。为保证管理的效率，一般对管理人员有一个试用期，试用合格后再正式聘用。管理人员聘任后若不能或不愿履行其岗位职责，用人单位可对其做调动、降职、解职或辞退等处理。

专栏 8-4

"内部跳槽"

日本索尼公司每周出版的内部小报上经常刊登各部门的"求人广告",职员可以自由且秘密地前去应聘,他们的上司无权阻止。另外,公司原则上每隔两年便让职员调换一次工作,特别是对于精力旺盛、干劲十足的职员,不是让他们被动地等待工作变动,而是主动给他们提供施展才华的机会。

索尼公司内部跳槽制度就是这样,有能力的职员大都能找到自己比较满意的岗位,那些没有能力参与各种招聘的员工才会成为人事部门关注的对象,人事部门还可以从中发现一些下属频频"外流"的上司所存在的问题,以便及时采取对策进行补救。

如果一个普通职员对正在从事的工作并不满意,认为本单位或本部门的另一项工作更加适合自己,可想改变一下现状并不容易。当职员的愿望经常不能实现时,他们的工作积极性便会受到明显的抑制,这对用人单位和职员本身都是一大损失。

(二) 管理人员的选聘方法

1. 笔试

笔试的目的是进一步了解应聘者在智力、业务、人格等方面的情况。笔试通常包括以下内容:

(1) 智力测验。其目的是衡量应聘者的记忆力、思维的敏捷度和观察复杂事物相互关系的能力。

(2) 业务测验。其目的是考核应聘者的业务水平与能力,以为其选择最适合担任的职务。

(3) 人格测验。其目的是通过对应聘者的个人特点(如外向性、愉悦性、责任心和好奇心等)进行衡量,判断其是否适合某一职位。

2. 面谈

有效的面谈往往可以获得其他方式得不到的有用信息。在面谈过程中,人力资源主管不仅能够直接了解应聘者的言谈举止,而且能够就某些实际问题考核应聘者的应变能力、解决问题的思路和所具备的知识结构等。一次有效的面谈要求人力资源主管具有丰富的工作经验,在面谈前做好充分准备。

3. 情景模拟训练

这是在西方流行的测评管理人员的一种方法。所谓情景模拟,是指根据应聘者可能担任的职务,设计一套与该职务的实际情况相似的测试项目,然后将应聘者安排在模拟的工作环境中,要求他处理设定的各种问题,根据应聘者处理问题的方法和效果来评价其心理素质、潜在能力。

　　情景模拟训练设计复杂，准备时间长，涉及专业评价人员多，准确度高，费用也高，主要用于招聘高级管理人员。该方法的主要内容如下：

　　（1）"文件篓测试"。"文件篓测试"就是在文件篓中放置一定的信件、备忘录和电话记录等文件，要求应聘者根据自己的经验、知识，全权处理文件篓中的所有文件。在处理文件的过程中，应聘者还可能要与业绩不佳的员工面谈，会见对组织的产品或服务不满的顾客，分析组织的财务状况等。考官通过"文件篓测试"，对应聘者以下七个方面的表现做出评价：个人的自信心、组织领导能力、计划能力、书写表达能力、决策能力、承担风险的能力和经营管理能力。

　　（2）无领导小组讨论。无领导小组讨论就是给一组应聘者一个与实际工作有关的题目，让他们展开讨论。在讨论过程中，不指定主持人，采用圆桌形式，以使每一个位置都具有同等的重要性。考官根据应聘者的表现进行评分。通过无领导小组讨论，考官能够考察应聘者的主动性、说服能力、口头表达能力、自信心、抗压能力和耐力等。

　　（3）管理竞赛。管理竞赛就是将应聘者分组，不为他们分派角色，各组代表一家公司在模拟的市场上开展业务竞争。各"公司"必须在一定时间内提交有关生产、广告或存货数量等方面的决策。最后，根据每个应聘者在小组中的表现进行评分。这种测试可以通过计算机进行模拟，也可以用人工操作进行。通过这种测试，考官可以考察应聘者的规划能力、组织能力、领导能力和人际沟通能力。

　　（4）角色扮演。角色扮演就是要求应聘者扮演一个特定的管理角色来处理日常的事务，以此来观察应聘者的多种表现，以便了解其心理素质和潜在能力。比如，要求应聘者扮演一名车间主任，请他在车间直接指挥生产，等等。

　　（5）即席发言。即席发言就是给应聘者出一个题目，让其稍做准备后按题目要求进行发言，以便了解其心理素质和潜在能力。通过即席发言，考官主要能够了解应聘者的快速反应能力、理解能力、思维的发散性、语言的表达能力、风度气质等。即席发言的内容往往是做一次动员报告、开一次新闻发布会、在职工联欢会上致辞等。即席发言之前，考官应该向应聘者提供有关的背景资料。

第三节　管理人员的考评

一、管理人员考评的作用

　　管理人员考评就是根据管理工作的需要，对管理人员的素质、行为和绩效进行考核与评价，其作用主要有以下几个方面：

1. 为制订人事调整计划提供依据

　　管理人员考评可以为组织制订降职、提升或维持现状等内容的人事调整计划提供依据。

2. 为管理人员的培训提供依据

管理人员考评可以帮助组织了解每个管理人员的优势、局限和内在潜力，因而能够指导组织针对管理队伍的状况与特点制定相应的培训和发展规划。

3. 激励管理人员自我提高与完善

客观、公正的考评，不仅能把管理人员的工作业绩描述下来，而且能起到督促作用。对业绩的肯定能起到正面激励作用；提出缺点和不足，可以鞭策管理人员今后更加努力工作，消除差距。

4. 为合理确定并适当调整管理人员的报酬提供依据

报酬的高低应根据贡献的大小来确定。只有通过客观、公正的考评，才能确切地了解管理人员的贡献，使报酬的确定有较为客观的依据。

二、管理人员考评的内容

管理人员的考评主要涉及两个方面的内容：贡献考评和能力考评。

（一）贡献考评

贡献考评是指考核和评估管理人员在一定时期内担任某个职务的过程中对实现组织目标的贡献程度。贡献往往是努力程度和能力强度的函数。贡献考评可以成为决定管理人员报酬高低的主要依据。

对管理人员贡献的考评包括两个方面：一是通过对实际目标实现情况与预定目标的比较来评价管理人员；二是考察管理人员在实际工作中是否有效地履行了各项管理职能。前者称为达标绩效评价，后者称为管理绩效评价。

这种绩效评价有两个前提：一是目标管理成为组织的一种管理制度；二是对管理工作、管理原理以及应用管理知识和原理的能力有清楚的认识。

（二）能力考评

能力考评是指通过考察管理人员在一定时间内的管理工作，评估他们的现实能力和发展潜力，即分析他们是否符合现任职务所需的要求，任现职后素质和能力是否有所提高，能否担任更重要的职务。

美国著名管理学家哈罗德·孔茨等认为，应该根据组织对不同管理人员的基本要求，将管理工作按职能进行分类，然后用一系列具体的问题说明每项工作，以此来考评管理人员在从事这些工作时所表现出来的能力。

例如，为了考评管理人员的计划能力，可以提出以下几个问题：

（1）是否为本部门制定了与公司目标有明确关系的、可考核的长期和短期目标？

（2）是否理解公司政策在其他决策中的指导作用，并确保下属也这样做？

（3）是否定期检查计划的执行情况，以确保部门的实际工作与计划要求相一致？

为了尽可能地得到客观的评价意见，应力求将上述问题设计成判断题的形式。

三、管理人员考评的程序和方法

（一）管理人员考评的程序

为了更好地实施管理人员的考评工作，必须确定有效的考评程序和方法。管理人员的考评通常包括以下几个步骤：

1. 制订考评计划

首先明确考评的目的、对象和内容，然后据此制订考评计划，安排考评的时间、程序和方法，确定考评人员等，以保证考评的顺利实施。

2. 考评前的技术准备

（1）制定考评标准。考评标准要以职务说明书为依据，按照各种职务的职责进行考评，这是组织考评的重要原则。

（2）选择和设计考评方法与工具，例如，调查表的设计和准备，资料处理工具和方法等。

（3）选择考评人员。应该选择与被考评人有业务联系的部门中的人员参加考评工作，填写考评表。这些人员主要有三类：上级、关系部门、下属。由上级填写考评

> **关键点**
> 　管理人员考评的关键是要有明确的岗位职责与可量化的标准等。

表，主要考核和评价被考评人的理解能力与组织执行能力；关系部门主要评价被考评人的协作精神；下属的评价侧重于被考评人的领导能力和影响能力。

3. 实施考评

制定考评标准以后，考评人员要按标准进行考评、测定与记录。根据需要，对职务绩效的各项指标，可以全部考评，也可以部分考评，但必须是统一的。即凡是同一职务的，都要考评同样的指标，这样的考评才具有可比性。

4. 分析考评结果

为了得到准确的考评结果，首先要分析考评表的可靠性，剔除那些不符合要求的、随意乱填的表格。在此基础上综合各考评表的打分，得出考评结论，并对考评结论的主要内容进行对照分析。比如，某管理人员的贡献考评得分颇高，而能力考评得分偏低，或者相反，这就需要检查和分析考评中有无不符合事实的、不负责任的评价，检查考评的可信程度。

5. 反馈考评结果

应及时将考评结果反馈给被考评人。反馈的形式是上级主管与被考评人的直接单独面谈，或者用书面形式通知。有效的方法应该是把这两种形式结合起来使用：上级主管与被考评人面谈之前，让被考评人了解考评结果，知道组织对自己能力的评价和贡献的承认程度，组织所认为的自己的缺陷以及需要改进的方向，使被考评人有时间认真考虑这些结果。如果

被考评人认为考评结果不公正或不全面，则可在与上级主管面谈时进行申辩或补充。

（二）管理人员考评的方法

管理人员考评的结果是否准确，在很大程度上取决于考评的方法和考评系统的设计。随着管理理论和实践的发展，管理人员考评的方法在不断完善。常用的管理人员考评的方法有以下几种：

1. 自我考评

自我考评就是管理人员根据组织的要求定期对自己的工作情况进行评价。自我考评的典型方式是述职报告。这种方式有利于管理人员自觉地培养和提高自己的品德素质、业务水平和管理能力，其不足之处是管理人员可能过多地描述自己的成绩，而很少涉及自己的不足。

2. 上级考评

上级考评是指由上级对下级的绩效进行考评。一般而言，当上级是被考评人的直接领导时，其考评结果往往比较真实、客观。

3. 群众考评

这里的群众包括除上级以外的所有人，如同级管理人员、下级等。这种考评方法的优点在于彼此接触较多，了解深入，因此所做的评价比较客观、可信，其不足之处是管理人员的人缘好坏起很大作用。

4. 专家考评

专家是某方面具备专门知识和经验的人。专家的专业知识使其可以超越普通人的意识，容易理解管理活动自身的特殊要求。同时，由于专家不直接参与决策，因此其可以脱离某些人际关系的利害纠葛，具有"旁观者清"的优势。因此，组织专家对管理人员进行考评是一种非常有效且必要的方法。

第四节　管理人员的培训

管理人员作为组织人力资源重要的组成部分，其素质和管理水平的高低直接决定了组织活动的实施及组织目标的实现。因此，组织不仅必须依照严格的素质要求与最佳结构模式选拔和组合管理人员，而且需要系统地对其进行培养和训练，以便不断提高管理人员的素质，使他们具有较高的科学文化水平、较丰富的科学管理知识、较强的管理能力，以适应现代管理的需要。

一、管理人员培训的作用

1. 提高管理人员的管理水平

通过培训，管理人员的管理水平可以得到进一步提高。管理人员管理水平的提高是无止境的，除了管理人员自己在工作岗位上用心总结工作经验、提高工作水平，用科学方法对管理人员进行理论教育和实践训练也有助于提高他们的管理水平。

2. 提高组织的运行效率

通过培训，组织的运行效率可以得到提高。通过有针对性地对各层次管理人员进行培训，可以增强他们的管理水平，提高他们的协调配合能力，保证组织高效、有序地运行。

3. 增强组织的竞争力

通过培训，组织的竞争力可以得到增强。竞争取胜的决定因素是人才。因此，培养人才，并通过各种方式的培训提高管理人员的能力和积极性，是所有组织增强竞争力的重要途径。

4. 增强组织的发展后劲

培训是进行管理人员储备的重要方式。通过管理人员培训，可以增加潜在的管理人员，增强组织的发展后劲。

二、管理人员培训的内容

1. 业务培训

管理离不开实际业务，管理人员熟悉所在部门的业务性质和基本流程，是进行有效管理的前提之一。有些管理人员并非所在部门的专业人员，对他们进行业务培训是十分必要的。同时，由于现代科技及其应用的快速发展，管理人员即使是专业人员，也应参加一定的业务培训，以适应知识、技术不断更新的需要，把握本专业的发展动态，准确地进行预测，增强管理的前瞻性。

2. 管理理论培训

管理人员只有掌握一定的管理理论，才能开展科学的管理活动。对任何层次的管理人员来说，掌握一定的管理理论都是必要的。

3. 管理能力培训

管理能力是指管理人员通过管理活动实现管理目标的能力，包括决策能力、组织协调能力、领导能力等。管理人员管理能力的高低是决定管理效率的基本要素，管理人员的管理能力可以通过科学的培训得到提高。

4. 交际能力及心理素质培训

管理是支配他人行为的活动，与人打交道，要求管理人员必须具有较强的交际能力，对于高层管理人员尤其如此。同时，管理人员要与各种人相处，可能遭遇各种事件并承受较大的压力，因此要具备良好的心理素质。

三、管理人员培训的方法

管理人员的培训是一项系统性工作。为了达到预期培养目标，组织不仅要结合自身发展需要，制订人才培养的长期规划和各个时期的短期计划，而且必须采用科学的培训方法和手段。管理人员培训的方法有两种：在职培训和脱产培训。

（一）在职培训

在职培训就是在管理实践中锻炼和培养管理人员，即为管理人员提供更多的实践机会和良好的成长环境，使他们在管理实践中得到锻炼，通过不断地总结经验教训，学习并提高管理技能，增长管理才干，成长为优秀的管理人才。在职培训是培养管理人员的基本途径和方法，其具体方法有：

1. 有计划的提升

这种方法是对将被提升的管理人员制订分步骤的提升计划，按照计划由低到高相继经过若干管理职位的锻炼来培养管理人员。

2. 职务轮换

这种方法是有计划地安排管理人员担任同一层次不同的管理职务，或不同层次的相应职务，从而全面培养管理人员的能力。

3. 委以助手职务

这种方法是安排有培养前途的人员担任部门或组织领导者的助手，使其在较高的管理层次全面接触和了解各项管理工作，从中得到锻炼。

4. 临时提升

当某种原因导致出现主要管理职位暂时空缺时，临时指定某个有培养前途的下级代理相应职务，也是一种培养管理人员的有效方法。

（二）脱产培训

脱产培训即管理人员暂时脱离工作岗位，专门到有关培训机构去学习一段时间。这是从知识和技能方面培养管理人员的常用方法。这种方法可以帮助管理人员不断更新知识体系和结构，提高自身素质和管理水平。脱产培训的形式主要有参加短期培训班、参加知识讲座、定期脱产轮训、到高等院校接受正规教育、参加专题研讨会等。

总之，各类组织在开展具体培训工作时，要根据自身的特点及所培训的管理人员的特点选择合适的方法，这样才能使培训工作真正取得预期的成效。

⌗ 本章小结

人员配备是根据组织结构规定的职位数量与要求，对所需各类人员进行恰当有效的选拔、使用、考评和培养，以合适的人员去充实组织中的各个职位，保证组织活动正常进行，并实现组织既定目标的活动。

人员配备不仅要从组织需要的角度去考虑，而且要从组织成员需要的角度去考虑。人员配备要遵循因事择人的原则、量才使用的原则、人事动态平衡的原则、程序化与规范化原则。

在组织中，管理人员是组织发展的关键，所以管理人员的配备非常重要。管理人员的选聘，首先需要确定管理人员的需要量，然后确定管理人员的来源，再根据选聘标准，遵循一定的选聘程序与方法，选拔出合格的管理人员。

选聘管理人员时，要充分考虑其是否具有强烈的管理欲望、良好的道德品质、创新精神、良好的决策能力、较强的沟通能力、较强的组织协调能力、相应的业务知识和技术水平、良好的身体素质。管理人员既可以从内部提升，也可以通过外部招聘。

管理人员上任后，以科学的方法对其进行公正、合理的考评非常重要。可以从贡献和能力两个方面对管理人员进行考评。常用的管理人员考评方法有自我考评、上级考评、群众考评和专家考评。

管理人员知识的更新和能力的提升非常重要，培训能有效地帮助管理人员提升自己。管理人员可以在工作实践中得到培训，也可以通过脱产培训的方法提高管理水平。培训的内容包括业务培训、管理理论培训、管理能力培训、交际能力及心理素质培训。

思考题

1. 结合自己的切身体会，谈谈管理人员内部提升与外部招聘的优劣势。

2. 因事择人、量才使用的人员配备原则说起来容易、做起来难，如果你是一名管理人员，你做得到吗？如果你是一名普通员工，你受到了公平待遇吗？

3. 本章介绍了四种管理人员考评方法，你认为哪一种比较可行？你所在的公司通常采用哪种考评方法？这种考评方法合理吗？

4. 你认为对管理人员进行培训重要吗？怎样做才能取得良好的培训效果？

第四篇
领　导

第九章　领导理论与领导艺术

学习目标

学完本章内容，你应该能够：
- 解释领导的定义
- 区分领导者与管理者
- 明确领导者的权力来源
- 了解领导者应具备的素质
- 知道如何搭配企业领导班子
- 掌握领导艺术并用于管理实践
- 运用领导理论指导管理工作

关键术语

领导　领导者　职位权力　自身影响力　领导理论　领导艺术

如果说管理是为实现组织目标而进行的有目的的组织、协调、控制活动，那么领导者就是这种活动的基本组织者。每个组织都有领导者，领导者（尤其是最高领导者）是组织业绩的最终负责人，直接影响组织的兴衰存亡。一名优秀的领导者可以影响组织成员的行为，并决定组织的发展方向。当然，结构合理的领导班子也是提高组织管理效率的关键因素。本章将要讨论的就是领导理论与领导艺术。通过本章的学习，学习者获得的相关知识可以为其日后走向管理岗位奠定领导理论基础。

第一节 领导的实质及作用

一、领导和领导者

领导是指在一定的社会组织或群体内，为实现组织目标，领导者运用其法定权力和自身影响力影响被领导者的行为，并将其导向组织目标的过程。领导具有以下特征：

1. 领导是一种活动过程

这种活动并不是领导者个人的孤立行为，而是一个包含领导者、被领导者、领导行为和客观环境等多种因素在内的活动过程。

2. 领导的本质是妥善处理好各种人际关系

领导的本质是妥善处理好各种人际关系，形成以主要领导者为核心、团结一致、为实现预定目标而共同奋斗的一股合力。

3. 领导的工作绩效由群体活动的成效表现出来

领导的工作绩效不是由领导者个人，而是由被领导者的群体活动的成效表现出来的。

领导和领导者是两个不同的概念。领导是由领导者、被领导者、领导行为、组织目标、行为结果等共同构成的内容体系；

> **关键点**
>
> 领导者与管理者的主要区别在于权力来源不同：管理者的权力来源于组织任命；领导者的权力既可来源于组织任命，也可来源于领导者的自身影响力。

领导者则是领导行为的主体，是领导的基本要素和领导活动的能动主体。领导者的基本职责是为一定的组织或团体确立目标、制定战略、编制规划、选择方案和组织实施等，并引导、组织、指挥、协调、控制其下属为实现预定目标而共同奋斗。

领导者与管理者的主要区别在于权力来源不同。权力是影响他人行为的潜在能力。管理者的权力来源于组织任命，其权力是正式的、合法的；而领导者的权力既可来源于组织任命，也可以自发产生，领导者可以不运用正式权力来影响他人。因此，在理想情况下，所有的管理者都是领导者，即要求管理者具有利用非正式权力影响下属的能力。当然，领导者不一定都是管理者。例如，乔希·拉斯金是美国曼哈顿北部的一位中学老师。2001 年 9 月，美国纽约世界贸易中心发生恐怖袭击后的几小时乃至几天里，乔希·拉斯金成为极其重要的领袖。尽管他没有正式的职位，但是他凭借自己的冷静、智慧和知识，有条不紊地指挥众多的志愿者，为处于灾难中的人们提供危机咨询服务，鼓励人们战胜恐惧、重塑生活的信心。乔希·拉斯金就是一个典型的领导者，而非管理者。另外，管理者更多关注正确地做事，领导者则更多关注做正确的事。

专栏 9-1

领导者与管理者的才能

领导者的才能：灵魂、高瞻远瞩、热情、创造力、灵活、鼓舞人心、勇敢、勇于创新、富于幻想、经验主义者、激发变革、个人权力。

管理者的才能：思想、理性、顾问、持之以恒、解决问题、意志坚强、善于分析、有条不紊、深思熟虑、权威主义者、稳定性、职位权力。

二、领导者的权力来源

领导者要运用所拥有的权力影响被领导者的态度和行为，就必须拥有某种比被领导者更大的权力，这种权力是领导者对他人施加影响的基础。一般来说，领导者的权力来源有两种：一种是基于职位的权力来源，它在领导者权力的构成中居主导地位；另一种是非职位的权力来源，即自身影响力，它与领导者个人的能力、魅力以及对他人的贡献和价值有关。

（一）职位权力

传统的权力来自组织。领导者的职位赋予他奖励或者惩罚下属的权力，其目的是影响下属的行为方式。法定权力、奖赏权力和处罚权力都是领导者用来改变下属行为方式的职位权力。

1. 法定权力

法定权力是组织内部各领导职位所固有的合法的、正式的权力。例如，一旦某人被选为主管，在有关工作安排方面，大多数组织成员必须服从他的指挥。组织成员认为这种安排工作的权力是职位赋予该主管的，是组织的规章制度规定的，所以他们要服从主管的安排。

2. 奖赏权力

奖赏权力是指对他人实施奖赏的权力，包括提供奖金、加薪、升职、表扬、安排理想的工作等。领导者可以利用奖赏来影响下属的行为方式。由于被领导者感觉到领导者有能力使自己的需要得到满足，因而愿意跟随和服从。可以说，领导者所掌控的奖赏手段越多，领导者拥有的影响力就越大。

3. 处罚权力

处罚权力是指对他人实施处罚的权力。当领导者有权扣发工资奖金、给员工降职、批评甚至开除组织成员时，其就有了处罚权力。处罚权力和奖赏权力一样，都是与法定权力密切相关的。比如，交警可以对违反交通规则的驾驶员开出违章罚款单或扣留驾驶证，这种权力是交警担负的工作和职责所赋予的。

（二）自身影响力

领导者对被领导者的另一种作用力量为自身影响力，即领导者以自身的威信等影响或改变被领导者的心理和行为的力量。与强制性的法定权力不同，自身影响力不具有法定性质，而是由领导者个人的品质、道德、学识、才能、人格魅力等方面的修养在被领导者心目中形成的形象与地位决定的，它取决于领导者的素质和修养，无法由组织赋予。构成领导者自身影响力的因素包括以下几个方面：

1. 品德

领导者的品德是构成领导者自身影响力的首要因素。领导者要努力修炼自我品德，例如，廉洁奉公，不以权谋私；以身作则，身先士卒；诚实守信，仁爱有礼；作风正派，行为端正；等等。

2. 学识

学识既包括知识、学问，也包括领导者的见识。如果领导者学识渊博、见解独到，具有下属所不具有的专业知识，下属就会心甘情愿地遵从他的指示，按照他的要求做事。

> **关键点**
> 职位权力：法定权力、奖赏权力和处罚权力；自身影响力：品德、学识、能力、情感。

3. 能力

领导者不仅要有渊博的知识，而且要有很强的工作能力和操作能力。这些能力主要包括较强的分析判断能力、有效的控制能力、良好的协调能力、知人善任的用人能力、不断进取的创新能力以及与人沟通的能力。

4. 情感

情感主要是指领导者要能真诚地关心下属、帮助下属，与下属进行情感交流，以情感人。良好的人际关系是形成领导者影响力的基础，而情感交流又是通往良好人际关系的桥梁。领导者只有真诚待人，"以情感人"，才能赢得下属的敬重。"将心比心"就是这个道理。

综上所述，领导者的影响力不能由组织赋予，只能靠领导者高超的领导艺术、卓越的领导成就、务实的工作作风、广博的知识等自身的素养和努力来获得。

三、领导的作用

领导是任何组织都不可缺少的职能，贯穿组织管理活动的全过程。其作用如下：

1. 制定并落实组织目标

组织的存在离不开特定的目标，各种管理活动都是围绕有效地实现组织目标进行的。毋庸置疑，只有领导者才是制定和落实组织目标的唯一主体。西方古典管理理论的创始人之

———亨利·法约尔在《工业管理和一般管理》一书中提出了"命令的统一性"的管理原则，并以此作为实现统一组织目标的前提条件。命令的统一性就是指统一领导。

2. 指导组织结构设计并进行人员配备

组织结构是组织运行的基础条件，是通过领导职能形成的。只有领导者才有人事权，组织的人员配备也是领导活动的结果。

3. 保证组织正常运行

领导者通过影响和号召下属，使组织的各部门共同行动、相互协调，共同实现组织目标。领导系统是组织的神经中枢，领导者是组织的首领，没有领导的组织是难以生存的，更谈不上正常运行。"国不可一日无君"，尽管这说的是封建帝王的重要性，但以此比喻组织中领导的重要性同样贴切。一个组织中的领导者在某一时期因故不能行使职权时，要将其职权暂时移交给指定的代理人，以保持领导职能的连续性。而在现代社会，已不是"国不可一日无君"，而是"国不可一刻无君"。

4. 领导职能是其他管理职能的集中体现

从某种意义上说，管理与领导的含义是一致的，都是通过指挥他人行为有效实现组织目标的活动。计划因其为管理的逻辑起点而被称为管理的首要职能，而计划同时也是领导者领导工作的首要职能，它确定了领导者影响下属的方向。组织是领导者为自己构筑的领导基础和环境，控制等管理职能更是领导职能的体现形式。

第二节　领导理论

领导理论是研究领导的本质以及行为规律的科学，通过对领导理论的研究，可以探讨什么样的人更适合当领导者，以及领导者应该如何行动才能让领导更加有效。西方领导理论的发展大致经历了三个阶段，即领导特征理论、领导行为理论和领导权变理论。

一、领导特征理论

领导特征理论是最早期的领导理论，从 20 世纪初到 20 世纪 30 年代。该理论以研究领导者的特征为主，试图通过观察、调查等方法，找出领导者和非领导者的区别。注重探讨所有成功的领导者应该具备的特征，然后按图索骥，去寻找未来的领导者，或者根据这些特征去培养开发合格的乃至优秀的领导者。该理论主要集中研究以下三个方面的特征：①身体特征，如领导者的身高、体重、体格健壮程度、容貌和仪表等。②个性特征，如领导者的魅力、自信心等。③才智特征，如领导者的判断力、演讲才能和聪敏程度等。

早期领导特征理论的研究并不成功，人们从那些被公认为领导者的人身上分离出来的特征各不相同。除了个性特征，研究人员还研究了领导者的生理特征、社会特征以及与工作有关的特征。这些特征并不是孤立存在的，某个特征或者某组特征的适应性会随着领导者所处情境的变化而变化。同一特征并不能保证在任何情境下对任何组织都适用。更进一步的领导理论研究已经超越了领导者的个性特征，而强调领导者与被领导者之间的动态转变关系。

由于领导特征理论的缺陷，从 20 世纪 40 年代末开始到 60 年代中期，研究者开始把目光转向领导行为的考察。

二、领导行为理论

领导行为理论又称领导风格理论或领导方式理论。在引导和影响组织成员的过程中，领导者对权力的使用方式称为领导风格或领导方式。领导行为理论致力于对领导行为的研究，试图找出领导行为与组织成员满意度和工作效率之间的关系。

1. 勒温的领导行为理论

美国心理学家库尔特·勒温将领导行为分为三种类型：专权型领导、民主型领导和放任型领导。

（1）专权型领导。专权型领导将权力定位于领导者个人，靠权力和强制命令进行管理。所有决策由领导者自己决定，领导者很少采纳或不采纳下属的意见。下属只能被动地、消极地执行决策；领导者主要关注工作目标、工作任务和工作效率，对下属不够关心；上下级缺乏沟通，团队缺乏创新和合作精神。

（2）民主型领导。民主型领导将权力定位于全体成员，对将要采取的行动和决策与下属商量，并鼓励下属参与决策；分配工作时尽量考虑下属的能力、兴趣和爱好；上下级沟通比较顺畅，工作效率比较高。

（3）放任型领导。放任型领导将权力定位于被领导者，领导者很少用权，给下属高度的独立性，下属的行为不受约束。领导者对工作和组织成员的需要都不重视，无规章，无评估，工作效率低，人际关系淡薄。领导者只满足于工作任务布置和物质条件的提供。这是一种无政府主义的领导行为。

勒温认为，专权型领导虽然通过严格管理能够达到既定的目标，但组织成员缺乏责任感、情绪消极、士气低落；民主型领导下的团队不仅能够完成工作，而且成员之间关系融洽，成员工作积极性高，富有创造性，成员的满意度比较高；放任型领导的工作效率最低，只能达到组织成员的社交目标，往往完不成工作目标。

2. 领导行为四分图理论

1945 年，俄亥俄州立大学的研究者卡洛尔·沙特尔、约翰·亨普希尔和拉尔夫·斯托格蒂尔通过调查研究，归纳出描述领导行为的两个维度：关怀维度和定规维度。

（1）关怀维度。关怀维度是指领导者替下属着想、尊重他们的思想和感情，并与之建立相互信任关系的程度。一个体谅下属的领导者是友善的，他会与下属坦诚沟通，培养团队合作精神，并处处考虑下属的福利待遇。

（2）定规维度。定规维度是指领导者以任务为导向，引导下属为实现目标而努力的程度。这种领导行为的典型特征是下达指令、花时间制订计划、强调时间界限，并为下属的工作制作详尽的进度表。

领导行为四分图如图 9 - 1 所示。

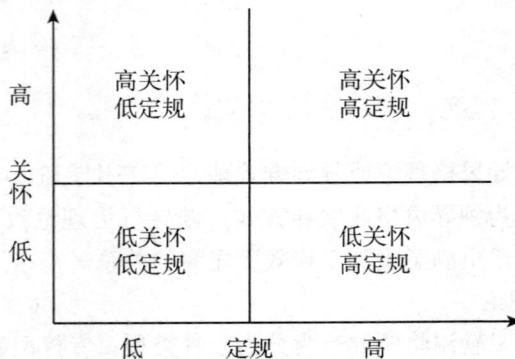

图 9 - 1　领导行为四分图

以这些概念为基础进行的大量研究结果发现，一个关怀和定规维度均高的领导者（高关怀 - 高定规）常常比其他三种类型的领导者更能使下属达到高绩效和高满意度。但也不尽然。比如，当组织成员从事常规任务时，以高定规为特点的领导行为会导致高抱怨率、高缺勤率和高离职率，满意度水平也很低。最新的研究结果发现，有效的领导者可能属于"高关怀 - 低定规"或者"低关怀 - 高定规"风格，这要视具体情形而定。因此，"双高"型领导风格并不总是最好的。

3. 管理方格理论

管理方格理论是美国得克萨斯大学的行为科学家罗伯特·布莱克和简·莫顿在 1964 年出版的《管理方格》一书中提出的。管理方格理论的提出，改变了以往各种理论中"非此即彼"式的绝对化观点，指出在对生产关心和对人关心的两种领导方式之间，可以进行不同程度的结合。

为此，布莱克和莫顿就组织中的领导方式问题提出了管理方格法，即使用一张纵轴和横轴各九等分的方格图，纵轴和横轴分别表示组织领导者对人关心和对生产关心的程度。在两个坐标轴上分别画出 9 个等级，形成 81 个小方格，第 1 格表示关心的程度最小，第 9 格表示关心的程度最大。81 个小方格分别表示"对生产关心"和"对人关心"这两个基本因素以不同比例结合的领导方式，具体如图 9 - 2 所示。

图 9 - 2 中表示了 81 种不同的领导方式，其中 5 种最具代表性：

（1）1 - 1 型——贫乏式领导。采取这种领导方式的领导者对生产关心和对人关心都少，实际上，他们已放弃自己的职责，只想保住自己的地位。

（2）9 - 1 型——任务式领导。采取这种领导方式的领导者对生产关心多，对人关心少，

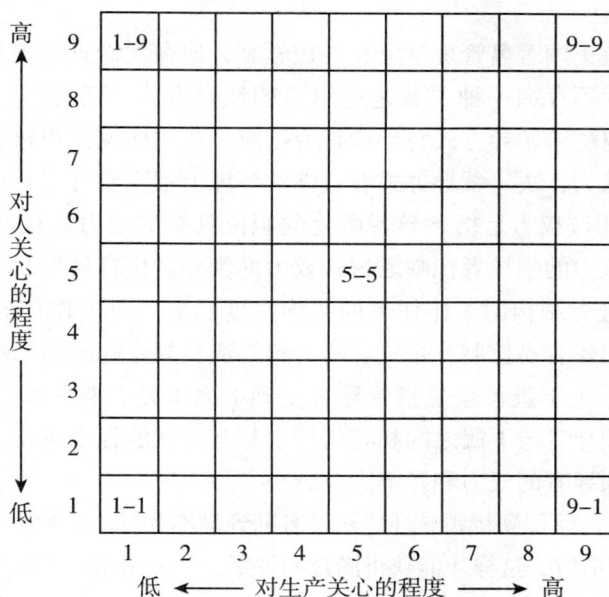

图9-2 管理方格图

作风专制，他们眼中没有鲜活的个人，只有需要完成生产任务的组织成员，他们唯一关注的是生产指标。

（3）1-9型——俱乐部式领导。采取这种领导方式的领导者对生产关心少，对人关心多，努力营造人人得以放松、感受友谊与快乐的环境，但对协同努力以实现组织的生产目标并不热心。

（4）5-5型——中间路线式领导。采取这种领导方式的领导者对人和对生产都有中等程度的关心，其目的是追求正常的生产效率和说得过去的士气。

（5）9-9型——理想式领导。采取这种领导方式的领导者对生产和对人都很关心，对工作和对人都很投入，在管理过程中，把组织的生产需要与个人的需要紧密结合起来，既能带来生产力和利润的提高，又能使下属得到事业上的成就感与满足。

可见，管理方格是一种区别于管理形态并将其进行分类的有效工具，但它并没有告诉我们为什么一个领导者会落到方格的这个区域或那个区域。布莱克和莫顿也承认，要知道这些，必须追究其基本的原因，如领导者和追随者的人格、领导者的能力和所受的训练、组织环境以及其他影响领导者和追随者行为的情境因素等。

三、领导权变理论

领导权变理论强调领导无固定模式，领导效果因领导者、被领导者和工作环境的不同而不同。影响较大的领导权变理论有以下几种：

1. 菲德勒权变模型

弗雷德·菲德勒是美国著名管理学家和心理学家，他在大量研究的基础上提出了有效领导的权变理论。他认为不存在一种"普遍适用"的领导方式，任何形态的领导方式都可能有效，其有效性完全取决于领导方式与环境是否适应。换句话说，领导和领导者是某种既定环境的产物。菲德勒认为，决定领导方式有效性的环境因素主要有三个：

（1）职位权力。职位权力是指领导者所处的职位具有的权力和权威的大小。一个具有明确的并且高的职位权力的领导者比缺乏这种权力的领导者更容易得到他人的追随。

（2）任务结构。任务结构即工作任务的明确程度和下属对工作任务的负责程度。任务清楚，工作的质量就比较容易控制，也更容易为组织成员规定明确的工作职责。

（3）上下级关系。上下级关系是指领导者受到下属爱戴、尊敬和信任，以及下属愿意追随领导者的程度。领导者与下属之间相互信任、相互喜欢的程度越高，领导者的权力和影响力就越大；反之，领导者的权力和影响力就越小。

根据以上三个因素，菲德勒将领导环境从最有利到最不利分为8种类型。他认为，领导者的领导方式应与环境相适应，这样才能获得满意的效果。一般来讲，在最有利和最不利的环境下，工作任务型的领导方式比较有效；在中等状态环境下，人际关系型的领导方式比较有效。

菲德勒还设计了一种问卷来测定领导者的领导方式。该问卷的主要内容是询问领导者对最不与自己合作的同事，即"最难共事者"（least preferred coworker，LPC）的评价。问卷由16组对应形容词构成，答卷者按 1~8 等级进行评估。菲德勒相信，在 LPC 问卷回答的基础上，可以判断出最基本的领导方式。LPC 问卷如图 9-3 所示。

快乐——	8	7	6	5	4	3	2	1	——不快乐
友善——	8	7	6	5	4	3	2	1	——不友善
拒绝——	1	2	3	4	5	6	7	8	——接纳
有益——	8	7	6	5	4	3	2	1	——无益
不热情——	1	2	3	4	5	6	7	8	——热情
紧张——	1	2	3	4	5	6	7	8	——轻松
疏远——	1	2	3	4	5	6	7	8	——亲密
冷漠——	1	2	3	4	5	6	7	8	——热心
合作——	8	7	6	5	4	3	2	1	——不合作
助人——	8	7	6	5	4	3	2	1	——敌意
无聊——	1	2	3	4	5	6	7	8	——有趣
好争——	1	2	3	4	5	6	7	8	——融洽
自信——	8	7	6	5	4	3	2	1	——犹豫
高效——	8	7	6	5	4	3	2	1	——低效
郁闷——	1	2	3	4	5	6	7	8	——开朗
开放——	8	7	6	5	4	3	2	1	——防备

图 9-3　LPC 问卷

如果领导者对这种同事的评价大多用敌意的词语，则该领导者趋向于工作任务型的领导方式（低 LPC）；如果领导者对这种同事的评价大多用善意的词语，则该领导者趋向于人际关系型的领导方式（高 LPC）。低 LPC 型领导者比较重视工作任务的完成。如果环境较不利，他将首先保证完成工作任务；如果环境较有利，工作任务能够确保完成，这时他的目标将是搞好人际关系。高 LPC 型领导者比较重视人际关系。如果环境较不利，他将人际关系放在首位；如果环境较有利，人际关系也比较融洽，他将追求完成工作任务。

菲德勒认为，影响领导者成功的关键因素是领导者的基本领导方式。由于领导方式与领导者的个性是相联系的，所以领导方式一般稳定不变。提高领导者的领导有效性的途径有两条：替换领导者，以适应新环境；改变环境，以适应领导者。

2. 情景领导理论

情景领导理论是美国管理学家保罗·赫塞和肯尼斯·布兰查德联合提出的。这是一种重视下属的领导权变理论。赫塞和布兰查德认为，根据下属的成熟度选择正确的领导方式才会使领导者取得成功。这一理论常被作为重要的培训手段。根据美国管理学家斯蒂芬·罗宾斯所做的说明，在《幸福》杂志的 300 家企业中，北美银行、IBM 公司、埃克森美孚石油公司等大公司都采用这种理论来安排自己的领导方式，并且这种理论被军队广泛接受。这种理论的好处就在于很多人士赞同，并且从直觉上认为它的匹配程度比较好，应用起来比较简单。

下属的成熟度是个体对自己的直接行为负责任的能力和意愿，它包括两个因素：工作成熟度和心理成熟度。工作成熟度包括一个人的知识和技能。工作成熟度高的个体拥有足够的知识、能力和经验去完成工作任务，而不需要他人的指导。心理成熟度是指个体做事的愿望和动机。心理成熟度高的个体不需要太多的外部激励，而是靠内部动机激励。

赫塞与布兰查德将下属按成熟度由低到高分成下面四种类型。

（1）M1：这种类型的下属既缺乏工作热情，又不具备完成工作任务所需的知识和技能。他们既不能完成工作任务，又不能被信任。

（2）M2：这种类型的下属有较高的工作热情，愿意承担必要的工作任务，但目前缺乏完成工作任务所需要具备的知识和技能。

（3）M3：这种类型的下属具备完成工作任务所需的知识和技能，但缺乏工作热情，不愿意承担领导交付的工作任务。

（4）M4：这种类型的下属既具有高度的工作热情，愿意承担工作任务，又具有完成工作任务所需的知识和技能。

情景领导理论将领导风格分为下面四种类型。

（1）S1：命令型领导（高任务 - 低关系）。这种领导风格的领导者界定工作任务和角色，通过发号施令明确告知下属完成工作任务的详细规则与程序，重视工作任务的完成情况，不过多地考虑下属的满意度。其对应的是 M1 型下属。

（2）S2：说服型领导（高任务 - 高关系）。这种领导风格的领导者的指导行为与支持行为并重，既关注下属的满意度，保持并提高下属的工作热情，又在指导和支持的过程中锻炼下属的能力，提高他们的技能。其对应的是 M2 型下属。

（3）S3：参与型领导（低任务－高关系）。这种领导风格的领导者鼓励下属共同决策，为下属提供良好的工作条件和沟通渠道，从而提高下属的工作满意度，培养下属的工作热情。其对应的是 M3 型下属。

（4）S4：授权型领导（低任务－低关系）。这种领导风格的领导者给下属充分的自由，提供极少的指导行为与支持行为，确信下属能够依靠自己的能力明确工作任务的目标并出色地完成工作任务。其对应的是 M4 型下属。

3. 目标路径理论

目标路径理论是美国学者罗伯特·豪斯研究的一种领导权变理论，已经受到人们的广泛关注。这种理论认为，领导者的工作就是帮助下属完成他们的工作目标，并提供必要的指导和支持，以确保个人的目标与集体的目标相一致。按照这个观点，领导者不但要给下属指明目标，而且要帮助下属找到完成目标的最佳路径，并为下属清理各种障碍，使得下属的目标更容易实现。

目标路径理论认为，领导者的行为被下属接受的程度取决于下属对这种行为的认同程度。领导行为的激励作用表现在：一方面，领导者对下属的需要的满足取决于有效的工作绩效；另一方面，领导者对下属进行指导，帮助他们取得相应的绩效，实现自己的目标。豪斯确定了以下四种领导行为：

（1）指导型领导。采取这种领导行为的领导者让下属知道对他们的期望是什么以及完成工作任务的时间安排，并且就如何完成工作任务给予具体的指导。

（2）支持型领导。采取这种领导行为的领导者十分友善，表现出对下属需要的关怀。

（3）参与型领导。采取这种领导行为的领导者与下属进行磋商，在决策之前充分考虑他们的建议。

（4）成就型领导。采取这种领导行为的领导者设定具有挑战性的目标，并期待下属达到自己期望的最佳水平。

与菲德勒的权变理论相反，豪斯认为领导者是灵活的。同一领导者根据不同的情况，可以任意变换自己的领导行为。目标路径理论如图 9－4 所示。

目标路径理论提出了影响领导行为的两个因素：

（1）环境因素，包括任务结构、正式权力系统和工作群体。

（2）下属因素，包括控制点、经验和知觉能力。

目标路径理论认为，环境因素和领导行为互为补充，而下属因素决定了其对环境因素和领导行为的评价。因此，当环境因素与领导行为相比显得重复或多余，或者领导行为与下属的评价不一致时，领导效果都不会很好。

具体来说，执行结构化的任务，即任务本身比较清晰、明确时，支持型领导导致较高的满意度和绩效；而执行非结构化的任务，即任务不明确或压力过大时，指导型领导导致较高

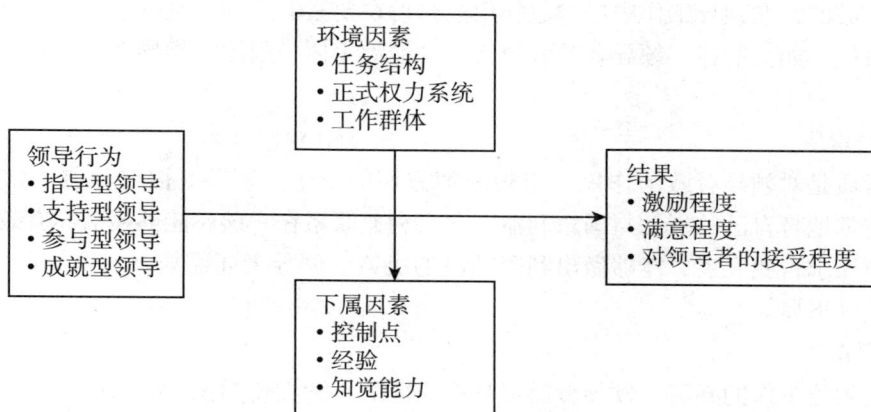

图 9 - 4 　目标路径理论

的满意度和绩效。对知觉能力强和经验丰富的下属，指导型领导被认为是多余的，这时支持型领导就会受欢迎；相反，对知觉能力不强和经验不足的下属，指导型领导就会受欢迎。对于组织中的正式权力系统来说，越是分工明确、等级清晰，领导者就越应该表现出支持型领导行为，减少指导型领导行为；而当任务不清晰时，成就型领导就会提高下属的努力水平，从而达到更高的满意度和绩效。

若领导者弥补了组织成员或工作环境方面的不足，就会对组织成员的满意度产生积极的影响，但是当任务本身十分明确，组织成员有能力完成而无须干扰时，领导者如果还花时间解释那些任务，下属就会把这些行为视为多余。

> **关键点**
>
> 　　领导特征理论强调领导者的特征对领导效果的影响。
> 　　领导行为理论强调领导者的领导行为对领导效果的影响。
> 　　领导权变理论强调环境因素对领导效果的影响，不同因素会产生不同效果。

从上述三种理论可以看出，领导权变理论从"适应变化"的原则出发，从领导者自身行为特征、下属行为特征和工作环境三个方面来考虑领导方式或行为的实际效果。因此，领导权变理论的指导性很强，对实际工作中的领导者有很大的启示作用，启示领导者要因时而宜、因地而宜、因人而宜。

第三节　领导者素质及领导班子构成

一、领导者素质

素质原本是心理学概念，指人体神经系统以及其他器官的先天特点，它构成后天获得知识、掌握技能的基础。领导者素质是指在先天禀赋的生理素质的基础上，通过后天的实践锻炼和学习形成的，在领导工作中经常起作用的诸内在要素的总和，是领导者进行领导活动的自身基础条件。如上所述，领导者是领导活动的能动主体，因此，领导者素质直接关系到领导成效。

1. 政治素质

政治素质是对领导者政治作风和思想品德方面的要求。领导者需要具有一定的政治素质，能够自觉地将自己的行动与国家利益、公众利益联系在一起，能够灵活、有效地利用国家相关政策谋求自我发展，能够做出利国利民的决策。领导者还需要具有高尚的道德品质，以感染和鼓励下属。

2. 知识素质

知识是领导工作的必需。领导者需要具有广博的科学文化知识。广博的科学文化知识能够开阔领导者的视野，训练领导者的思辨能力。正如英国哲学家培根所说：读史使人明智，读诗使人聪慧，演算使人精密，哲理使人深刻，伦理学使人有修养，逻辑修辞使人长于思辨。总之，凡有所学，皆成性格。

领导者还需要掌握相关的管理知识。管理是一门艺术性很强的学问，既需要领导者在日常生活中能够充分发挥自己的个性、才华，又需要领导者了解管理的一些基本技能、基本方法。这些基本技能和基本方法能够让领导者更有效地进行管理。

此外，领导者还需要具备相关的专业知识，这可以让领导者不做出违反专业规律的错误决策。虽然领导者不一定成为本专业的专家，但是掌握尽可能多的专业知识，可以使其提高对专业问题的发言权和判断能力。越是基层的领导者，越应该了解相关的专业知识。

3. 能力素质

能力与知识不同。知识为领导者构建一种背景，而能力直接体现在领导者的实践活动中。领导者在领导过程中需要具备以下能力：

> **关键点**
> 优秀的领导者应具备高尚的品德、广博的学识和超群的能力。

（1）认知能力。认知能力是指领导者认识事物的能力，主要指领导者的思维方式。作为好的领导者，其思维应具有逻辑性、深刻性、多样性和包容性，能够从复杂的事物中找出清晰的脉络，从中提出明确的概念，把握事物的本质和真相。由于经验、背景、阅历、禀赋等各有不同，人们对事物的认识往往不同。领导者要深刻认识到这一点，能够从不同角度思考问题，多倾听别人的意见，从不同角度了解事情的真相。

（2）情感能力。情感能力是指领导者处理人际关系和克服自己情绪波动的能力。情感能力要求领导者善于与下属平等相处，关心下属，理解下属，给下属积极的鼓励和贴切的安慰，能够发现下属之间存在的矛盾，并且巧妙地予以解决。同时，情感能力还要求领导者能够克服自己的情绪波动，化解悲痛，舒缓兴奋，使自己能够比较好地保持客观的立场，不受情绪左右，做出对组织有利的决策。

（3）意志能力。意志能力是指领导者在认识和变革现实的过程中，自觉地确定目标，有意识地根据目标调节、支配行动，克服困难，实现目标的能力。意志能力也是一种自我约束、自我强迫的能力。正如俄国诗人米哈伊尔·尤里耶维奇·莱蒙托夫所说：意志是每一个人的精神力量，是对创造或破坏某种东西的自由的憧憬，是能从无中创造奇迹的创造力。领导者需要具有坚强的意志，能够在挫折面前百折不挠，在误解面前坦然处之，在成功面前一往无前。

（4）行为能力。行为能力是指领导者在实践过程中表现出来的技巧与艺术。它直接导致领导目标的实现。领导者的行为能力包括多谋善断的决断能力、循循善诱的协调能力、调兵遣将的指挥能力和良好的语言表达能力。

二、领导班子构成

领导班子是指在一个最高领导者统率下的具有一定结构、一定层次的领导集体。领导班子是由一个个领导者个体组成的。系统论的基本原理告诉我们，系统中每个要素的功能强大并不一定必然导致系统的整体功能强大，只有当各构成要素的结构合理时，系统的整体功能才能强大。领导效率的提高不仅取决于领导者个体素质的提高，还取决于领导班子的合理组合和搭配。因此，在配备和组建各级领导班子时，要注重领导班子的内部结构，科学组合，使人尽其才、才尽其用，以达到扬长避短的目的。

专栏 9 – 2

相互搭台，相互成就

小周和小程大学毕业后，同在一家电力公司上班。他们工作积极主动，能力不分伯仲，很快就因为工作出色被提拔为部门负责人。从仕途的角度看，小周和小程处于相互竞争的位置，但这并没有影响两人的关系。相比较而言，小周的管理协调能力更强，小程的专业知识更胜一筹。两人在工作中互相协作，配合得非常默契。

有人对小程说："小周跟你能力差不多，上面又有关系，现在你们处于同级竞争，你帮他就等于断送了自己的升迁之路。"小程却不以为然，回答说："我佩服小周的能力和人品。他的成功靠的是自己的实力。如果他升迁，我祝贺他。我与他配合这么默契，工作效果肯定会事半功倍。"

果然，两人因为配合得好，被称为公司的"黄金搭档"。上级也通过小周了解到小程，认为两人的能力同样突出。在小周被提拔为安装公司的经理之后，小程顺理成章成了副经理。不久后，小周向公司总经理建议，把小程调到另一个部门担任正职。两个人在两个部门相互协作，工作做得更出色了。

给别人搭台，其实就是给自己搭台，只有相互搭台，才能相互成就。一个好的领导班子就是需要这样相互搭台、相互成就的成员。

资料来源：刘爽. 做个有执行力 领导力 承受力的中层领导. 成都：成都时代出版社，2016.

未来组织的发展是不可能只依靠一种固定组织形态而运作的，必须视组织经营管理的需要而有不同的团队。所以，每一个领导者都必须学会如何组织团队、如何掌握和管理团队。组织领导应以每个成员的专长为思考点，安排适当的位置，并依照成员的优缺点，做机动性调整，让团队发挥最大的效能。

领导者的任务在于知人善任，提供一个平衡、密切合作的工作组织。

具体来说，合理的领导班子构成需要考虑以下几个方面的条件：

1. 年龄结构

在考虑领导班子构成时，要考虑成员的年龄结构。不同年龄的人具有不同的性格特点，看问题的视角也不同。一般来说，老年人有丰富的阅历和深刻的洞察力、经验丰富、视野开阔、思维缜密、处事稳健，中年人年富力强、精力充沛、勇于开拓、锐意进取，青年人朝气蓬勃、反应敏捷、想象力丰富、敢作敢为。

组织可以将老、中、青三代配置在一起，老年人积极提出自己的建议方针，中年人作为组织的核心和中坚，青年人发挥先锋队和突击队的作用。这样，领导班子就能优势互补，提高管理效率。另外，老、中、青三代的配置还可以保持领导的连续性和继承性，青年人、中年人多向老年人学习，老年人多提携、帮助青年人和中年人，有益于年青一代的成长。同时，老年人也可以从青年人、中年人身上吸收新鲜的知识和看待事物的新视角，有利于老年人的自我提高。

此外，老、中、青三代配置中还要充分考虑组织差异、行业差异和环境差异。如果组织所处的行业竞争激烈、新技术更新很快，中年人和青年人就可以适当地占据主导地位；如果组织所处的是传统行业，组织环境变化比较慢，老年人和中年人就可以适当地占据主导地位。

2. 知识结构

知识结构是指一个领导群体中各种不同知识水平的成员的配比组合。知识的种类繁多，有理论知识，有实践经验；有从书本上学来的知识，有自己体会领悟的知识；有专业知识，有非专业知识。经济合作与发展组织在《以知识为基础的经济》一书中把知识分为四大类：知道是什么即知事（称为事实知识）、知道为什么即知因（称为原理知识）、知道怎么做即知窍（称为技能知识）、知道谁有知识即知人（称为人力知识）。

不同领导者的知识结构不同，应根据工作要求对不同的领导者进行配置。例如，公司的研发部门，不仅需要懂技术的领导，而且需要懂市场的领导，两者结合才能开发出既有技术贡献又能被市场接受的产品。一般而言，组织职能部门的领导者和中层、基层领导者要涉及大量的业务，应该掌握较多的专业知识；而组织的综合部门领导者、高层领导者主要从事决策、协调工作，应该掌握更多的管理知识和经验。

3. 能力结构

领导者应该具有很强的认知能力、情感能力、意志能力和行为能力，但是这些能力都很强的"全才"领导者在现实生活中很少见。大部分领导者在某些方面比较突出，而在其他方面较差。组建领导班子时，要按照能力互补的原则，把具有各种能力特长的领导者配置在一起，组成领导能力齐备而又高强的领导班子。大体来说，领导者有以下几种类型：

（1）"思想型"领导者。这类领导者的思维能力和决策能力比较突出。他们善于观察、推理，有很强的分析能力、判断能力和综合能力，长于发现问题、提出问题，善于从全局出发综合各种意见和因素，做出决策和判断。

> **关键点**
> 高效率的领导班子，除了要有高素质的领导者个体，还要有领导班子成员之间的合理搭配。

（2）"实干型"领导者。这类领导者的组织指挥能力比较突出，工作踏实，遇事果断，意志顽强，实践能力和实施能力都很强，能很快地理解领导的意图和当前的实际情况，执行领导班子做出的决策和计划。

（3）"智囊型"领导者。这类领导者的创造力较强，见多识广，足智多谋，富有探索精神和想象力，善于想办法、出主意、提方案。

（4）"组织型"领导者。这类领导者的人际沟通能力和用人能力比较突出，善于识别和使用下属，长于处理人际关系、协调矛盾，保持领导班子的团结，而且具有很高的涵养，能默默无闻地为他人创造良好的工作条件。

如果将上述四种类型的领导者合理搭配起来，就能使领导班子具有良好的能力结构。按照通俗的说法，上述"实干型"领导者和"智囊型"领导者就是所谓的"将才"，而领导"将才"、统筹全局的"思想型"领导者和"组织型"领导者就是所谓的"帅才"。在一个领导班子里，既要有"将才"，又要有"帅才"，只有将帅结合，才能提高组织的管理效率。

以上介绍了组建领导班子时需要考虑的一些因素，除了这些因素，还要适当地考虑性别因素，以及组织内外的人员搭配等因素。当然，如何有效地组建领导班子还取决于组织的目标要求、历史状况和实际情况等。这是一个复杂的过程，而且会随着外部环境的变化而变化。

第四节　领导艺术

领导活动是一门科学，更是一门艺术。对管理者来说，学习和掌握领导艺术尤其重要。

一、领导决策的艺术

人们通常所说的决策，就是对事物拍板定案，而管理科学中的决策是指管理者为了达到一定的经营宗旨和实现一定的经营目标，从两个或两个以上的方案中选择一个最佳方案的过程。决策已成为现代组织经营管理中一项十分重要的管理职能。管理的关键在于经营，经营的核心在于决策。一旦决策失误，将全盘皆输。

（一）获取、加工和利用信息的艺术

组织进行决策，首先要知己知彼，做到心中有"底"。这就要求组织领导者必须掌握决策所需要的各种信息。决策的多谋艺术和各种决策方案的可行性，在很大程度上取决于信息的及时、准确和完整。因此，是否善于获取、加工和利用信息，需要具有高超的艺术。

（二）对不同的决策问题采取不同决策方法的艺术

组织生产经营活动中需要决策的问题很多，决策的内容又有不同的分类，对不同的决策问题采取不同的决策方法，本身就需要良好的艺术和技巧。

对于程序性决策或者作业层、短期性的决策，由于这类决策经常、反复出现，决策条件一般容易掌握，决策程序也日益规范化，管理者凭自己长期积累的知识和经验以及相关能力，并根据已知情况和现有资料，通常可以提出比较正确的决策目标、方案和做出最后的抉择。企业一般称它为经验判断法或主观决策法。这种方法的有效程度，取决于决策者的智慧、能力和艺术。

对于一些非程序性、非确定性决策，就需要采取计量决策方法，常用的有概率法、效用法、期望值法、决策树法等。它是运用数学决策的技巧，把与决策有关的变量与变量之间、变量与目标之间的关系用数学关系表示出来，建立数学模型，然后根据决策条件，通过数学计算确定决策答案。

对于战略性的长期决策，一般宜采取集体决策的方法。因为这种决策关系到全局长远的发展，即组织发展的未来，应当发挥集体智慧，广泛听取各方意见，以防决策失误。股份制企业把董事会作为常设法定的战略决策机构，就是一种集体决策的方法。至于生产经营活动中的日常性业务决策，一般宜采取个人决策和个人负责的方法。

无论采取什么样的决策方法，关键在于决策者是否具有超前意识和善于听取不同意见的艺术。正如著名管理学家德鲁克所说：决策的一条基本原则是在有不同意见的情况下做出决策。如果人人赞同，你就根本不用讲清楚决策的是什么，也许完全没必要做决策了。所以，要获取不同意见。

（三）尽量实现决策的程序化

决策是按照事物发展的客观要求和分阶段进行的，需要有一个科学的程序。美国管理学家赫伯特·西蒙把决策的动态过程分别称为：①参谋活动，即确定决策目标；②设计活动，即寻找各种可能的方案；③选择活动，即从各种可能的决策方案中进行优选；④反馈活动，即执行方案、跟踪检查，以不断达到发现和补充新方案，修订目标或提出新的决策目标。

决策的主体是组织成员，责任在于组织的高层管理者。决策者可以是一个人，也可以是一个集团。对于关乎组织未来发展的战略决策，必须发挥集体的作用。而且决策者的观念、

经验、知识、判断和分析能力，对决策的正确性起着决定性作用。

二、领导用人的艺术

人才是组织的主体，是创造组织价值的源泉。如何用人，是领导者面临的重大课题。领导用人的艺术表现在以下几个方面：

1. 唯才是举

对于领导者来说，用人不应受名望、年龄、资历、关系亲疏等的限制，而应依据才能来选拔人才。在现实生活中，很多领导者在选人时往往把是否服从自己当作首要条件。事实上，人才之所以成为人才，就是因为其具有不同凡响的学识和见地。正派而有独到见解的人往往不会盲从领导者的意见，因为他们追求的是真理，为之奉献的是事业。那些在领导者面前唯唯诺诺、唯命是从的人追逐的是个人利益，不会考虑组织的利益。因此，领导者应当明确选拔人才的标准，把有真才实学的人才选拔出来，发挥其才能。

2. 用人所长

领导者欲求大才，就不能对其细小缺点吹毛求疵。人们都希望自己的下属是精兵强将，然而"精兵强将"并不意味着"完美无缺"。因此，领导者在用人时要用

> **关键点**
>
> 从某种角度，管理就是管人。掌握了用人的艺术，管理工作将事半功倍。

人所长，不能因为细小缺点而忽视人的大才大德。

3. 知人善任

领导者在用人时要根据个人的特点安排工作，使其充分发挥自己的长处。

4. 有勇气选拔名望和才学超过自己的人

美国著名企业家、"钢铁大王"安德鲁·卡内基的墓碑上镌刻着这样一句话：一个知道选用比自己更强的人来为他工作的人安息于此。这句话深刻地揭示了卡内基的选人标准，那就是有勇气选拔能力比自己强的人担任领导者。

5. 合理授权

对安排在与自己的才能、品德相适应岗位上的组织成员，领导者应当放手使用，合理授权，使他们能够对所承担的任务全权负责。授权时要注意以下几点：首先，因事择人，因能授权，授权时要明确授权的范围、责任和任务目标。其次，只给直接下属授权，不越级授权。最后，授权后要对下属进行必要的管控，既不要让权力失控，必要时也对下属进行支持和帮助。当他们有困难，甚至遭受流言蜚语时，领导者能够做到不偏听、不偏信，明辨真伪，给他们以必要的支持和帮助。

美国著名管理学家李·亚科卡认为，企业的管理人员既是决策者，又是人的发动者。他说：讲到使一个企业运转起来，发动人就是一切，你可能能干两个人的工作，但你不能变成两个人。与此相反的是，你要鼓励你下一级的人去干，由他再去鼓励其他的人去干。

三、协调人际关系的艺术

人际关系是人们在工作与生活中所发生的各种相互交往和联系。现代组织的人际关系主要表现在本组织内部员工之间、员工与领导者之间，以及各职能单位之间、管理部门群体之间、群体与个体之间。融洽、和谐的人际关系能够促进员工的身心愉悦，增强组织的吸引力和凝聚力，提高工作效率。领导者要充分利用各种手段协调人际关系，为广大员工创造一个舒心、愉快的工作环境。

领导者可以通过以下方法来协调组织的人际关系：

1. 依照组织目标来协调

对于每个员工来讲，他们来到组织都有个人的目标，个人目标的实现与组织目标的实现息息相关，而只有组织中的所有员工同心同德，组织目标实现的可能性才更大、速度才更快。因此，领导者可以利用组织目标将所有员工团结起来，从而有效地协调组织的人际关系。

2. 依照规章制度来协调

中国有句古语：没有规矩不成方圆。领导者要倡导建立各种员工行为规则、工作流程和管理制度，使领导者与员工之间、员工与员工之间能够依照规章制度来自我约束、自我调整，协调人际关系。

3. 有效利用非正式组织来协调

在组织中，员工因为理念、爱好、情感、态度等的趋同，或者是老上级、老同学、老乡亲、老朋友关系，往往容易形成某些没有明确组织目标的非正式组织。在这些非正式组织中，员工之间倾吐衷肠、交流看法时不受约束，具有一定的吸引力和凝聚力，能有效地弥补正式组织目标不集中、机构庞大的缺点。非正式组织往往成为员工聚会的场所。领导者可以有效利用这些组织来协调人际关系。

4. 其他方法

除了上述方法，领导者还可借助一些处事方法来协调组织的人际关系。这些方法包括：

（1）转移法。领导者在面临一些棘手的或者困难的问题时，可以不直接处理，暂时放一放，先去处理其他事情。从表面上看，这种做法似乎有悖常理、不可思议，但这样做往往可以让当事人有更多考虑问题的时间，领导者也可以有时间上的缓冲，以寻找更有效的解决问题的方法。

（2）不为法。不为法与转移法不同，转移法可以说是"明不管暗管"，而不为法是真正的不管。在协调人际关系时，有很多事情，不去管它，让它自生自灭，效果可能很好；如果去管，反倒会越管越麻烦。比如，对于组织中的一些流言蜚语，就可以让时间检验真伪，没有必要纠缠不休。

（3）换位法。凡是正面难以处理的问题，领导者不妨灵活、适时地运用"逆向思维"，真心实意地从当事人的角度来考虑问题，这样往往既能与当事人达成合作和取得谅解，也会找到创造性的解决方案。

（4）糊涂法。在协调人际关系时，领导者可以表现得糊涂一些，不追究细节，不一定要评出是非曲直，"大事精明，小事糊涂"，也能达到很好地协调人际关系的效果。

四、科学利用时间的艺术

中国有句名言：一寸光阴一寸金，寸金难买寸光阴。时间是世界上最稀缺的资源，一旦失去，永不再生。时间也是世界上最有潜力的资源，充分利用，就能产生极大的效益。因此，对于领导者来说，一定要科学利用时间。

（一）合理分配时间的艺术

要利用好时间，首先就要合理分配时间。可以参考采取以下方法：

1. 要事优先

领导者每天要完成与处理的工作很多，如果不分轻重缓急和先后次序，就会导致时间的极大浪费。因此，领导者必须从众多的工作中抓住最重要的，集中精力把它做好，把有限的时间分配给最重要的工作。

2. 在效率最高的时间段完成最重要的工作

任务是靠人完成的，而人由于受生物钟和习惯的影响，在一天之内不同时间段的精神状态是不同的。领导者应该把最重要的工作安排在一天中效率最高的时间段去完成，而把零碎事务或次要工作放在效率较低的时间段去完成。

3. 将不可控时间转化为可控时间

对于领导者来说，其每天要处理的工作任务非常多，很多情况下，时间是不可控的。如果能把不可控时间转化为可控时间，就能极大地提高管理效率。转化方法包括：封锁一段时间不受干扰，以便完成最重要的工作任务；向外界宣传自己的时间安排表，以便大家共同遵守。

（二）合理节约时间的艺术

除了合理分配时间，领导者还要合理节约时间。可以采取以下方法：

1. 采取时间记录分析方法

从管理艺术来看，要合理地节约时间，领导者就需要详细地记录自己一个区段的时间使用情况，再加以分析综合，做出判断，从而了解哪些时间内的工作是必要的、有用的，哪些时间内的工作是不必要的、无用的、浪费的，要加以改进。通过这样的分析，领导者就能够不断优化自己的时间组合，在有限的时间内做更有用的工作。

2. 有效利用零碎时间

领导者需要应对的事情很多，有时甚至千头万绪。善于利用零碎时间，可以大大提高时间的利用效率。虽然零碎时间少，但是集腋成裘，也能产生很好的效果。领导者可在业余时间与下属在一起，既可丰富自己的业余生活，也可以增强与下属的感情交流。

3. 提高会议效率

对于领导工作来说，开会是必不可少的一项工作。领导者必须计算会议成本，提高会议效率。主要可从以下几个方面考虑：对于可开可不开的会议，一般不要开；必须明确每次会议主题和要解决的问题，并事前通知与会者做好准备；控制会议的规模和人数，对于可参加可不参加的人员，一般不让其参加；会议时间不要太长，不要开议而不决、坐而论道的会议；明确会后责任，切实组织实施，力避议而不决或决而不行。

另外，其他可节约时间的方法还有很多，比如，减少不必要的书面报告和传阅文件，减少不必要的接待应酬，等等。

专栏 9-3

日本太阳工业公司的会议时间管理

日本人在日常工作中对于会议时间的管理令人惊叹。比如，日本太阳工业公司在每次召开企业经营会议时，总要把一个醒目的会议成本分析账单贴在黑板上。他们会议成本的计算方法是：

$$会议成本 = 每小时平均工资 \times 3 \times 2 \times 开会人数 \times 开会时间$$

式中，开会时间以小时计；每小时平均工资之所以乘以3，是因为劳动价值高于每小时平均工资；乘以2，是因为参加会议时常规性工作就要停顿，其损失要以2倍计算。因此，参加会议的人越多，会议成本就越高。有了会议成本分析制度后，该公司开会极为慎重，会议效果也比较好。

掌握领导艺术的精髓，最重要的是领导者提高自我意识，要不断体会、反思和学习，这样才能真正提高领导艺术。

⊡ 本章小结

领导与领导者是两个不同的概念。领导是一种活动过程，是由领导者、被领导者、领导行为、组织目标、行为结果等共同构成的内容体系。领导者是领导行为的主体，是领导的基本要素和领导活动的能动主体。

领导者与管理者不同，管理者的权力是由职位获得的，而领导者的权力既可以由职位获得，也可以由非职位获得。领导者可以凭借品德、学识、能力、情感等因素获得非职位的个人权力。

因为领导者的时间、精力有限，而且领导者需要调动下属的积极性，培养下属的工作能力，所以领导者要充分重视有效授权。

20世纪初，西方国家就开始致力于领导理论的研究，其发展大致经历了三个阶段，即领导特征理论、领导行为理论和领导权变理论。领导特征理论主要在于描述领导者具有的独特特征，用以选拔领导者；领导行为理论主要在于找到领导者的行为方式，用以培训领导者；领导权变理论主要在于强调领导方式与环境的匹配性，以启示领导者因时而宜、因地而宜、因人而宜。这些理论对领导实践产生了积极影响。

领导者既是组织目标的制定者，也是实现组织目标的领头人。因此，领导者的自身素质直接影响组织目标的实现情况。在我国，主要是从政治素质、知识素质、能力素质三个方面对领导者素质提出要求。然而，领导班子是由一个个领导者个体组成的，这就要求领导班子结构合理、整体素质高。合理的领导班子构成需要考虑以下条件：年龄结构、知识结构和能力结构。

要做好领导工作，必须掌握领导艺术。领导艺术主要有领导决策的艺术、领导用人的艺术、协调人际关系的艺术以及科学利用时间的艺术。

⤧ 思考题

1. 你认为领导者与管理者的最大区别是什么？你能举例说明吗？
2. 你认为企业的领导者与非营利组织的领导者有什么区别？是什么造成了这种区别？
3. 如果你是一位领导者，在你所在的单位有两个人的关系非常僵，你怎样运用艺术的方法让两人关系缓和甚至和好？
4. 认真学习领导者科学利用时间的艺术，重新安排你的学习时间。

第十章 激 励

📑 **学习目标**

学完本章内容，你应该能够：
- 说出激励的内涵
- 了解人被激励的过程
- 掌握一些激励理论并用以指导管理工作
- 了解常用的激励方法

📑 **关键术语**

激励 激励理论 物质激励 精神激励 工作丰富化

现代组织管理的核心是对人的管理。组织管理面临的首要任务就是引导和促使组织成员为实现组织目标做出最大的努力。然而，组织成员加入组织的个人目标往往与组织目标不尽一致；组织成员工作的努力程度也经常与组织的预期有差距。如何才能使组织成员把组织目标视为个人目标？怎样才能使组织成员为实现组织目标做出最大的努力？这就是激励所要解决的问题。管理的激励理论就是要研究如何根据人的行为规律来提高人的积极性。

第一节 激励概述

一、激励过程与激励模式

所谓激励，是人类活动的一种内心状态。它具有加强和激发动机、推动并引导行为朝向预定目标的作用。通常认为，一切内心要争取的条件，如欲望、需要、希望、动力等都构成对人的激励。

心理学家一般认为，人的一切行为都是由动机支配的，动机是由需要引起的，行为的方向是实现目标、满足需要。动机是人付出努力或精力去满足某一需要或实现某一目标的心理活动。动机的根源是人

关键点
激励是人类活动的一种内心状态。
激励过程：由需要开始，直到需要得到满足为止的连锁反应。

内心的紧张感，这种紧张感是由人的一种或多种需要没有得到满足而引起的。动机驱使人向满足需要的目标前进，以消除或减轻内心的紧张感。

激励过程就是一个由需要开始，直到需要得到满足为止的连锁反应。当人产生需要而未得到满足时，就会产生一种紧张不安的心理。在遇到能够满足需要的目标时，这种紧张不安的心理就转化为动机，人在动机的驱使下向目标努力，目标实现后，需要得到了满足，紧张不安的心理就会消除。随后，人又会产生新的需要，引起新的动机和行为。这就是激励过程。可见，激励实质上是以未满足的需要为基础，利用各种目标激发动机，驱使和诱导行为，促使实现目标，提高需要满足程度的连续心理和行为过程。整个过程如图 10－1 所示。

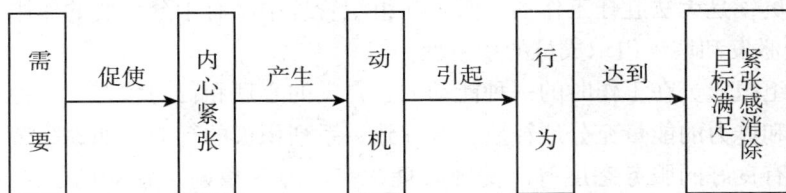

需要 —促使→ 内心紧张 —产生→ 动机 —引起→ 行为 —达到→ 目标满足 紧张感消除

图 10－1 激励过程

人们满足需要的目标并非每次都能实现。在需要没有得到满足、目标没有实现的情况下，人就会产生挫折感。所谓挫折，是指人们在通往目标的道路上所遇到的障碍。对挫折的反应是因人而异的。根据心理学家的研究，当一个人遇到挫折时，他可能会采取积极适应的态度，也可能会采取消极防范的态度。一般来说，最常见的防范态度有撤退、攻击、取代、补偿、抑制、退化、投射、反向、表同、固执等。总之，人们在遇到挫折时，心理上和生理上的紧张状态是不能持续下去的，自身会采取某种防范措施，以缓解或减轻这种紧张状态。

上述激励过程也可以归纳成如图 10－2 所示的激励模式。

二、激励的作用

激励作为一种内在的心理活动过程或状态，虽然不具有可以直接观察的外部形态，但可以通过行为的表现和效果对激励的程度加以推断和测定。由于人们的行为表现和行为效果在很大程度上取决于他们所受到的激励程度和激励水平，所以激励水平越高，行为表现就越积极，行为效果也就越大。

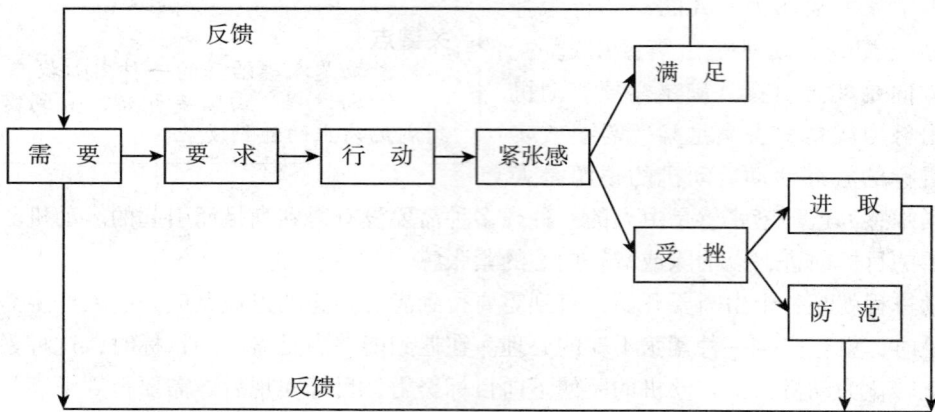

图 10 - 2 激励模式

现代管理高度重视激励问题，并把它视为管理的主要职能之一。管理者如果不懂得怎样去激励组织成员，是无法胜任工作的。激励在组织管理中具有十分重要的作用。

1. 有利于激发和调动组织成员的积极性

积极性是组织成员在工作时的一种能动的、自觉的心理和行为状态，这种状态可以促使组织成员智力和体力的能量充分地释放，并导致一系列积极的行为，如提高劳动效率、超额完成任务、具有良好的服务态度等。美国心理学家威廉·詹姆士在对组织成员的研究中发现，按时计酬的组织成员的能力仅能发挥 20% ～30%，而受到激励的组织成员，由于思想和情绪处于高度激发状态，其能力可以发挥 80% ～90%。这就是说，同一个人在通过充分激励后所发挥的作用相当于激励前的三四倍。

2. 有利于将组织成员的个人目标与组织目标统一起来

个人目标和个人利益是组织成员行为的基本动力，它们与组织目标有时是一致的，有时是不一致的。当二者发生背离时，个人目标往往会干扰组织目标的实现。激励的作用在于以个人利益和需要的满足为前提，诱导组织成员把个人目标统一于组织目标，激发和推动组织成员为完成工作任务做出贡献，促使个人目标与组织目标的共同实现。

> **关键点**
>
> 激励的作用：有利于激发和调动组织成员的积极性；有利于将组织成员的个人目标与组织目标统一起来；有利于增强组织的凝聚力和向心力，促进内部各组成部分的协调统一。

3. 有利于增强组织的凝聚力和向心力，促进内部各组成部分的协调统一

任何组织都是由个体、工作群体和各种非正式群体组成的有机结构。为保证组织整体能够有效、协调地运行，除了必需的、良好的组织结构和严格的规章制度，还需运用激励的方法，分别满足组织成员的物质、安全、尊重、社交等多方面的需要，以鼓舞士气，协调人际关系，进而增强组织的凝聚力和向心力，促进各部门、各单位之间的密切协作。

第二节 激励理论

自 20 世纪二三十年代以来，国外许多管理学家、心理学家和社会学家从不同的角度对怎样激励人的问题进行了研究，并提出了相应的激励理论。通常把这些激励理论分为三大类，即内容型激励理论、过程型激励理论和行为改造型激励理论。

一、内容型激励理论

需要和动机是推动人行为的原因。内容型激励理论是着重研究需要的内容和结构及其如何推动人行为的理论，其中具有代表性的包括需要层次理论、双因素理论和成就需要激励理论等。

（一）需要层次理论

需要层次理论是美国著名心理学家和行为学家亚伯拉罕·马斯洛提出来的。他认为，人是有需要的"动物"，需要产生了人的动机，需要是激励人工作的因素。马斯洛把人类的需要归为五大类。这些需要相互之间紧密联系。需要层次理论按照需要的重要性将人的需要进行排列，如图 10 – 3 所示。

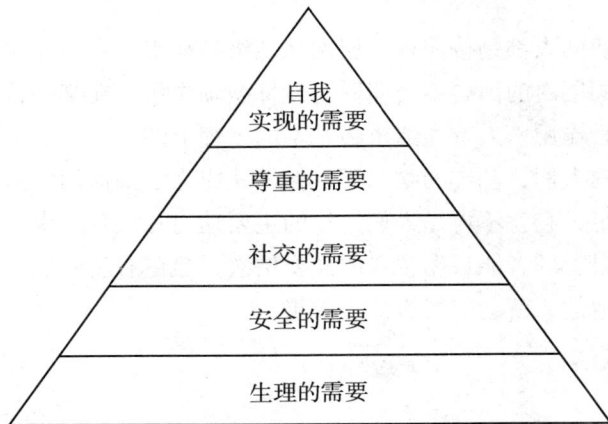

图 10 – 3　需要层次理论

从图 10 – 3 可以看出：

第一层次的需要是生理的需要。这是维持人自身生命的基本需要，如食物、水、衣服、住所和睡眠。马斯洛认为，在这些需要还没有得到满足之前，其他的需要都不能起到激励的作用。

第二层次的需要是安全的需要。这是有关人避免危险的需要，如生活要得到基本保障、避免人身伤害、不会失业、生病和年老时有所依靠等。

第三层次的需要是社交的需要。当生理的需要和安全的需要得到满足后，社交的需要便占据主要地位。因为人是感情动物，愿意与别人交往，希望与熟悉的人保持良好的关系，希望得到别人的友爱，以使自己在感情上有所寄托。总之，人希望归属于一个团体，以得到关心、爱护、支持、友谊和忠诚，并为达到这个目的而积极努力。虽然社交的需要比前两种需要更难得到满足，但对大多数人来说，这的确是一种更为强烈的需要。

第四层次的需要是尊重的需要。根据马斯洛的理论，人一旦满足了社交的需要，就会产生对尊重的需要，即自尊和受到别人的尊重。自尊意味着在现实环境中希望有实力、有成就、能胜任和有信心，以及要求独立和自由；受到别人的尊重是指要求有名誉或威望，并把它看成别人对自己的尊重、赏识、关心、重视或高度评价。尊重的需要的满足使人产生一种自信的感情，觉得自己在这个世界上有价值、有实力、有能力、有用处。而这些需要一旦受挫，就会使人产生自卑感、软弱感、无能感。

第五层次的需要是自我实现的需要。马斯洛认为，在他的需要层次理论中，这是最高层次的需要。这一层次的需要具体是指一个人需要从事自己最适合的工作，发挥最大的潜力，实现自己的目标等。例

> **关键点**
> 通常，人都是按照马斯洛的需要层次由低级到高级，一层一层地去追求并使自己的需要得到满足的。

如，科学家、艺术家等往往把自己的工作当成一种创造性的劳动，竭尽全力去做好它，并使自己从中得到满足。

马斯洛认为，一般的人都是按照这个层次从低级到高级，一层一层地去追求并使自己的需要得到满足的。不同层次的需要不可能同时发挥激励作用，在某一特定时期，总有某一层次的需要起主导的激励作用。人首先追求最基本的生理上的吃、穿、住等方面的需要。对于具有这一层次的需要的人们，基本的吃、穿、住等就成为激励他们的最主要的因素。一旦这一层次的需要得到满足，它就不再是人们工作的主要动力和激励因素，人们就会追求更高层次的需要。这时，如果管理者能根据各自的需要层次，抓住有利时机，用人们正在追求的那个层次的需要来激励他们，就会取得极好的效果。

（二）双因素理论

美国心理学家弗雷德里克·赫茨伯格围绕马斯洛的需要层次理论对人的需要进行了研究，提出了有名的双因素理论。

20 世纪 50 年代后期，赫茨伯格等采用"关键事件法"对他们所在地区 9 个企业的 203 名会计师和工程师进行了调查访问，要求被访者回答两个问题：①什么原因使你愿意从事现在的工作？②什么原因使你不愿意从事现在的工作？对这两个问题，有两类明显不同的反应。通过调查他们发现，对企业政策和行政管理、地位、人际关系、监督的质量、工作条

件、工作的稳定性以及薪水等，如果得不到基本的满足，会导致员工的不满；如果得到满足，则不会导致员工的不满。赫茨伯格把这类与工作环境或工作条件相关的因素称为保健因素。而对成就、赏识、晋升、责任、富有挑战性的工作以及工作中的发展等，如果得到满足，则会给员工极大的激励，使他们产生满足感，有助于充分、有效、持久地调动他们的积极性。赫茨伯格把这类与工作内容紧密相连的因素称为激励因素。

双因素理论认为，保健因素不能直接对人起激励的作用，但能防止人产生不满情绪。管理者首先必须确保满足组织成员保健因素方面的需要。要给组织成员提供适当的工资和安全保障，改善他们的工作环境和条件；对组织成员的监督要能为他们所接受，否则就会引起他们的不满。但是，即使满足了上述条件，也不能产生激励效果。因此，管理者必须充分利用激励方面的因素，为组织成员创造工作的条件和机会，丰富其工作内容，加强他们的责任心，使他们在工作中取得成就，得到上级和他人的赏识，这样才能促使其不断进步和发展。

赫茨伯格的双因素理论与马斯洛的需要层次理论大体是相符的。赫茨伯格的保健因素相当于马斯洛的较低层次的需要，而激励因素相当于中高层次的需要。当然，他们的具体分析和解释是不同的。马斯洛与赫茨伯格的激励理论的比较如图 10 - 4 所示。

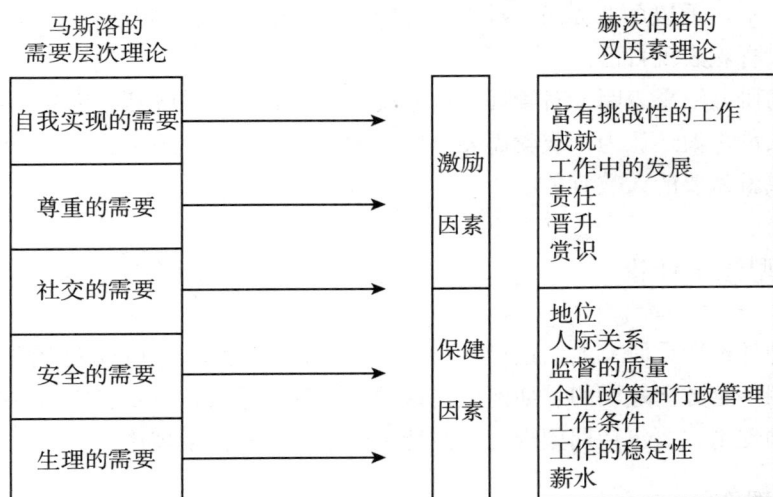

图 10 - 4　马斯洛与赫茨伯格的激励理论的比较

赫茨伯格的研究在国外也有很多争议。对此持批评意见的人认为，赫茨伯格的研究方法有局限性，因此对他所引申出来的结论表示怀疑。即使如此，也没有人怀疑赫茨伯格为激励研究所做出的实质性贡献。

（三）成就需要激励理论

20 世纪 50 年代以来，美国心理学家戴维·麦克利兰对成就需要这一因素做了大量的调查研究，提出了成就需要激励理论。该理论主要研究生理的需要得到基本满足以后，人还会有哪些需要。麦克利兰认为，人在生理的需要得到基本满足以后，还会有以下三种需要：

1. 对权力的需要

具有较高权力欲的人对施加影响和控制表现出极大的关心。这样的人一般寻求领导者的地位，健谈，好争辩，直率，头脑冷静，善于提出要求，喜欢讲演，爱教训人。

2. 对社交的需要

喜欢社交的人通常能从人际交往中得到快乐和满足，并总是设法避免由被某个团体拒之门外所带来的痛苦。作为个人，他往往喜欢保持一种融洽的社会关系，享受亲密无间和相互谅解带来的乐趣，随时准备安慰和帮助危难中的伙伴，并喜欢与他人保持友善的关系。

3. 对成就的需要

有对成就的需要的人对工作的胜任和成功有强烈的要求，同时也非常担心失败。他们乐于接受挑战，往往为自己树立有一定难度但又不是高不可攀的目标。对于风险，他们采取现实主义的态度，不怕承担个人责任；对正在进行的工作情况，他们希望得到明确而又迅速的反馈。他们一般喜欢表现自己。

麦克利兰的研究结果表明，对管理人员来说，成就需要比较强烈。因此，这一理论常常用于激励管理人员。他还认为，成就需要可以通过培养来提高。他指出，一个组织的成败与其所具有的高成就需要的人数有关。

二、过程型激励理论

过程型激励理论着重研究人们选择所要进行的行为的过程，即研究人们的行为是怎样产生的、是怎样朝一定方向发展的、如何能使这种行为保持下去，以及怎样结束行为的发展过程。过程型激励理论主要包括期望理论、波特－劳勒模式和公平理论。

（一）期望理论

期望理论是美国心理学家维克托·弗鲁姆1964年在《工作与激励》一书中提出来的。它是通过考察人们的努力行为与其所获得的最终奖酬之间的因果关系来说明激励过程的理论。这种理论认为，当人们有需要，又有实现目标的可能时，其积极性才会高。激励水平取决于期望值和效价的乘积：

$$M(\text{Motivation}) = E(\text{Expectancy}) \cdot V(\text{Valence})$$

即

$$激励水平 = 期望值 \times 效价$$

激励水平的高低，表明动机的强烈程度、被激发的工作动机的大小，也就是为达到高绩效而努力的程度。

期望值是指组织成员对自己的行为能否导致所想要达到的绩效和实现的目标（奖酬）的主观概率，即主观上估计达到绩效、实现目标（奖酬）的可能性。

效价是指组织成员对某一目标（奖酬）的重视程度与评价高低，即组织成员在主观上认为这个目标（奖酬）的价值的大小。

这个公式表明，激励水平的高低与期望值和效价有密切的关系。效价越高，期望值越大，激励水平也就越高；反之亦然。如果一个人对实现某一目标漠不关心，那么效价就是零。如果一个人宁可不要实现这一目标，那么效价为负值，激励水平当然为零。同样，如果期望值为零或负值，一个人也就无任何动力去实现某一目标。因此，为了激励组织成员，管理者一方面应当提高组织成员对某一成果的偏好程度，另一方面应当帮助组织成员实现其期望值。

（二）波特－劳勒模式

美国行为科学家莱曼·波特和爱德华·劳勒以期望理论为基础，引申出一个实际上更为完善的激励模式，并把它主要用于对管理人员的研究。

如图 10－5 所示，努力的程度（激励的强度和发挥出来的能力）取决于报酬的价值，以及他个人认为需做出的努力和获得报酬的可能性。但所做出的努力和实际获得报酬的可能性要受实际业绩的影响。显然，如果人们知道自己能做某项工作或者已经做过这样的工作，就能更好地评价所需做出的努力，并更好地知道获得报酬的可能性。

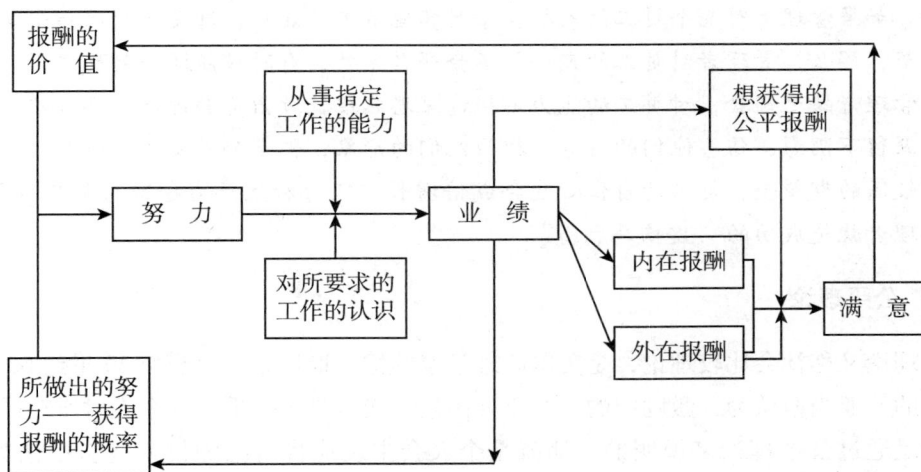

图 10－5 波特和劳勒的激励模式

一个人在一项工作中的实际业绩（所做的工作或实现的目标）主要取决于他所做的努力。不过，它在很大程度上也受一个人做该项工作的能力（知识和技能）和他对所做工作的理解力（对目标、所需进行的活动和有关任务的其他内容的理解程度）的影响。业绩又可以带来内在报酬（如一种成就感或自我实现感）和外在报酬（如工作条件和身份地位）。这些又与个人对公平报酬的理解糅合在一起，从而给人以满足感。业绩的大小也会影响个人想取得的公平报酬。

从波特和劳勒的激励模式中可以看出，激励不是一种简单的因果关系。管理者应该仔细评价他的报酬结构，并通过周密的规划、目标管理以及由良好的组织结构所明确规定的职位和责任，将努力—业绩—报酬—满意这一连锁关系融入整个管理系统。

专栏 10 -1

管理中的"皮格马利翁"效应

皮格马利翁是古希腊神话中的塞浦路斯国王。相传，他性格非常孤僻，喜欢独居，擅长雕刻。他用象牙雕刻了一座理想中的美女像，天天与雕像做伴，把全部热情和希望放在这座雕像上。雕像被他的爱和痴情所感动，从架子上走下来，变成了真人。皮格马利翁娶了这位美女为妻。

他的故事后来被演化为心理学上著名的期望效应——"皮格马利翁"效应，应用到管理学上就是自我实现管理预言的现象，即"说你行，你就行，不行也行；说你不行，你就不行，行也不行"。

当管理者对员工期望很高时，在"皮格马利翁"效应的影响下，员工可能会给予管理者积极的反馈，按照管理者的期望行事并取得成功。但是，"皮格马利翁"效应也有负面反应。例如，如果管理者对某个员工的表扬少于对其他员工的表扬，却没有明确指出其为何受表扬的细节，那么，管理者对员工的期许就不会那么见效，有时可能还会起反作用。

如果管理者缺乏经验，对员工的能力不经过深思熟虑就做出负面评价，那么就会给员工的职业生涯留下阴影，伤害他们的自尊，扭曲他们的形象；但是如果管理者很有经验，并且对员工有较高的期望值，员工的自信心就会成倍增长，能力和生产力也容易相应得到提高，这样的管理者就是成功的"皮格马利翁"。

（三）公平理论

公平理论又称社会比较理论，是美国心理学家约翰·斯塔希·亚当斯 20 世纪 60 年代首先提出来的。亚当斯认为，激励中的一个重要因素是报酬是否公平。一个人对所获得的报酬是否满意是通过公平理论来说明的，那就是个人会主观地将自己的投入（包括诸如努力、经济、教育等许多因素）与别人的投入相比，看自己的报酬是否公平或公正。可用公平理论公式来说明：

$$\frac{\text{个人获得的报酬}}{\text{个人的投入}} = \frac{\text{（作为比较的）另一个人获得的报酬}}{\text{（作为比较的）另一个人的投入}}$$

在一个组织里，大多数人往往喜欢与他人进行比较，并对公平与否做出判断。从某种意义上说，工作动机激发的过程实际上就是人与人之间进行比较、判断并据以指导行动的过程。如果觉得自己所获得的报酬不公平，人们就可能产生不满，降低产出，或者离开组织；如果觉得自己所获得的报酬是公平的，人们就可能继续保持同样的产出水平；如果觉得自己所获得的报酬比认为的公平的报酬要多，人们可能会更加努力地工作。这三种情况如图 10-6 所示。

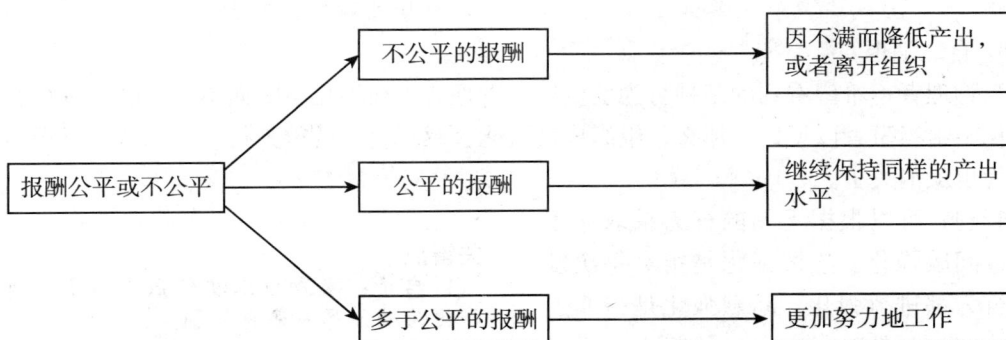

图 10-6 公平理论

需要指出的是，组织成员对某些不公平可以忍耐一时，但如果时间长了，可能一件小事也会引起强烈反应。例如，一位组织成员因为受到了批评而很生气，并且决定辞去这份工作，其实，真正的原因并不是他受了批评，而是与别人相比，长期以来他所获得的报酬不公平。

三、行为改造型激励理论

行为改造型激励理论是一种主要研究如何改造和修正人的行为，变消极为积极的理论。该理论认为，当行为的结果有利于个人时，行为会重复出现；反之，行为会削弱或消退。行为改造型激励理论主要包括强化理论和归因理论。

（一）强化理论

强化理论是美国心理学家伯尔赫斯·弗雷德里克·斯金纳首先提出来的。该理论认为，人的行为因外部环境的刺激而调节，也因外部环境的刺激而控制，改变刺激就能改变行为。强化是指通过不断改变环境的刺激因素来达到增强、减弱或消除某种行为的过程。管理者可以采用以下四种强化类型来改变下属的行为：

1. 积极强化

在积极行为发生后，管理者立即用物质或精神的鼓励来肯定这种行为。在这种刺激的作用下，个体会感到对自己很有利，从而增加以后的行为反应的频率。这就是积极强化。通常积极强化的因素有奖酬，如表扬、赞赏、增加工资、发放奖金及奖品、分配有意义的工作等。

2. 消极强化

消极强化又称逃避性学习，是一种特定的、能够避免产生个人所不希望的刺激的强化。例如，组织成员努力工作是为了避免不希望得到的结果，如不受上级的批评。

3. 惩罚

在消极行为发生以后，管理者采取适当的惩罚措施，以减少或消除这种行为，就叫作惩罚。

4. 自然消退

当管理者不希望看到的某种行为发生后，管理者视而不见、听而不闻，既不进行积极强化，也不给当事者以惩罚。那么，组织成员可能会感到自己的行为得不到承认，慢慢地，这种行为也就消失了。

管理者可以根据下属的行为采取连续强化或间歇强化。连续强化是指对每次发生的行为都进行强化。间歇强化是指非连续强化，它不是对每次发生的行为都进行

> **关键点**
>
> 启示：激励应以积极强化为主、消极强化为辅，尽量避免惩罚。

强化。间歇强化有四种形式，即固定间隔、可变间隔、固定比率和可变比率，如图 10 – 7 所示。

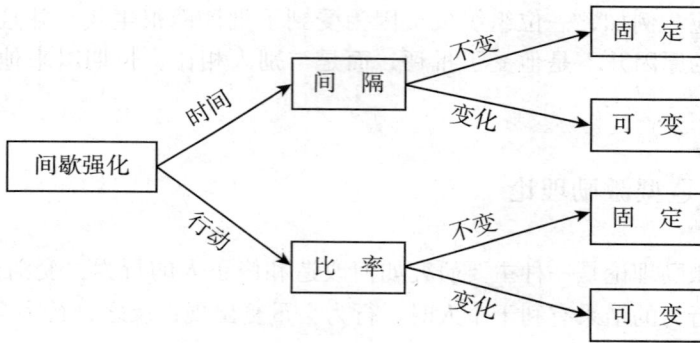

图 10 – 7 间歇强化的形式

（二）归因理论

归因理论最初是在研究社会知觉的实验中被提出来的，后来随着归因问题研究的不断深入，它逐渐被应用到管理领域。

目前，归因理论在管理领域主要研究两个方面的问题：一是对引发某一行为的因素做分析，看其应归结为内部原因还是外部原因；二是研究人们获得成功或遭受失败的归因倾向。

美国心理学家伯纳德·威纳认为，人们把自己的成功和失败主要归因于四个方面的因素，即努力程度、能力、任务难度和机遇。这四个方面的因素可以做以下划分：

（1）内部原因和外部原因。努力程度和能力属于内部原因，而任务难度和机遇属于外

部原因。

（2）稳定性。能力和任务难度属于稳定因素，努力程度和机遇则属于不稳定因素。

（3）可控性。努力程度是可控的，而任务难度和机遇是不可控的。能力在一定条件下是不可控的，但人们可以提高自己的能力，从这个意义上说，能力是可控的。

归因理论认为，人们把成功和失败归因于何种因素，对以后的工作态度和积极性，进而对行为和工作绩效都会产生很大的影响。例如，把成功归因于内部原因会使人感到满意和自豪，把成功归因于外部原因会使人感到幸运和感激。把失败归因于稳定因素会降低以后工作的积极性，把失败归因于不稳定因素可以提高工作的积极性等。

总之，管理者利用归因理论，可以很好地了解组织成员的归因倾向，以便正确地指导和训练他们的归因倾向，调动和提高他们的积极性。

第三节　激励手段和激励方法

上述各种激励理论对管理者有什么意义？管理者又该如何利用这些理论去激励组织成员呢？或者说，管理者能够采用的激励手段和激励方法有哪些呢？虽然激励手段和激励方法很复杂且因人而异，也不存在唯一的最佳方案，但还是可以找到一些基本的激励手段和激励方法。

一、物质激励

在物质激励中，最突出的就是金钱的激励。虽然金钱不是唯一能激励人的力量，但它作为一种很重要的激励因素是不可忽视的。无论是采取工资的形式，还是采取奖金、优先认股权、红利等其他鼓励性形式，金钱都是重要的激励因素。金钱是许多激励因素的反映。金钱的经济价值使其成为能满足人们生理的需要和安全的需要的一种重要手段；金钱的心理价值对许多人来说，又是满足其较高的社会的需要和尊重的需要的一种手段，它往往象征着成功、地位和权力。

对不同的人来说，金钱的激励作用是有区别的。对于需要照顾家庭的人来说，金钱是非常重要的；而对于已经功成名就、对金钱的需要已经不那么迫切的人来说，金钱就不那么重要了。金钱是获得最低生活标准的主要手段，这种标准随着生活水平的提高而提高。对于某些人来说，金钱是极其重要的；而对于另外一些人来说，金钱可能从来就没那么重要。

当金钱被作为一个组织吸引和留住人才的手段，或组织中各类管理者的薪金收入大体相当时，金钱的激励作用往往会削弱。

要使金钱成为一种有效的激励手段，必须使薪金收入能够反映个人的业绩，否则，即使支付了金钱，也不会有很大的激励作用。只有当预期得到的报酬远远高于目前的个人收入时，金钱才能成为一个强有力的激励因素。

二、精神激励

精神激励与物质激励往往是密不可分的，目前组织经常采用的精神激励方法如下：

1. 目标激励法

目标是组织及其成员一切活动的总方向。组织目标有物质性的（如产量、品种、质量、利润等），也有精神性的（如组织的信誉、形象、文化以及组织成员个人心理的满足等）。

2. 环境激励法

据调查发现，如果一个组织缺乏良好的工作环境和心理氛围，人际关系紧张，就会使许多成员不安心工作，造成人心思离；相反，如果组织能提供一个人人相互尊重、相互关心和相互信任的工作场所，保持成员人际关系的融洽，就能激励他们在组织内安心工作、积极进取。

3. 领导行为激励法

有研究表明，一个人在报酬引诱及社会压力下工作，其能力仅能发挥 60%，其余的40% 有赖于领导者去激发。

4. 榜样典型激励法

人们常说，榜样的力量是无穷的。绝大多数组织成员都是力求上进而不甘落后的。如果有了榜样，组织成员就会学有方向、赶有目标，从榜样的成功中受到激励。

5. 奖励、惩罚激励法

奖励是对组织成员某种良好行为的肯定与表扬，以使其获得新的物质上和心理上的满足。惩罚是对组织成员某种不良行为的否定和批评，以使其从失败和错误中吸取教训，改变不良行为。奖励或惩罚运用得当，有利于激发组织成员的积极性和创造性，所以有人把批评或惩罚看作一种负强化的激励。

三、组织成员参与管理

所谓参与管理，是指让组织成员不同程度地参与组织决策和各级管理工作的研究与讨论。组织成员参与管理，可以使他们感受到上级的信任、重视和赏识，能够满足他们归属和受人赏识的需要，使他们认识到自己的利益与组织的利益及发展密切相关，增强他们的责任感。同时，管理者与下属商讨组织发展问题，对双方来说都是一个机会。事实证明，参与管理会使多数人受到激励。参与管理既是对个人的激励，又为组织目标的实现提供了保证。

目标管理是组织成员参与管理的一种很好的形式。目标管理鼓励组织成员参与目标的制定，是一种在组织的政策或有关规定的限度内，由组织成员自己决定所要实现的目标的最佳方式；目标管理要求组织成员发挥自己的想象力，创造性地工作，这可以使组织成员产生独立感和参与感，激发他们实现目标的积极性。

合理化建议是组织成员参与管理的另一种形式。鼓励组织成员积极提出改进工作和作业方法的建议，也能对组织成员起到激励作用。据一家美国公司估计，生产效率的提高有20%得益于工人提出的建议，其余80%来自技术的进步。该公司经理认为，如果把精力集中在那80%上就大错特错了。如果不是首先征询工人的建议并使整个公司在生产效率问题上形成一致的认识，公司的生产效率绝不会有任何改变。

当然，鼓励组织成员参与管理，并不意味着管理者就可以放弃自己的职责。相反，管理者必须在民主管理的基础上，努力履行自己的职责，需要由管理者决策的事情，管理者必须决策。

专栏 10 – 2

一日厂长制

为激励员工参与管理，韩国某家卫生材料厂推行了"一日厂长制"，即在每周的星期三，挑选一名员工做一天厂长，每周轮换一次。一年时间里，已有40人做过"一日厂长"，占员工总数的10%。这一制度的实施大大改善了劳资关系。一位年仅22岁的女工当了"一日厂长"后，自信地说："如果我第二次当'一日厂长'，一定会比上次做得更出色。"她已经认识到："一日厂长制"使员工体验到工厂的业务实践，增进了与上司的感情，也更能体谅厂长的辛苦和各种决策的用意。

"一日厂长制"是一种独特、有效的参与式管理。

四、工作丰富化

工作丰富化就是使工作具有挑战性且富有意义。这是一种有效的激励方法，不仅适用于管理工作，也适用于非管理工作。工作丰富化与赫茨伯格的激励理论有密切

> **关键点**
> 不同的人需要不同的激励方法；同样的人在不同时期需要不同的激励方法。

的关系，在这一理论中，诸如富有挑战性的工作成就、赏识和责任等都被视为真正的激励因素。工作丰富化的目的是为组织成员提供富有挑战性和成就感的工作。

（一）工作丰富化的方法

工作丰富化不同于工作内容的扩大。工作内容的扩大是企图用工作内容有更多变化的办法，来消除由重复操作带来的单调乏味感。工作内容的扩大只是增加了一些类似的工作，并没有增加责任。工作丰富化则试图使工作具有更大的挑战性和成就感，通过赋予多样化的内容使工作丰富起来，也可以用下列方法使工作丰富起来：

（1）在工作方法、工作程序和工作速度的选择等方面给下属更大的自由，或让他们自行决定接受还是拒绝某些材料或资料。

（2）鼓励组织成员参与管理，鼓励组织成员之间相互交往。

（3）放心大胆地任用下属，增强他们的责任感。

（4）采取措施确保组织成员能够看到自己为工作和组织所做的贡献。

（5）最好是在基层管理者得到反馈以前，把工作完成的情况反馈给组织成员。

（6）在改善工作环境和工作条件方面，要让组织成员参与，并让他们提出自己的意见或建议。

（二）增强工作丰富化激励效果的措施

工作丰富化有其局限性，如对技术水平要求比较低的一些职务工作就难以做到丰富化。另外，在采用专用机器和装配技术的情况下，要使所有工作都很有意义也是不大可能的。既然如此，那么如何使工作丰富化卓有成效呢？下列措施可以使工作丰富化起到更好的激励作用：

（1）更好地了解组织成员需要什么，做到有的放矢。研究表明，技术水平要求低的工人更需要诸如工作稳定、工资报酬较高、厂规限制较少以及富有同情心、能体谅人的基层管理者。而高层次的专业人员和管理者不是工作丰富化的重点对象。

（2）管理者要真正关心组织成员的福利，并让他们感觉到正在被关注。人们大多喜欢及时得到有关自己工作成绩的反馈，获得正确的评价和赞赏。

（3）组织成员愿意参与管理，希望上级与他们商量问题，并给予他们提出建议的机会。

（4）让组织成员了解工作丰富化的主要目标及由此带来的好处。

本章小结

任何组织都是人的集合体，对组织的管理首先是对人的管理，也是通过人进行的管理。因此，管理者必须认识、理解、尊重、用好每一个人，满足他们的需要，激发他们的热情，使组织内的所有成员都为实现组织目标而努力。

人的行为都是由某种需要引发的。因需要而产生动机，进而引发行为，需要得到满足，又产生新的需要……周而复始，这就是简单的激励过程。

马斯洛的需要层次理论把人的需要由低级（生理的需要）到高级（自我实现的需要）分为五个层次。马斯洛认为，一般的人都是按照这个层次从低级到高级，一层一层地去追求并使自己的需要得到满足的。在某一特定时期，总有某一层次的需要起主导的激励作用。

赫茨伯格提出了双因素理论。他将影响人的需要的因素分为两类，即保健因素和激励因素。双因素理论认为，保健因素不能直接对人起激励的作用，但能防止人产生不满情绪。激励因素有助于充分、有效、持久地调动人的积极性。

麦克利兰的成就需要激励理论认为，人在生理的需要得到基本满足后，还会有三种需要，即对权力的需要、对社交的需要、对成就的需要。期望理论要求管理者积极帮助组织成员实现其期望值。波特－劳勒模式认为，一个人在一项工作中的实际业绩主要取决于他所做的努力。其努力的程度又与他想得到的公平报酬密切相关。公平理论认为，报酬是否公平是激励中的一个重要因素。

激励手段和激励方法包括物质激励（最突出的就是金钱的激励）、精神激励、组织成员参与管理、工作丰富化。

思考题

1. 作为管理者，为了成功地激励组织成员，为什么需要懂得一些人的基本需要？以你个人的经验，描述一种并不符合你个人需要的预定的激励因素。

2. 在今天的经济生活中，生理的需要和安全的需要有什么意义？在什么条件下，这些需要将变得更有意义？

3. 关于需要层次理论，你认为哪一层次的需要是最重要的和经常发生的？

4. 试区别保健因素和激励因素。这个区别重要吗？

第十一章　沟　　通

□ **学习目标**

学完本章内容，你应该能够：
- 给沟通下定义
- 描述沟通的过程
- 区分沟通的不同类型
- 了解有效沟通的障碍
- 明确沟通障碍的克服方法
- 了解冲突产生的原因
- 掌握管理冲突的对策

□ **关键术语**

沟通　有效沟通　沟通障碍　冲突　管理冲突　激发冲突

沟通，对于管理者来说非常重要，管理者所做的每件事几乎都包含沟通。没有沟通，管理者就不可能做出科学决策并执行决策。对于管理者来说，其在每个工作日至少要花80%的时间与他人沟通，包括开会、打电话、在线交流或者进行其他非正式交谈。管理者另外20%的时间会花在文书工作上，该工作的大部分仍然是以阅读和写作的方式进行的沟通。松下幸之助有句名言：管理，过去是沟通，现在是沟通，未来还是沟通。由此可见沟通的重要性。本章主要介绍沟通以及沟通技巧。

第一节 沟通概述

一、沟通的含义

沟通是指两个或者两个以上的人交流并理解信息的过程，其目的是激励或者影响他人的行为。沟通包括两个层次的含义：首先，沟通包括信息的传递，如果信息或想法没有被传递给接收者，则意味着沟通没有发生。比如，说话没有听众，或者作品没有读者，这些都不能说实现了沟通。其次，沟通包括对信息的理解。要使沟通成功，信息不仅要被传递出去，而且要被理解。沟通并不是一个人单向地传递信息，让其他人接受，而是信息的发送者和接收者充分互动、交流想法，达成共识。一个不重视沟通或没有熟练掌握沟通技巧的管理者往往会非常沮丧，因为他会发现下属根本没法听懂他的意思，也不理会他的想法。

理想的沟通应该是这样的：当人们在一起交流信息时，彼此能够设身处地地替对方着想，并预测对方听到自己话语时的感受，根据这些预测来调整自己的言谈举止，最后在互利互惠的目标下，双方彼此理解。

二、沟通的过程

很多人认为沟通非常容易，因为他们不经意间就成功实现了沟通。事实上，沟通的过程非常复杂，发送或者接收错误信息的情况几乎是常态。人们常常会说"那不是我的意思！"或者"我还以为是这样！"，这些话就反映了这种常态。

由图 11-1 可以看出，沟通过程包括以下六个环节：

（1）信息源发出信息。

（2）编码，即信息发送者将信息转化为某种可以传递的信号形式，也就是传递中信息存在的形式。

（3）通过沟通通道传递信息，即通过信息沟通的渠道或媒介传递信息。

（4）信息接收者接收信息。

（5）解码，即信息接收者将接收到的信息翻译成可以理解的形式，也就是信息接收者对信息的理解和解释。

（6）反馈，即若信息接收者对所接收的信息有异议或不理解，可以将信息返回给信息发送者，让信息发送者进行核实或修正。

> **关键点**
> 信息沟通三要素：信息源、要传递的信息、信息接收者。

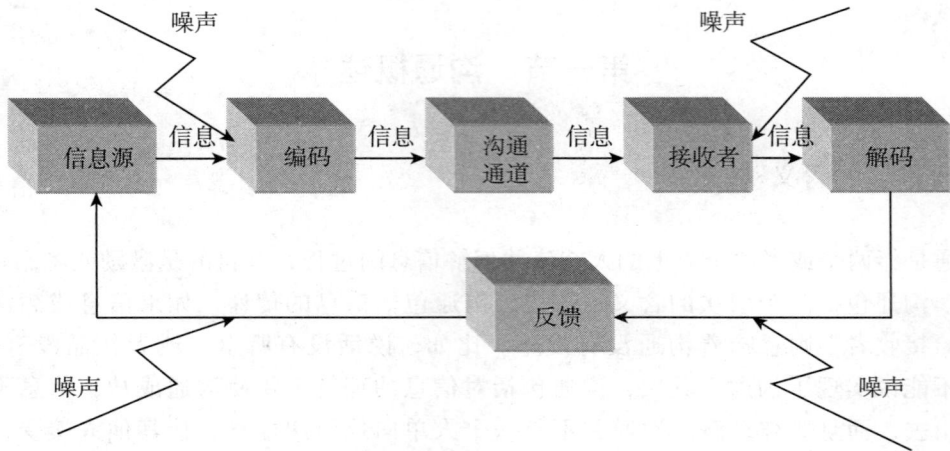

图 11 - 1 沟通过程

因此，可以这样描述沟通过程：信息源（信息发送者）首先将要传递的信息转化为某种可传递的信号形式（编码），然后通过媒介（沟通通道）传递给信息接收者，信息接收者对所接收的信息进行理解和解释（解码），最后信息发送者通过信息接收者的反馈来了解所传递信息被接收者理解接收的程度（反馈）。从中可以看出，每一次信息沟通至少包括三个基本要素：信息源、要传递的信息和信息接收者，而编码、沟通通道的选择和解码是沟通取得成效的关键环节。

在沟通过程中，双向性是一个非常明显的特点。成功的管理者都懂得并且充分利用这一点。他们定期与下属沟通，积极了解下属的想法，以及下属对组织的战略规划、计划任务等的认识，并设法向下属进行明确的说明，以达到良好的沟通效果。

三、沟通的分类

（一）按照功能划分

按照功能的不同，可以将沟通分为工具式沟通和情感式沟通。

1. 工具式沟通

一般来说，工具式沟通是指发送者将信息传递给接收者，目的是影响和改变接收者的行为，最终达到组织目标。工具式沟通能够有效地降低管理的模糊性，让下属清晰地知道自己的工作方向和目标，从而提高整个组织的运营效率。

2. 情感式沟通

情感式沟通是指沟通双方表达情感，以获得对方精神上的同情和谅解，最终改善相互间的关系。

情感式沟通是组织的润滑剂，通过情感式沟通，组织成员和领导者之间能够产生情感上的共鸣，容易让组织成员产生归属感，激发他们的士气，增强组织的凝聚力。

这两种沟通在组织中都非常重要。

（二）按照沟通方式划分

按照沟通方式的不同，可以将沟通分为口头沟通、书面沟通、非语言沟通等。这几种沟通方式各有优缺点，管理者需要根据沟通内容和沟通对象选择合适的沟通方式，最大限度地发挥沟通的作用。

1. 口头沟通

口头沟通是最常见的沟通方式，常见的口头沟通包括演说、正式的一对一讨论或小组讨论、非正式的讨论以及传闻或小道消息的传播等。

口头沟通的优点：信息可以在最短的时间内被传递，并在最短的时间内得到对方的回应。信息的发送者和接收者直接交流，有助于双方对信息的深层次、感性化的理解，减少误解发生的可能性。情感的传递越及时，越能强化积极的人际关系。

口头沟通的缺点：随着传播链条的延长，信息失真现象会越来越明显。每个人以自己的方式对信息进行解释，当信息传递到终点时，其内容往往与原始信息大相径庭。因此，重大决策不适合以口头方式进行传递。当然，在重大决策出台之前，可以口头方式进行充分的沟通，多听取各方面的意见。

2. 书面沟通

基于组织的特性，书面沟通在组织活动中所占的比例非常大。常见的书面沟通包括公告、传真、备忘录、信件、合约、协议书、组织内部发行的期刊、布告栏、传单、手机短信、微信以及其他传递书面文字或符号的手段。

书面沟通的最大优点在于记录可以长久保留、有形、可以核实。一般情况下，信息的发送者和接收者都会保留书面记录。在复杂的、需要长时间沟通的情况下，书面沟通尤为重要。比如，谈判一个重要的项目，周期很长，组织把谈判计划以书面的形式记录下来就可供以后参考。书面沟通还有一个优点，即信息量完整、系统，可以供信息的发送者和接收者共同思考。

当然，书面沟通也有缺点。虽然其比较精准，但是耗时较多，在同样的时间内，书面沟通所传递的信息远远不能与口头沟通相比。书面沟通的另一个缺点是由于缺乏反馈，沟通的效果受到影响。

3. 非语言沟通

非语言沟通是指通过人的动作和行为来传递信息的沟通方式。虽然绝大部分非语言沟通都是无意识的或者下意识的，但它反映了人们所发送或接收的大部分信息。非语言沟通主要通过身体语言和语气语调等传递信息。一位研究者发现，在口头沟通中，信息的 55% 来自面部表情和身体姿态，38% 来自语调，仅有 7% 来自词汇。这个结果可能会令管理者吃惊不已。非语言沟通之所以具有这么大的魅力，主要是因为它能够传递真实的信息。身体语言能够表达人的真情实感。当人们"很高兴"或"很难受"时,其真情实感可能会通过瞳孔放大、眉飞色舞或者脸红、出汗、目光游移、不敢与人对视等表露出来。人们也可以通过语调来表达真情实感:用坚定有力的语调表示决心,用温和亲切的语调表示关心,用心不在焉的语调表示不感兴趣,这些都能给信息接收者以强烈的暗示。

(三)按照组织系统划分

按照组织系统的不同,可以将沟通分为正式沟通和非正式沟通。

1. 正式沟通

正式沟通是指按照组织明文规定的原则、方式进行的信息传递与交流。例如,组织内的文件传达、定期召开的会议、上下级之间的定期汇报以及组织之间的公函来往等,两位老师为了完成共同的教学任务而相互交流、协调工作等,都属于正式沟通。

正式沟通通常是在组织的层次系统内进行的,约束力强,能保证有关人员或部门按时、按量得到规定的信息,严肃并有利于保密。正式沟通的主要缺点是:信息在沟通链条上层层传递,可能造成信息失真,同时不利于横向沟通。

正式沟通有五种模式:链式沟通、环式沟通、轮盘式沟通、Y 式沟通和全通道式沟通,如图 11 - 2 所示。

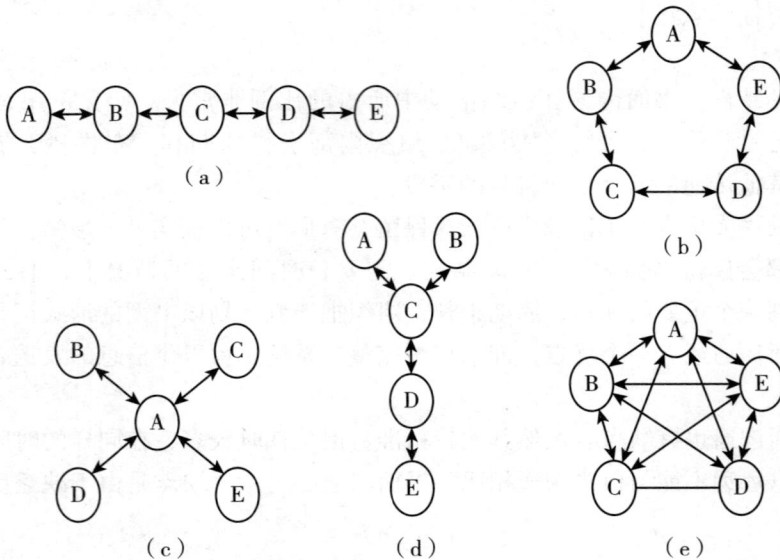

图 11 - 2 五种正式沟通模式

(a) 链式沟通;(b) 环式沟通;(c) 轮盘式沟通;(d) Y 式沟通;(e) 全通道式沟通

(1)链式沟通。这种沟通发生在一种直线型的五级层级结构中,沟通只能向上或向下进行,且每一个上级只有一个下属向他报告,每一个下属也只向一个上级报告。在这种沟通模式下,信息层层传递,路线长,速度慢,且容易发生信息的过滤、篡改和失真。

（2）环式沟通。在这种沟通模式下，组织成员只能与相邻的成员沟通，而不能与其他成员沟通，即沟通只能发生在同部门成员之间或直接上下级之间，不能跨部门沟通，也不能越级沟通。在这种沟通模式下，组织成员往往可以达到比较一致的满意度，组织士气高昂；但由于信息也是层层传递的，速度慢，并且容易出现信息失真。

（3）轮盘式沟通。在这种沟通模式下，四个下属都向同一个上级报告，但四个下属之间不能沟通。在这种沟通模式下，由于结构层次少，信息传递速度快，且不易出现信息失真，组织集中度高；但由于每个人可以沟通的渠道只有一个（上级除外），成员满意度较低，组织士气低落。

（4）Y式沟通。这也是一种只有纵向沟通的模式。如果把Y网络倒过来，可以看到，有两个最底层的成员A、B向他们的上级C报告，而上级C又要向其上级D报告，上级D又要向其上级E报告，因此这是一个有四个层级的组织结构。在这种沟通模式下，信息也是层层传递的，速度较慢且容易失真。这种组织结构的权力集中度高，解决问题的速度快，但组织士气一般。

（5）全通道式沟通。这是一种开放型的沟通模式。在这种沟通模式下，每个组织成员都可以自由地与其他成员沟通，沟通速度快。但由于沟通渠道太多，容易造成混乱，并降低信息传递的准确度。在这种沟通模式下，组织集中化程度低，组织士气高昂，合作氛围浓厚。该沟通模式适合人才聚集的高新技术企业。

2. 非正式沟通

非正式沟通是以非正式组织系统或个人为渠道的信息沟通方式。这种沟通无须管理层批准，是不受等级结构限制的沟通。但是，无须管理层批准并不意味着非正式沟通不存在。由于组织成员中建立的朋友关系和某些小集团的存在，组织成员会用这种方式来弥补正式沟通的缺陷。

非正式沟通是在正式沟通之外进行的信息交流，传递和分享组织正式活动之外的"非官方"信息。非正式沟通网络构成了组织中重要的信息传递通道。

非正式沟通有两个作用：一是它能满足组织成员的社会需求，为组织成员创造一个良好的信息沟通渠道；二是它能在正式沟通渠道不畅通或者出现问题时起关键的信息传递作用。

非正式沟通的主要缺点：一是由于传递信息时人们的技能、知识、态度等存在差异，传递的信息经常失真；二是一旦一些不实的小道消息散布出去，会造成很坏的影响，破坏组织的凝聚力和稳定性。

由于非正式沟通在管理活动中十分普遍，而且人们真实的思想和动机往往在非正式沟通中更多地表露出来，因此管理心理学很重视研究非正式沟通。

常见的非正式沟通有小道消息、"铁哥们儿网络"等。

（1）小道消息。小道消息主要以熟人或朋友为基础，跨组织边界传播，时间快，范围广。研究表明，小道消息沟通的主要问题在于信息源本身的准确性低，而不是沟通方式的问题。

小道消息沟通有四种基本模式：聚类式沟通、概率式沟通、流言式沟通和单线式沟通。聚类式沟通是把小道消息有选择地传递给朋友或有关人员；概率式沟通是以随机的方式传递小道消息；流言式沟通是由一个人把小道消息传递给其他人；单线式沟通是以串联方式把小道消息传递给最终接收者。其中，最普通的模式是聚类式沟通。

（2）"铁哥们儿网络"。这是指哥们儿形成的非正式沟通网络，其信息传递带有感情色彩。"铁哥们儿网络"的关系联络的功能强于信息功能，信息传递范围往往比较小。

（四）按照沟通方向划分

按照沟通方向的不同，可以将沟通分为下行沟通、上行沟通和平行沟通。

> **关键点**
> 不同的沟通方式有不同的作用，管理者要根据沟通内容和沟通对象选择合适的方式。

1. 下行沟通

下行沟通是指上级将信息传递给下级，是自上而下的沟通。下行沟通是人们最熟悉、最常见的正式沟通方式。管理者经常需要利用下行沟通与下属沟通信息。例如，某学院的系主任对学院老师的工作非常关心，通过多种途径了解老师的教学情况，并及时与老师进行沟通，其中一个非常有效的方法是用充满人情味的便条进行沟通，他有时会写这样的话："李老师，我从学生那里了解到，你讲课时充满激情，能给学生带来很深的启迪。我为能有你这样一位同事而感到非常骄傲。如果我能为你做些什么，我会非常高兴。"这种沟通方式能达到良好的沟通效果。

2. 上行沟通

上行沟通是指下级将信息传递给上级，是自下而上的沟通。上行沟通在组织中不如下行沟通那么普遍，却是组织发展之必需。很多组织花大力气建设上行沟通渠道，是因为组织成员需要有机会表达申述、对管理活动提出反馈意见。上行沟通经常采用建议箱、组织成员调查、管理信息系统、开座谈会等形式进行。将上行沟通与下行沟通有机结合在一起，能保证组织成员与管理者之间的沟通形成完美的循环。

3. 平行沟通

平行沟通是指同级之间的信息传递，也称横向沟通。平行沟通既可以在部门内部产生，也可以在部门之间产生。平行沟通的目的在于获得对方的配合或帮助，以及寻求积极的反馈意见。

专栏 11 - 1

吉列公司的沟通渠道

2001 年 2 月，吉姆·基尔茨成为吉列公司的首席执行官，他建立了多种沟通渠道：

（1）每周召开一次员工大会。

（2）每周由世界各地的经理人进行一次业务回顾。

（3）每季度召开一次为期两天的高层经理外出会议。

（4）在公司内部网上设董事长专页，任何员工都可以发帖提问，并得到基尔茨的亲自回答。

（5）向无法前往沟通的海外分支机构的管理人员发放他的谈话录音。

（6）召开员工圆桌会议。

第二节　有效沟通的障碍及克服

在管理实践中，经常有各种各样的障碍影响沟通的有效进行。下面介绍这些障碍以及克服这些障碍的方法。

一、沟通障碍

沟通障碍包括组织障碍和个体障碍。

（一）组织障碍

1. 地位差异

沟通双方会因地位不平等而造成沟通障碍。如果沟通双方地位平等，沟通障碍就比较小。下属在与上级沟通时，往往会产生敬畏感，这就是一种心理障碍。在这种情况下，下属不愿意向上级传递坏消息，怕上级认为自己无能；而上级也可能没有注意到下属的贡献，把下属的贡献归于自己，引起下属的不满。这样，地位差异导致双方不能开诚布公地进行有效的沟通。

2. 目标差异

组织中不同部门之间的目标不同，每个部门都认为自己目标的实现是最重要的，都站在自己部门的立场考虑问题，这样也会导致沟通障碍。比如，研发部门要想达到最好的技术状态，往往需要一个长期的过程，而市场部门需要尽快地把产品推向市场，需要赶时间，双方在沟通时就容易出现障碍。

3. 缺乏正式的沟通渠道

如果组织没有建立正式的沟通渠道，如组织成员调查、时事通信、备忘录、定期的沟通会议等，也会导致沟通障碍。

4. 协调不够

如果组织的高层管理者很少向下属阐释组织的战略、计划和任务，不同部门之间也很少交流彼此的业务以及其他情况，也会导致沟通障碍。

（二）个体障碍

1. 选择性知觉

选择性知觉主要是指人们根据自身的兴趣、背景、经验及态度有选择地以对象的部分特征作为知觉的内容。它与个人的知识、经验、禀赋、才能以及愿望紧密相关。选择性知觉包括选择性注意、选择性扭曲和选择性记忆。也就是说，人们只记忆经过自己的选择愿意记忆的信息，这种认知过程容易导致沟通障碍。

2. 信息操控

信息操控是指在信息沟通过程中，沟通的一方故意操控信息，使其对自己有利或显得对对方有利。比如，如果下属告诉上级的正是上级想听到的信息，上级就很容易相信信息是真的，导致信息失真，从而影响沟通的真实性和有效性。

3. 情绪

情绪会影响沟通效果。如果信息发送者处于极度欢喜或者极度悲伤的状态，他所发送的信息会严重失真，而且两种状态下的沟通效果截然不同。例如，某医院领导家里发生了令人高兴的事情，他的心情极其愉悦，而他此时要向员工传达医院效益不佳的消息，他可能觉得这种情况还不是太糟糕，并且会给予员工适当的鼓励。如果这位医院领导家里发生了不幸的事情，他处于极度悲伤之中，医院效益不佳的消息在他看来就是不可容忍的。对于信息接收者也是同样的道理。如果他处于一种极端的情绪状态之中，或者难过，或者喜悦，他对信息的理解也完全不同。这些都会导致沟通障碍。

4. 语言表达能力

任何良好的沟通都要求双方有良好的语言表达能力。如果信息发送者不能清晰地发送自己所要表达的内容，接收者不能准确地把自己所接收的信息解释出来，沟通就无法有效地进行。一次模棱两可的谈话、一份逻辑混乱的报告都会使沟通陷入僵局。同时，因为语言的多变性，同一个词汇可能有若干种不同的解释，这样也很容易导致沟通障碍。另外，不同国家语言和语境的差异也会直接影响沟通效果。

5. 非语言提示

非语言提示是信息传递的一种重要方式。非语言沟通几乎总是与语言沟通相伴，如果二者协调一致，则会彼此强化。例如，上级的语言显示他很生气，如果他的语调和身体语言表明他确实很生气，下属就可推断出他很恼火。这个判断可能是非常准确的。如果上司的语言显示他很生气，但是他的语调很温和，身体语言也没有特别的表现，下属就会困惑不解。非语言提示与语言不一致会加大沟通难度，造成沟通障碍。

6. 信息发送者的信誉

信息发送者的信誉会影响沟通的效果。如果下级信任上级，那么双方在沟通时就轻松得多，沟通也会顺畅很多。一项研究表明，日本的总经理比美国的总经理多享受 75 分钟的睡眠。专家认为，这一差别部分归功于日本人在经商、解决问题时所衍生出的一种强烈的互信感。沟通者的人品差、能力弱，都可能导致对方产生不信任感，并且会在情感上加以拒绝。如果管理者平时言而无信，下属就会对他的话持怀疑态度，导致沟通障碍。

7. 沟通渠道选择不当

选择了错误的沟通渠道或媒介来传递信息也会产生沟通障碍。如果某信息是情感性的，面对面沟通的效果就要比书面沟通的效果好。例如，公司想向员工发布解聘信息，这样的信息对员工打击很大，这时选择面对面的沟通就比直接发邮件的效果好。对于常规性信息，书面沟通的效果要好。例如，公司想要告诉员工今年的销售收入和明年的工作任务，书面沟通的效果就比较好。

专栏 11－2

有关沟通的跨文化观点

人际沟通在世界各地并不是以相同的方式进行的，通过比较强调个人主义价值观的国家（如美国）与强调集体主义价值观的国家（如日本）就可以发现这一点。

美国等一些国家，比较强调个人主义价值观，沟通风格也是个人趋向的，并且直言不讳。比如，对于组织内部的协商，美国管理者习惯于使用备忘录、布告、论文以及其他正式沟通方式表明自己的看法和观点。为了使自己获得晋升机会或使下属接受自己的决策和计划，美国管理者常常保留机密信息。出于自我保护，下属也同样如此行动。

在日本等国家，人际接触相当频繁，而且更多是非正式的。与美国不同，日本管理者针对一件事首先进行大量的口头磋商，然后才以文件的形式总结。日本人喜欢面对面沟通。另外，日本人的工作环境是开放式的，不同等级的工作人员会挤在一起工作。而美国管理者强调权力、等级和沟通的正式路线。

美国与日本的这些文化差异使得两国人员在谈判过程中常常遇到不少困难。比如，有关谈判的研究发现，两国人员在谈判桌前各有不同的目标。美国人一开始就切入正题，日本人则以建立关系为开始；美国人希望谈判一开始就涉及数字和细节问题，日本人则从谈及通则入手；美国人倾向于直截了当、不拐弯抹角地表明他们的拒绝，而大多数日本人将其视为攻击和冒犯。

二、沟通障碍的克服

管理者可以通过改进组织行动来鼓励积极而有效的沟通，也可以通过改进个人技能来克服沟通障碍。

（一）组织行动

对管理者来说，要克服沟通障碍，需要从以下几个方面入手：

1. 营造坦诚和信任的组织氛围

坦诚和信任的组织氛围可以鼓励人们开诚布公地和他人沟通。下属可以像告诉上级好消息一样告诉其坏消息，以求得积极的改善方案。不同部门的成员可以积极地交流思想，有助于换位思考，达成共识。

2. 全方位地开发并使用正式的沟通渠道

全方位地开发并使用正式沟通渠道能引导组织的沟通，极大地提高沟通的效果。比如，美国通用汽车公司的一家工厂与员工分享包括财务状况、未来发展计划、质量以及绩效在内的所有相关信息；另一家公司开发激励员工创新的项目，如"思想专栏"，专门收集员工的想法和反馈意见。其他渠道包括直接信件、公告牌和员工调查等。

3. 鼓励使用多元沟通渠道

要鼓励使用多元沟通渠道，包括正式渠道和非正式渠道，如组织的刊物、网站、论坛等。这些渠道既能让组织管理者及时了解下属的所思所想，为管理者沟通提供必要的背景资料，又能让不同部门的成员畅意交流，增进了解，还可以让管理者有解释的机会从而提高组织沟通的效果。

（二）个人技能

1. 做好充分的沟通准备

在进行沟通之前，管理者需要做好充分的准备。

（1）明确自己的思想。对所要沟通的问题进行系统而深刻的分析，给出一个清晰的思路。

（2）在沟通之前，要对真正的沟通目标进行分析。先问问自己，通过沟通要实现什么目标，是要得到情报、发起行动还是要改变别人的观点。确定最主要的目标，然后采用相应的语言、语调和态度，以实现目标。不要试图通过一次沟通实现太多的目标。管理者信息沟通的焦点越明确，沟通成功的机会就越大。

（3）在沟通之前，要考虑到整个环境和人的背景。一个人所想表达的意义和意图不是仅由语言来传递的，许多其他非语言因素也影响沟通效果。管理者在进行沟通时，必须对整个环境具有敏感性，并能适应这个环境。例如，要考虑公布一则消息或宣告一个决定时的形式和气氛，组织或部门中人与人的关系以及习惯和过去的做法等。

（4）在适当的情况下，针对沟通计划征询别人的意见。在拟订一项沟通计划或确定其事实基础时，征询别人的意见常常是可取的和必须的。征询别人的意见，有助于深入了解信息，使信息更加客观、可靠。

2. 调整心态

沟通最重要的原则是要认识到组织中其他人"需要了解什么"，并对此做出反应，其他的原则都是次要的。因此，在进行沟通时，管理者要调整心态，不要以自我为中心，而要仔细考虑信息接收者需要什么，怎样将所要传递的信息转化成信息接收者所需要的信息，以及通过什么方式让信息接收者接受。这种心态的转变对成功沟通至关重要。

3. 使用反馈技巧

很多沟通障碍是由沟通者表达有误或者理解不准确造成的。如果管理者在沟通过程中使用反馈技巧，就能将误解降到最低。这里的反馈可以是语言反馈，也可以是非语言反馈。

语言反馈通常是这样的，信息发送者会问信息接收者："我的意思表达清楚了吗"，所得到的答复代表反馈。需要注意的是，在问的时候，用"我的意思表达清楚了吗"与"你听明白我的意思了吗"是有区别的。前者表明了信息发送者的一种谦虚态度，而后者则假定自己表述得很清楚了，会使信息接收者在心理上产生压力。

在语言反馈中，即使信息发送者得到肯定的答复，也不一定表明信息接收者真的听明白了。信息发送者可以巧妙地让信息接收者复述所讲的内容，或者让他谈谈对所讲内容的看法。

在语言反馈中，可能还存在一些情况。例如，信息接收者不赞成信息发送者发送的信息。这时，信息发送者要注意不能激动，更不能生气，而要平心静气地先讲明自己的理由，然后再问"你能把你的理由告诉我吗"，这样就能将沟通深入下去。

除了语言反馈，还有非语言反馈。比如，管理者要求下属上交下一年度的工作计划，而下属没有上交。这时，管理者应该想到可能是沟通的问题，下属没有明确自己的意图。另外，管理者在与下属谈话时，可以通过下属的眼神、姿态、声调等肢体语言得到反馈。

4. 积极倾听

在口头沟通，尤其是面对面沟通中，积极倾听对保证沟通效果非常重要。听别人讲话，有倾听和单纯地听两种。倾听就是凝神聆听，边听边搜索信息，不仅用耳听，还用脑记。而单纯地听就是被动地听。倾听之所以重要，是因为倾听时双方都在思考，促进了信息的理解和接受。

提高积极倾听的能力，需要从以下几个方面入手：

（1）与说话者进行目光接触，可以使倾听者集中精神，减少分心，并能鼓舞说话者。

（2）使用赞许性的点头和恰当的面部表情，可以表明倾听者在积极倾听，对说话者传递的信息感兴趣并能理解。

（3）恰当提问。积极的倾听者在听的时候，会对听到的信息进行一定的分析，并恰当地提出问题。这样既可以提高问题的清晰程度，保证理解，也可以让说话者知道倾听者在认真听。

（4）避免中间打断说话者，应让说话者把意图完整地表达出来。

（5）恰当地使用复述。复述是指倾听者使用自己的语言将说话者的意图重复一遍。一方面，复述可以使倾听者不易走神；另一方面，复述可以检查倾听者的理解是否准确。

5. 控制情绪

情绪异常影响有效沟通，使信息的传递严重受阻。所以，当管理者的情绪波动比较大时，最明智的做法是停止沟通。同样，如果沟通对象的情绪不稳定，也要停止沟通，待其情绪稳定后再重新沟通。如果事出紧急，管理者必须立即决断，也应该找来其他人协同商量，或者让其他人委托代理。

6. 简化语言

由于语言也会成为沟通的障碍，因此管理者在进行沟通时，要选择好语言。首先，要尽量选择简单的、明确的、无歧义的语言，这样的语言容易为信息接收者接

> **关键点**
>
> 了解沟通对象、学会反馈、积极倾听以及非语言沟通等是实现有效沟通的关键。

受。不要故意卖弄一些新鲜的名词，或者讲一些讳莫如深、让人摸不着头脑的话，这样的沟通效果最差。其次，所选择的语言应该符合沟通情境，为信息接收者所熟悉。例如，如果管理者和教师沟通，就应该选择一些教师所熟悉的词汇；如果管理者和医生沟通，就应该选择一些医生所熟悉的词汇。

7. 注意非语言提示

在进行沟通时，管理者还需要注意语气、表情、动作等非语言提示，这些提示对那些期望接收信息的人会产生巨大的影响。信息沟通的这些微妙之处常常被人忽视，但它们比一项信息的基本内容更能影响信息接收者的反应。同样，管理者所选择的语言，特别是所用词语在感情上的微妙意义常常在很大程度上预先决定了信息接收者的反应。

8. 要保证行动支持沟通

对于管理来说，归根结底，最有说服力的沟通不是言辞，而是行动。对于管理者来说，在工作中要做到言行一致，明确地分配责任和权力，公正地付给组织成员报酬，明智、稳妥地执行政策等。这些比所有动听的言辞更有利于沟通。

第三节 冲突的管理

一、冲突及其分类

（一）冲突的含义

美国管理协会曾对中层管理者和高层管理者做过一次调查，结果发现，管理者平均花费20%的工作时间来处理冲突；而且，大多数管理者认为，冲突管理的重要性排在决策、领导之前。那么，什么是冲突呢？

冲突广泛存在于组织的各项活动之中，影响和制约着组织及其成员的行为倾向与行为方式，是组织活动的基本内容和基本形式之一。从不同的角度，人们对冲突会有不同的认识。例如，从政治学角度，冲突是人类为了达到不同的目标和满足各自相对利益而发生的某种形式的斗争；从社会学角度，冲突是两个或两个以上的人或团体之间直接的或公开的斗争，彼此表示敌对的态度和行为；从管理心理学角度，冲突是指两个人或两个团体的目标互不相容或互相排斥，从而产生心理上的矛盾。

总之，冲突可以理解为两个或两个以上的行为主体在特定问题上由于目标不一致、看法

不相同或意见有分歧而产生的相互矛盾、排斥、对抗的一种态势。

（二）冲突的分类

1. 按冲突对组织的作用划分

按冲突对组织作用的不同，可以将冲突分为建设性冲突和破坏性冲突。

建设性冲突是指对组织生存和发展有促进作用的冲突；破坏性冲突是指对组织生存和发展有不利影响的冲突。

目前，在国外，主要以冲突水平（激烈程度）或冲突的多少来区分建设性冲突和破坏性冲突。冲突水平与组织绩效的关系如表 11－1 所示。

表 11－1　冲突水平与组织绩效的关系

冲突水平	冲突类型	组织状态	组织绩效
没有冲突或很少冲突	破坏性冲突	呆滞、没有活力、缺乏创新精神	低
冲突水平适当	建设性冲突	充满活力、对环境变化反应快、不断创新	高
冲突太激烈或冲突太多	破坏性冲突	秩序混乱、合作性差甚至分裂	低

没有冲突或很少冲突、冲突太激烈或冲突太多属于功能失调的冲突，即破坏性冲突。在这种情况下，组织或显得呆滞、没有活力、缺少创新精神，或秩序混乱、合作性差甚至分裂，组织绩效低。

冲突水平适当属于功能正常的冲突，即建设性冲突。在这种情况下，组织充满活力、对环境变化反应快、不断创新，组织绩效高。

遗憾的是，截至目前，还没有一个用来判断建设性冲突和破坏性冲突界限的标准或工具。至于某种冲突是建设性的还是破坏性的，需要管理者靠自己的经验进行判断。总之，没有冲突或冲突太激烈都是不利的。

2. 按冲突表现出来的状态划分

按冲突表现出来的状态的不同，可以将冲突分为战斗、竞争和辩论。

（1）战斗。战斗是冲突最激烈的情况。在这种情况下，冲突双方的自我控制能力都急剧下降，并且其中一方的任何行为都可能成为另一方产生类似行为的起点。例如，超级大国之间的军备竞赛，当甲国研制出一种新型武器时，乙国必然会在短时间里研制出同样的或更高级的武器；接着，甲国又会去研制更强的武器。在组织内部，战斗的情形经常会发生，如两人为争夺同一个职位而对对方进行人身攻击。

（2）竞争。在竞争中，双方的对抗程度要小于战斗时的程度，而且竞争双方对自己的行为都有一定的理性控制。在竞争中，双方都会考虑采取什么样的策略会对自己有利，自己的行动会对对方产生什么样的影响，最终自己会得到什么。在竞争中，双方都会尽力避免两败俱伤。例如，两个企业为争夺同一市场而进行的价格竞争、技术竞争等就属于这种类型的冲突，争夺的结果往往是双方达成一种均衡状态而共存。此外，在竞争中常常会产生一些新的思想或技术，如某个企业为了在竞争中取得优势，下大力气研究新技术，这必然会对新技术的产生起到积极的促进作用。

（3）辩论。这是一种理性的和有控制的对抗。在辩论中，双方各抒己见，并通过批驳对方来维护自己。此外，辩论还可以使双方得到一定的情感发泄。在辩论中，由于双方都在积极地思考，同样可能产生一些新的思想或方法。例如，在企业中，两名技术人员为某一技术问题发生冲突并进行辩论。在辩论中，双方都想维护自己的说法，但通过辩论也有可能产生一种新的思路，并且这种思路好于两人原有的想法，从而使冲突得到解决。

二、冲突产生的原因

组织冲突产生的原因比较复杂，有单一的，也有综合的；有主观的，也有客观的；有因组织内部关系的不协调引发的，也有外部环境因素导致的。

（一）个体差异

组织是由个体组成的，个体在组织中占有非常重要的地位。但是，组织中个体的家庭环境、教育背景、经历、禀赋等各不相同，导致其个性特征、知识水平、价值倾向也有所不同。而个体认识事物、处理事物时往往按照选择性知觉来处理，这就使得他只认可与自己的价值观接近的价值观，以及与自己的处事风格类似的处事风格，给冲突的产生埋下伏笔。

（二）目标不一致

目标不一致往往会引发冲突。理论上，个人目标、组织目标及社会目标是一致的，组织在目标实现过程中应兼顾个人目标和社会目标，承担社会责任和义务，帮助个人实现目标。社会在规范组织行为的同时，也要充分保障和尊重组织的独立自主权益，提供配套服务，以实现组织目标与社会目标的统一。但现实中，个人目标、组织目标及社会目标又存在对立和矛盾的一面，整个组织有共同的目标，群体和个体又有分解后的小目标，这些目标是不同的，甚至是相互冲突的，各目标主体都在自觉或不自觉地追求自己目标的顺利实现，突出自我目标而忽略其他目标，从而引发冲突。

（三）利益分配

利益分配引发的冲突是人类社会最古老、最根本的冲突。原因主要有三个：一是可分配资源的稀缺性和人类欲望的无穷性决定了利益分配引发的冲突客观存在；二是现实中组织利益分配的不合理；三是个人或群体对组织利益分配的不信任。

（四）沟通不畅

有效的信息沟通是组织赖以生存和发展的基础，通过沟通可以改变组织中个体或群体的行为，从而对组织绩效产生良好的影响。在实际工作中，不同个体或群体对同一信息的感知、推断不同，会造成信息沟通过程中的误解或信息传递无效，致使其行为效果与最初的原始信息的真正含义和要求相去甚远，甚至有意义相反的事件发生，从而产生不可避免的冲突。

三、管理冲突的对策

面对冲突，管理者可以采取以下解决方法：

（1）回避。回避是解决冲突的最简单的方法，即让冲突双方暂时从冲突中退出或抑制冲突。当冲突微不足道，或冲突双方情绪非常激动时，可以采取让双方暂时回避的方法来解决冲突。由于采取回避方法时，管理者并没有追究冲突产生的原因，冲突依然存在，并可能在某个时刻以更激烈的形式复发。所以，采取回避方法时，要考虑冲突的程度和严重性，以及对组织可能产生的影响。

（2）强制解决。强制解决是指管理者利用职权强行解决冲突。强制解决的优点是花费时间少，管理者的一个命令就可以解决问题。因此，当管理者需要对一件事迅速做出处理，或对管理者的处理方式其他人赞成与否无关紧要时，可以采取强制的方法。但在强制解决时，往往以牺牲某一方的利益为代价。

（3）妥协。妥协是指通过要求冲突各方都做出一定的让步，使问题得到解决。当冲突各方势均力敌或希望就某一问题尽快获得解决办法时，可以采取这种方法。

（4）树立更高目标。树立更高目标的作用是使冲突各方感到紧迫感和压力。当冲突各方单靠自己的能力不能实现目标时，就可能会进行合作并做出一定的让步，为实现目标而统一起来。

> **关键点**
> 合作是解决冲突的最好办法。

（5）合作。合作是指将冲突各方召集到一起，让他们进行开诚布公的讨论，弄清楚分歧所在，并商量可能的解决办法。这种方法可以使双方的利益都得到满足，从结果来说，是最好的选择。但这种方法花费时间较多，一般在没有时间压力的情况下采用。

四、激发冲突

冲突有正面冲突和反面冲突，具有建设性和破坏性两种性质。没有冲突的组织将表现得呆滞，对环境变化适应慢和缺乏创新精神，组织绩效也不会是最好的；存在一定水平的冲突，可以促进组织变革，使组织充满活力，组织绩效也一定大大提高。基于这种认识，管理者管理冲突的另一个任务就是激发冲突。

是否需要激发冲突，可以参照美国著名组织行为学家斯蒂芬·罗宾斯的标准来进行判断。请回答下列问题：

（1）你是否被"点头称是的人们"所包围？

（2）你的下属是否害怕向你承认自己的无知与疑问？

（3）决策者是否过于偏重折中方案，以至于忽略了价值观、长远目标或组织福利？

关键点

建设性冲突要激发；破坏性冲突要抑制。

（4）管理者是否认为他们的最大乐趣是不惜一切代价维持组织中的和平与合作效果？

（5）决策者是否过于注重不伤害他人的感情？

（6）管理者是否认为在奖励方面，得众望比有能力和高绩效更重要？

（7）管理者是否过分注重获得决策意见的一致？

（8）员工是否对变革表现出异乎寻常的抵制？

（9）员工是否缺乏新思想？

（10）员工的离职率是否异常低？

如果其中一些或全部问题得到的是肯定的回答，则表明需要激发冲突。

对组织激发冲突的建议如下：

1. 改变组织文化

激发冲突的第一步就是要改变组织文化。管理者应该向下属传递这样的信息：冲突有其合法地位，并用自己的行动加以支持。例如，艾尔弗雷德·斯隆曾在美国通用汽车公司高级管理阶层的一次会议上这样说过："先生们，我建议推迟到下次会议再对这项决定做进一步的讨论，以便我们有时间来提出不同的意见。"斯隆通过这样的方式承认了冲突的合法地位。

管理者应该对那些敢于提出异议、坚持原则、倡导革新建议、提出不同看法和进行独创思考的个体给予大力奖励，如晋升、加薪等。

2. 模棱两可

管理者如果想在一些事情上激发冲突，可以采取模棱两可的态度。比如，开会时，管理者并不表明自己的态度，对某件事情的态度含糊其词，这样就能激发下属对问题进行充分的讨论。

3. 空降人才

管理者可以通过外部招聘的方式引进背景、价值观、态度或管理风格与当前组织成员不相同的人才，通过这些新鲜血液来逐步改变组织。

4. 重新构建组织

组织本身也是冲突源之一，因此管理者可以通过调整组织结构来激发冲突。比如，管理者可以加强不同单位之间的协同机制，重新组合工作群体，加强对组织规章制度执行状况的监管等，从而打破现状，提高冲突水平。

5. 任命一些吹毛求疵者

组织在做决策或者开会时，可以任命一些吹毛求疵者，他们的职责就是扮演批评家的角色，即使他们同意对方的意见，也要提出对立的看法。这样就可以激活组织的冲突气氛，让组织成员突破思维束缚，对习以为常的思路进行反思，提出创新意见。

总之，在组织管理中，冲突是不可避免的，管理者需要运用管理技巧有效地解决冲突。同时，建设性冲突又是必须存在的，管理者还需要想方设法激发建设性冲突。这两个方面都是冲突管理所必需的。

本章小结

沟通是管理者最重要的基本技能。掌握了良好的沟通技能，管理者就能游刃有余地行使管理职能，推动组织积极、健康地发展。

沟通是一个双向过程，不仅包含信息的传递，而且包含信息的理解和反馈。沟通过程非常复杂，要由信息发送者对信息进行编码，并经由沟通通道传递信息，信息接收者接收信息，再对信息进行解码和反馈。

沟通有不同的分类，这些不同类型的沟通都有其适用范围和使用领域，其中最主要的是正式沟通和非正式沟通。

在管理实践中，经常有各种障碍影响沟通的有效进行。既有组织障碍，包括地位差异、目标差异、缺乏正式的沟通渠道和协调不够；又有个体障碍，包括选择性知觉、信息操控、情绪、语言表达能力、非语言提示、信息发送者的信誉和沟通渠道选择不当等。要克服有效沟通的障碍，就要根据沟通障碍产生的原因对症下药，从组织行动和个人技能两个方面加以改进。

在组织管理过程中，冲突是不可避免的。冲突有多种类型，产生的原因也不尽相同。管理者应针对不同的冲突，采取不同的解决方法，主要有回避、强制解决、妥协、树立更高的目标、合作。

思考题

1. 你认为如何才能达到良好的沟通效果？
2. 你遇到过尴尬的沟通情况吗？你认为原因是什么？
3. 如果你是一名管理者，你将采取什么措施提升自己的沟通技巧？
4. 你是否认为有些冲突对组织也有好处？能举一个例子说明吗？
5. 如果你是一名管理者，你将采取什么措施激发组织中的建设性冲突？

第五篇

控 制

第十二章　控制基础

学完本章内容，你应该能够：
- 给控制下定义
- 解释控制在管理中的作用
- 描述控制工作的过程
- 区分前馈控制、现场控制和反馈控制
- 明确控制工作的原则和有效控制的要求
- 了解控制系统的构成

控制　控制工作过程　控制系统　前馈控制　现场控制　反馈控制

　　管理的控制职能是对组织绩效的衡量与纠正，以确保组织目标以及为实现目标所制订的各项计划得以完成。这是从组织高层管理者到基层管理者等所有管理者都应承担的职责。计划与控制密不可分，没有目标和计划，控制就无从谈起；而失去有效的控制，组织的目标和计划就难以得到很好的落实。本章主要讨论控制的含义、作用、类型，控制系统的构成和特点，控制工作的过程，以及控制工作的原则和有效控制的要求。

第一节　控制与控制系统

一、控制的含义及作用

（一）控制的含义

组织在完成任务、实现目标的过程中，由于受外部环境和内部条件的影响，实际执行结果与预期目标不完全一致的情况时常发生。这种不一致的情况称为偏差。例如，由于主力球员的状态不好或突然受伤，一支球队在比赛中不一定能够完全执行赛前制定的战术，导致比赛失利；由于新竞争对手的加入或政策的改变，一家汽车制造企业年初制定的销售目标和为实现销售目标所制定的价格、渠道、促销等策略可能得不到完全执行。为保证组织目标以及为实现组织目标所制订的计划得以实现，管理者必须对计划的执行过程进行监督、检查，如果发现偏差，还要及时采取纠偏措施。这就是控制。由于环境是动态变化的，偏差往往难以避免，因此，对于管理者来说，重要的不是工作有无偏差，或者是否可能出现偏差，而是能否及时发现已出现的或潜在的偏差，采取措施予以纠正或预防，以确保组织目标的顺利实现。

控制是组织的一项重要职能，在管理实践中具有不可替代性。根据管理过程学派的观点，管理常常被视为计划、组织、人员配备、领导、控制等多种职能的结合体，并且这些职能构成了一个完整的管理

> **关键点**
> 　　控制职能要求管理者对计划的执行过程进行监督、检查，发现偏差，采取纠偏措施。

循环过程，而控制始终是一个管理循环过程的终点，同时又是下一个管理循环过程的起点。控制是实现现阶段组织目标和计划的有力保证，也是组织修正发展目标和制订下一个计划的前提与基础。

控制是组织中每一个管理者都需要承担的职责。实践中，控制工作常常被误认为只是高层管理者或主要是中层管理者的职责。实际上，无论哪一层次的管理者，都不仅要对自己的工作负责，而且要对整个计划的有效实施和目标的实现负责。因为他们本人的工作是计划的一部分，他们下级的工作也是计划的一部分，因此，从组织高层管理者到基层管理者，所有的管理者都要承担控制这一重要职责。

（二）控制的作用

任何组织、任何活动都需要控制。在现代管理实践中，控制具有以下重要的作用：

1. 控制是完成计划任务和实现组织目标的有力保证

计划是对组织未来行动的谋划和设计，是组织在未来一段时间内需要执行的行动规划。虽然组织在制订计划时进行了全面、细致的预测和分析，考虑了实现目标的各种有利条件和影响因素，但由于外部环境和内部条件是动态变化的，管理者也受自身知识、经验和能力的限制，预测不可能完全准确，制订的计划在执行过程中难免不出现偏差。为了使计划及时适应变化了的环境和条件，推动组织目标的实现，管理者必须通过控制及时了解环境和条件变化的程度、原因、趋势，并据此对组织目标做适当的调整，进而使计划和计划执行过程更加符合实际。

控制对计划任务完成和组织目标实现的作用，可以归纳为两个方面：一是及时纠正计划执行过程中出现的各种偏差，督促有关人员严格按照计划的要求办事，即纠偏功能；二是发

现计划执行过程中不符合组织目标的内容，及时进行调整和修正，保证计划的合理性，同时保证修正后的计划得到有效执行，即调适功能。

2. 控制是及时解决问题、提高组织效率的重要手段

对于当前的管理过程而言，控制有利于组织少走弯路，降低偏差对组织效率产生的负面影响。通过控制，组织可及时发现工作中存在的问题并及时加以解决，这样就可以避免或降低偏差，进而减少损失，甚至不发生任何损失。此外，对今后的管理实践而言，控制能够帮助管理者积累经验，提高未来管理工作的效率。

3. 控制是组织创新的推动力

控制是一个动态的、适时的信息反馈过程。它不是简单地对受控者进行管、卡、压，而是控制者与受控者之间交流信息、沟通情况的行为和过程，是一种积极主动的管理活动。由于现实环境千变万化，现代管理越来越强调控制中良好的反馈机制和弹性机制。在控制中，控制者与受控者都可以及时发现新问题、新情况，促使管理者推陈出新，在推动管理工作动态适应环境的过程中不断创新。

二、控制的类型

依据不同的标准，可以将控制分为不同的类型。依据控制对象的性质，可以将控制分为行为控制、质量控制、成本控制、信息控制、资金流量控制、全面绩效控制等；依据控制对象的范围，可以将控制分为全面控制和局部控制；依据控制措施作用的环节，可以将控制分为前馈控制、现场控制和反馈控制；依据控制所采用的手段，可以将控制分为官僚控制和文化控制等。下面着重对前馈控制、现场控制和反馈控制进行介绍。

（一）前馈控制

前馈控制又称预先控制，是指通过观察情况，收集、整理、分析各种信息，掌握规律，预测趋势，正确预计未来可能出现的问题，提前采取措施，将可能出现的偏差消除在萌芽状态。简言之，前馈控制就是"防患于未然"。

前馈控制是控制的最高境界。通常情况下，控制是在计划执行过程中通过不断收集、整理、分析各种信息，再根据信息处理结果提出解决问题的措施。由于信息的获取和处理、有效措施的出台等都需要时间，因此，控

> **关键点**
> 控制的最高境界——前馈控制。

制在信息反馈和采取纠偏措施之间往往由于存在时滞而使管理者丧失纠正偏差的时机。也就是说，管理者更需要在问题出现之前就采取有效的预防措施，以避免偏差和损失的发生。实践中，面向未来的前馈控制往往被忽视，其主要原因是，管理者为了达到控制目的而过分依赖会计数据和统计数据。如图 12-1 所示，一般的反馈控制监控的是系统的输出端，即系统运行的最终产出，并将这些反馈信息与计划目标进行比较，判断是否存在偏差，然后决定是

否调整投入或运行过程；而前馈控制监控的是系统输入端的投入变量，目的是确保投入与计划相吻合。

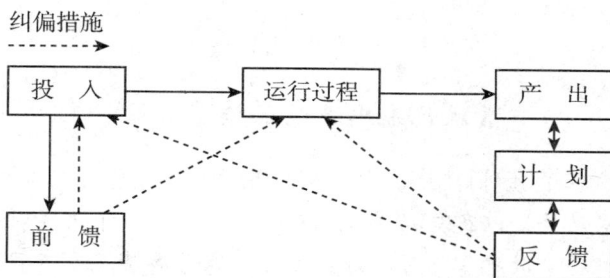

图 12 - 1　前馈控制与反馈控制的比较

专栏 12 - 1

反倾销预警系统

自我国加入世界贸易组织（World Trade Organization，WTO）以来，随着出口贸易额的快速增长，我国出口产品不断遭到外国政府的反倾销调查和制裁，我国已成为世界范围内的反倾销最大受害国。反倾销涉及家电、皮革制品、纺织品、钢铁、家具等众多行业领域，反倾销给我国企业造成了巨大损失。为了使我国企业能够在进口国企业提起反倾销申诉之前及时采取防范措施，减少企业损失，2003 年底，上海 WTO 事务咨询中心建成了第一个全国性的反倾销预警系统。该系统主要分为三块：对我国出口产品的数量和价格进行定时监控，一个月监控一次；帮助企业进行单个产品倾销幅度的试算；测算出口产品对进口国相关产业的损害程度。

在反倾销预警系统的监控下，如果有关产品出口某国市场连续激增，该系统将显现"黄灯"预警；如果有关产品出口国外的情况已可能使进口国方面纳入反倾销议程，该系统将显现"红灯"预警。反倾销预警系统显示的预警结果比进口国方面对我国企业提起反倾销申诉早 3～6 个月，这段时间可使我国行业协会和行业内企业有充足的时间进行内部自限并提前应对。

（二）现场控制

现场控制又称即时控制，是指在某项活动或者某种工作过程中，管理者在现场对正在进行的活动或行为给予必要的监督、指导，以保证活动或行为按照规定的程序和要求进行的管理活动。现场控制是一种管理者与被管理者面对面进行的控制活动，其目的在于及时纠正工作中出现的各种偏差，保证组织目标的实现。现场控制的效果与管理者的素质、工作作风、领导方式等因素密切相关。正如专栏 12 - 2 中所描述的，篮球比赛的结果往往与教练的执教思路、执教风格、指挥艺术等因素密切相关。此外，管理者的言传身教具有很大的作用。例如，员工的操作发生错误时，班组长有责任向其指出并做出正确的示范动作，以帮助其改正。

专栏 12 - 2

篮球比赛中教练的控制工作

篮球比赛的现场少不了教练。在场下，教练要做的工作包括指导整个球队训练战术配合、指导球员练习技术动作，以及与助手、球员一同分析下一个比赛对手的比赛录像并制定比赛方案等。在比赛现场，教练需要每时每刻紧盯比赛进展情况。不同教练的举止差异往往很大，有的教练相对沉稳地坐在场边的座位上，有的教练则一直站着或走来走去；有的教练说话少，有的教练则不停地大喊大叫。教练需要根据比赛进展情况，及时调换球员，或者及时地要求暂停，以改变战术或者叮嘱球员要注意哪些问题。教练的工作目标只有一个，那就是赢得比赛的胜利。能否取胜尽管在很大程度上取决于双方实力的对比，但一定程度上也取决于教练的现场指挥和控制，如果控制不力，再有实力的球队也会输掉比赛。教练工作的效果与教练本人对比赛进程的解读、执教思路、执教风格、指挥艺术等因素密切相关。

现场控制集中表现在基层管理活动中，基层管理者需要做的工作主要包括：直接向下属指示适当的工作方法和工作过程；在现场监督下属的工作，以确保计划目标顺利实现；若发现问题，立即采取措施予以解决；若发现以前未曾出现的新问题、新情况，果断采取措施予以纠正，或者及时向上级汇报情况。

有效的现场控制需要具备如下条件：

1. 素质较高的管理者

在现场控制中，管理者没有足够的时间对问题进行深入的调研，也很少有

> **关键点**
> 现场控制贵在及时。它要求管理者具有较高的素质和决策权，并得到下属的配合。

机会和他人一起分析讨论，常常需要依靠自身的知识、能力和经验，甚至直觉及时发现并解决问题。素质较高的管理者不仅能够及时解决常见问题，而且面对棘手的新问题时，能够及时做出准确的判断，并果断提出处理意见。

2. 下属的积极参与和配合

现场控制的有效实施不仅需要管理者及时发现问题并果断提出处理意见，而且需要下属的积极参与和配合。下属不仅要按规程和要求开展工作，而且要能够准确领会并有效执行管理者提出的指导建议或问题处理意见，这样才能保证组织目标的实现。就像在篮球比赛中，教练的现场指导再恰当，如果球员不遵守或不能有效执行，比赛也可能会输。此外，管理者提出处理意见时也需要听取下属的意见和建议。

3. 适当授权

在工作现场，问题的出现和偏差的发生往往比较突然，问题也比较具体，这就要求基层管理者果断决策，采取各种措施，以及时解决问题，消除偏差。如果基层管理者没有足够的

决策权，事事都要向上级请示并等待处理意见，就可能错过处理问题的最佳时机，导致更大偏差和损失的发生。

4. 层层控制，各司其职

一个组织中往往存在多个管理层次，有效的现场控制必须由最熟悉情况的管理者实施，这样才能保证全面、深入地了解问题，并提出最为切实可行的方案，还可以避免多头控制和越级管理。

（三）反馈控制

反馈控制是指管理者通过分析工作结果，将结果与控制标准进行比较，发现偏差并分析成因，然后拟定纠偏措施并予以实施，以防止偏差继续发展，或防止偏差再度发生。反馈控制的特点是，管理者根据输出的结果进行控制。由于作业过程、信息反馈以及采取纠偏措施三者之间往往存在时滞，反馈控制的控制效果往往差于现场控制和前馈控制，所以反馈控制实际上是一种"亡羊补牢"式的控制。目前在组织中广泛应用的反馈控制方法有财务报告、质量控制报告、员工成绩评定等。

三、控制系统

（一）控制系统的构成

控制系统是指由控制主体、控制客体、控制信息和控制措施构成的具有自身目标和功能的管理系统。控制系统及其构成要素如图 12 - 2 所示。

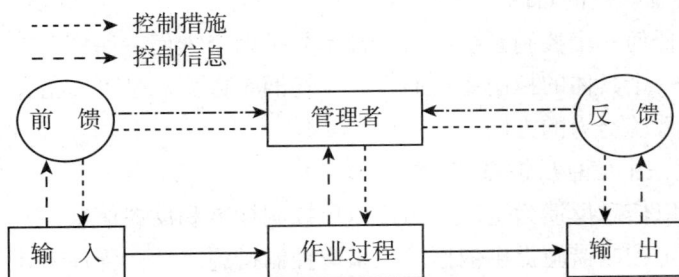

图 12 - 2　控制系统及其构成要素

1. 控制主体

控制主体是指各级管理者及其所属的职能部门。任何控制活动最终都是由组织中的人执行和具体操作的。管理者的管理水平是影响组织内部控制系统作用大小的决定性因素。管理者所在的部门、所处的管理层次不同，实施控制的主要任务也不尽相同。一般来说，高层管理者主要从事例外性的、非程序性的和重大的、程序性的控制活动，而中层管理者和基层管理者集中从事例行性的、程序性的控制活动。

2. 控制客体

控制客体即控制对象。一个组织的各种要素和全部活动都可能成为控制对象。当然，控制客体有主次轻重之分。在实践过程中，管理者要特别强调抓住主要活动、主要事项和主要环节，着重寻找关系组织目标实现的关键性偏差并努力纠正。在企业管理实践中，控制客体往往落在人员行为、预算、作业和全面绩效等方面。

3. 控制信息

控制工作要有现实的依据，即控制信息。控制信息需要适当的媒介进行传递，这样的媒介可以称为控制媒体。例如，在十字路口安装的电子监测仪，交通警察借助该设备对司机的驾驶行为进行全天候的监督检查，以警示司机不要发生违章行为。这种设备就是控制媒体。随着科学技术的飞速发展，越来越多的媒体被纳入管理控制体系，以计算机技术和网络技术为基础的管理信息系统就是控制媒体的后起之秀。管理信息系统的基本功能就是采集数据，并将其转换成对管理者有用的信息。

4. 控制措施

控制工作过程可以看作控制主体采取控制措施，进而对控制客体施加影响的过程。这是一个连续不断的信息传递与反馈过程，信息是控制的基础，管理者依据控制信息决定要采取的控制措施。

（二）控制系统的特点

任何一个控制系统都包括控制主体、控制客体、控制信息和控制措施这四个要素，它们构成了一个有机的控制系统。与其他系统相比，控制系统具有自身的一些特点。

1. 控制系统具有明确的目的性

从根本上讲，任何一个控制系统的目的都不外乎两个方面：保证现有计划的实现和修正现有计划。但对于一个具体的控制系统而言，上述两个方面总是可以衍化为一些更加明确的目的，并成为整个系统努力的方向。

2. 控制系统是一个信息反馈系统

控制系统主要以信息反馈为基础，通过对比控制标准和反馈信息，判断是否存在偏差及偏差的大小，为制定控制措施提供依据。在采取控制措施之后，管理者还要进一步通过反馈来检查措施的有效性。

3. 控制系统具有较强的环境适应性

组织的控制系统是一个管理系统，它总是在特定的环境和条件下服务于特定的组织目标。控制系统与外部环境相互作用。控制系统对外部环境的适应性主要表现在两个方面：一是环境复杂多变，控制系统必须适应环境的变化，控制标准和控制方法也不能一成不变；二是在一定的范围和限度内，控制系统能够具有对外部环境变化的抗干扰能力。同时，控制系统可以有限度地影响一些环境和条件的变化，使环境和条件的变化朝着有利于实现组织目标的方向发展。

第二节　控制工作的过程

控制工作过程是指在动态环境下，为确保组织目标的实现而开展的监督、检查和纠正偏差的管理活动过程。在管理实践中，存在针对不同控制对象进行的不同控制活动。例如，从生产作业角度，存在质量控制、采购控制、计划进度控制等；从人事管理角度，存在员工士气控制、员工流动率控制、员工职务晋升控制、员工工作效率控制等。不论控制活动的对象是什么，任何一项控制活动的全过程基本都是一致的。控制工作过程包括三个环节：制定控制标准；衡量工作绩效；纠正偏差。

一、制定控制标准

控制必须有标准，离开了可比较的标准就无法实施控制。因此，控制工作过程的第一步就是制定控制标准。这里所说的标准是指衡量组织或个人工作绩效的内容和尺度。一般来说，对于一项任务完成与否以及完成的质量和效果，存在多个评价指标。例如，对企业销售部门工作的评价包括销售量、销售收入、销售增长率、市场占有率、货款回收率、销售成本等一系列指标，这些指标共同构成了业绩评价指标体系。但控制不等于绩效评价，控制的目的不是对控制客体进行全面、细致的评价，而是通过评价发现并纠正偏差，从而保证计划和组织目标的实现。制定控制标准，首先要明确控制对象。控制标准会在很大程度上决定组织中员工的追求。

控制和计划密不可分，控制就是要保证计划的实现。因此，控制的标准主要来自计划。但由于计划的明细度、复杂性和差异性很大，并且控制不可能面面俱到，因此，管理者需要从整个计划和所有目标中挑选出关键的指标作为控制标准。

（一）控制标准的类型

1. 实物标准与价值标准

实物标准是非货币衡量标准，它以实物单位数量作为计量的标准。在耗用原材料、耗费劳动力、提供服务及生产产品的数量等方面常常采用这类标准，用于反映诸如单位产品产出所需工时数、耗电量、原材料消耗量，以及单位机器台时产量、货运吨公里油耗等数量指标。此外，这类标准还可用于反映品质，如汽车的最大功率、最大扭矩、最高时速、百公里油耗、最小转弯半径等。

在应用货币衡量工作业绩时，会产生各种不同的价值标准。价值标准没有确定的实物单位，只以一定的金额予以表示，用于衡量投入、产出的绝对金额或相对数，如企业在一定时期内的销售额、工资总额、成本总额、流动资金占用额、固定资产投资额等。

2. 成本标准与收益标准

成本标准是用货币表示的各种活动的投入。常见的成本标准有：单位产品的直接成本和间接成本；单位产品的固定成本和变动成本；一定时期内的工资总额、原材料成本、折旧、管理费用、财务费用、销售费用等。

把货币衡量标准用于经济活动的收入即收益标准。收益标准也是多种多样的，如产品销售收入、营业收入、证券投资收入、营业外收支净额、利润、每股净收益等。

3. 历史标准与计划标准

过去曾经达到的历史水平可以作为未来的控制标准。例如，一些企业将历史上的最高利润额作为本年度的利润指标，这就是历史标准。管理者也可以编制计划指标，以此作为未来管理活动中的控制标准，这就是计划标准。例如，企业可以根据市场竞争激烈程度和自身发展需要提出新产品开发的计划指标——每半年推出一种新产品，以此作为未来三年内研究开发部门工作的控制标准。

4. 有形标准和无形标准

一般情况下，管理者可以用实物指标或价值指标作为控制标准，这些指标都属于有形标准。不管是实物标准还是价值标准，它们的共同特点是可以量化，因此，操作起来比较方便，容易把握。难以确定的是那些既不能以实物又不能以货币来衡量的标准，如用于衡量管理者的创新能力、协调能力、责任感的标准，用于衡量广告效果的标准等，这些标准被称为无形标准。

（二）制定控制标准的要求

1. 目的性

控制工作必须以实现组织计划为目的。一项计划对工作提出的要求，有的是具体的、可以控制的，有的则是不具体的、难以控制的。为了便于实施控制，组织应当将计划中规定的目标和要求转换成具体的、易于操作的控制标准。这些标准应当明确清晰、通俗易懂，便于理解和操作，同时必须忠实地体现计划中所规定的各项目标和要求。

2. 多元性

一个组织，无论是企业还是政府机关、学校、医院，其目标都不是单一的，而是多元的。目标的多元性直接导致控制标准的多元性。例如，一所大学的办学目标可能涉及招生质量、教学质量、科研成果、学生心理健康指数、毕业生就业率、国际排名等。每一个目标都可以转换为一个标准，因此，控制标准也是多元的。

3. 可检验性

控制标准不能是虚无缥缈的幻想，而应具有可检验性，能够用来衡量工作绩效。要使控制标准具有可检验性，最基本的方法就是把目标转化为定量化的指标。例如，某企业研究开发部门制定的工作绩效标准中有一

> **关键点**
> 可检验性和可行性是制定控制标准应考虑的重要因素。

项是"积极开展产品研究开发工作",而"积极"这一标准的可检验性就较差。如果把"积极"量化为每年提供多少个产品开发创意、实施多少个产品开发项目、保证多少个开发项目正式投入生产等指标,控制标准就具有了可检验性的特征。但并不是所有的目标都能够定量化。在这种情况下,应尽量把控制指标转化为定量指标,提高其可检验性。例如,可将很难定量的企业中高层管理者领导行为的控制标准转化为"事业心""创新能力""沟通能力""协调能力"等指标,每一个指标细分为"很好""好""一般""差""很差"五个等级,给定等级分值(五个等级的分值依次为5、4、3、2、1),各项得分相加,就可以得到领导行为的综合评价结果。

4. 可行性

制定的控制标准要切实可行,尤其是控制标准水平的高低要适当。控制标准制定得太高或太低都可能影响执行人员工作的积极性。为保证控制标准的可行性,首先,控制标准必须明确清晰,便于理解,易于把握。其次,控制标准要具有实现的可能性,即这些控制标准要反映事物的发展方向,符合客观规律,有实现的根据,执行者通过一定的努力是能够实现的。

5. 协调一致性

组织目标总是通过组织内各个部门和人员对自身目标的追求实现的。换句话说,组织的整体目标是通过内部各个部门、各个岗位的子目标体现出来的。需要注意的是,组织的整体目标和各个子系统的子目标之间既存在一致性,又存在矛盾性。例如,一个企业的所有部门都希望企业能够不断发展壮大,因为只有企业发展壮大了,各部门才能获得长期稳定的发展,从这一方面讲,各部门的目标是一致的。但是,各个部门同时还希望本部门的发展快于其他部门,收益多于其他部门,这样就会出现部门之间、部门和企业整体之间的利益不一致。为了确保企业整体目标的实现,控制标准必须体现部门目标与企业整体目标应一致的要求。这种一致往往不能依靠行政命令,而要靠利益的引导和驱动。为此,在控制标准制定过程中,要允许各方的参与和协商。这样做,一方面可以保证所产生的控制标准能够被各方接受,使控制标准具有群众基础;另一方面可以调动各方的积极性,增强各方的责任感和使命感,从而为目标的实现创造有利条件。

二、衡量工作绩效

对照控制标准衡量实际工作绩效是控制工作过程的第二步,它又可以分为两个小步骤:一是评定或预测计划的执行情况;二是进行实际工作绩效与控制标准的比较,并判定偏差的程度。

实际工作绩效的衡量直接关系到控制工作过程的质量。要衡量实际工作绩效,必须坚持系统检查、实事求是、抓住重点、持之以恒的原则。通过调查、汇报、统计、分析等方法全面、准确地了解实际情况;要力求真实,防止文过饰非、空洞无物;要抓重点,对关键处进行重点检查，使控制活动具有针对性。为了防止被控制者歪曲或隐瞒实际情况，管理者可建议统计、审计、政策研究等部门专门从事这项工作，也可以采取逐级考核的办法，由直接上级对下属部门或个人进行工作绩效考核。例如，在一所大学中，校长对院长进行考核，院长对专业负责人进行考核，专业负责人对教师进行考核。如此，就可以在组织内部形成完整的工作绩效考核体系。同时还要注意，不要把实际工作绩效简单地理解为某项工作或某个项目的最后结果，在许多情况下，中间过程或状态也是工作绩效考核的对象。控制的目的不是衡量工作绩效，而是达到预期的工作绩效。因此，在控制工作过程中，也要预测可能出现的偏差，以控制未来的工作绩效。衡量工作绩效的流程如图 12 – 3 所示。

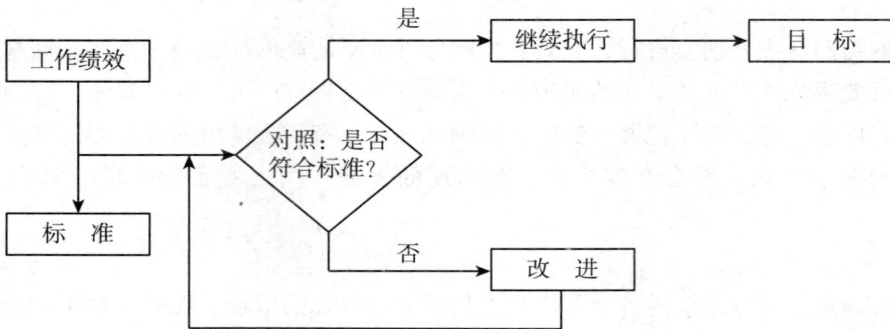

图 12 – 3　衡量工作绩效的流程

对工作绩效进行衡量，必须有足够的、及时的、可靠的信息作为依据。用于衡量工作绩效的各种信息应满足三个方面的要求：及时、可靠和适用。首先，信息要及时。及时有两层含义：一是及时记录那些事后不能追忆和再现的重要信息。例如，重要会议上的发言和最后决议、工作过程质量的检验信息、产量信息等。二是信息的加工、检索和传递速度要快。如果不能将信息及时提供给各级主管人员及相关人员，就会逐步失去它的使用价值。其次，信息要可靠。道听途说的消息不能作为有效的信息使用。信息的可靠性除了与信息的精确程度有关外，还与信息的完整性有关，单一的信息往往是不可靠的。例如，在某一学期，某大学所有教师在学术刊物上公开发表的论文数量快速增长，但这不能完全说明该校的整体科研水平一定提高了。要做出准确判断，还必须对每位教师发表论文的数量、论文发表的期刊等级等信息进行分析。公开发表论文数量的增长可能只是少数几位教师努力的结果，而其他多数教师的科研水平并未出现明显变化。最后，信息要适用。不同的管理部门对信息的种类、范围、内容、详细程度、精确性和使用频率等方面的要求是不同的。如果不加区分地向所有管理部门提供相同的信息，不仅会造成信息的大量冗余，增加信息处理工作的负担和费用，而且会给管理者查找所需的信息带来困难，造成时间上的浪费。

衡量实际工作绩效后，管理者就可以将其与控制标准进行比较，以确定有无偏差发生及偏差的大小。如果实际工作绩效与控制标准之间不存在偏差，管理者就可以认为执行者按照计划的要求不折不扣地完成了任务。但是，实际工作绩效和控制标准完全吻合的情形十分罕见，在大多数情况下，两者之间会存在差异。对于偏差，可根据实际工作绩效与控制标准的高低关系，将其分为正偏差和负偏差两类：当实际工作绩效超过控制标准时，为正偏差；当实际工作绩效低于控制标准时，为负偏差。在管理实践中，管理者往往对负偏差给予足够的重视。很多情况下，正偏差的出现可能是某段时间内特殊因素作用的结果，因此，并不能说明组织的实际工作绩效一定就好。此外，根据偏差程度大小，还可将偏差分为允许存在的偏差和超出允许范围的偏差。对于超出允许范围的偏差，管理者必须给予高度重视，要分析其成因，并及时采取有针对性的纠偏措施。

三、纠正偏差

控制工作过程的第三步是纠正偏差，以使各项工作按照计划要求的轨道发展。通过对实际工作绩效与控制标准的比较，可以检验两者之间有无偏差。如果两者之间不存在偏差，则工作按原计划继续推进；如果两者之间存在偏差，则首先要判断偏差是否在标准允许的范围之内。若偏差在标准允许的范围之内，则工作继续进行，但也要分析偏差产生的原因，以便进一步改进工作，做到精益求精；若偏差超出标准允许的范围，则应及时地深入分析偏差产生的原因，在此基础上找出适当的纠偏措施，纠正偏差，使工作回到计划要求的轨道上来。所以，在这一步要做好两项工作：一是分析偏差成因；二是采取纠偏措施。

（一）分析偏差成因

分析偏差成因是采取纠偏措施的前提。分析偏差成因常常采取因素分析法，即找出在控制工作过程中影响计划执行效果的全部因素或主要因素，再分别分析它们对绩效的影响方向和影响力度。

专栏 12 –3

某高校科研水平下降原因分析

在其他高校普遍加大科研投入力度、努力提高科研水平的情况下，某高校近三年来的科研经费支出和科研水平却呈现出明显的下降趋势。经初步分析得知，这种状况可能与以下因素有关：

（1）学校主校区搬迁至远郊区，一些具有较强科研能力的教师因担心上班路途中的时间损失而调离学校。

（2）学校近年来较少关心教师的生活福利，导致教师的科研积极性整体下降。

（3）学校科研投入方向发生偏差，大部分教师没有积极申请或没能申请到科研经费。

（4）由于有关部门对社科类科研项目管理松懈，申报过程中人情因素严重，进而使通过正常渠道申请到纵向课题的难度越来越大。

（5）缺乏有效的科研奖励机制，制约了教师的科研积极性。

该校管理层通过进一步的分析确定：因学校搬迁导致的科研骨干教师的流失和因学校缺乏有效的科研奖励机制导致的教师科研积极性下降是科研水平下降的主要原因。该校领导层首先要针对这两个方面的问题，采取有效措施，激发教师的科研积极性，并留住科研骨干教师。

需要特别注意的是，进行偏差成因分析时，不仅要分析负偏差，而且要分析正偏差。正偏差也是偏差，不能因为出现了正偏差就盲目乐观。其实，正偏差的出现可能是某段时间里特殊因素作用的结果，并不能说明组织绩效一定提高了。例如，某企业年初制定的销售目标是 1 000 万元，结果仅过了三个季度，1 000 万元的销售目标就完成了，本年度一定会超额完成任务。销售主管这时不能盲目乐观，因为超额完成任务可能是政府政策变化导致市场需求猛增，而不代表销售人员工作绩效的提升。本企业超额完成了任务，也许竞争对手超额完成的更多。

（二）采取纠偏措施

在深入分析偏差成因的基础上，控制者要根据不同情况采取切实可行的纠偏措施。一般而言，采取纠偏措施可以从以下方面考虑：

1. 改进工作方法

通常，在组织外部环境和内部条件没有发生较大变化的情况下，如果工作绩效达不到计划的要求，工作方法不当可能是主要原因。特别是在企业中，生产计划的目标是生产出高质量、满足市场需要的产品。因此，计划和控制都是以生产为焦点，而生产技术是生产过程中的一个重要环节，在很多情况下，偏差来自技术上的问题，为此就要采取技术措施，及时处理生产过程中出现的技术问题，以保证生产计划目标的实现。

2. 改进组织工作和领导工作

控制职能与组织职能和领导职能是相互影响的。组织方面的问题主要有两种：一是计划制订后，组织方面的工作没有做好，尤其是执行者出现选择失误；二是控制工作本身的组织体系不完善，未能及时对已经产生的偏差进行跟踪和分析。在这两种情况下，组织工作都应改进，如调整组织机构、调整责权利关系、调换执行者、改进分工协作关系等。

偏差也可能是由执行者能力不足或积极性不高导致的，这时就需要改进领导方式和提高领导艺术，即在统一认识和统一努力方向的基础上，加强对组织成员工作的指导和激励，调动其工作积极性和创造性，提高工作绩效。

3. 调整或修正原有计划或控制标准

偏差的产生不仅与执行工作有关，还可能与原有计划安排不当或者内外部环境的变化导致原有计划与现实状况之间产生了较大的偏差有关。如果是这样，就需要调整原有计划。需要注意的是，调整原有计划不是任意地变动计划，调整时不能偏离组织总的发展目标，控制的目的归根结底还是实现组织目标。在一般情况下，不能以计划迁就控制，任意地根据控制的需要来修改原有计划。只有当事实证明原有计划或控制标准过高或过低，或环境发生了重大变化致使原有计划的实施前提不复存在时，才能对原有计划或控制标准进行调整或修正。

第三节 控制工作的原则和有效控制的要求

一、控制工作的原则

控制是管理的一项基本职能，也是容易出现问题的一项工作。许多情况下，管理者制订了良好的计划，也建立了适当的组织，但由于缺乏有效的控制而使目标不能实现。为了保证对组织工作进行有效的控制，管理者必须遵循以下基本原则：

（一）目标明确原则

从根本上讲，控制的目的就是要保证组织目标的实现。换句话说，控制工作必须围绕既定的组织目标及为实现目标而制订的计划展开。管理者需要从整个计划和所有目标中挑选关键的指标作为控制标准，并依据控制标准对实际工作绩效进行衡量，以判断执行过程是否出现偏差。

（二）控制关键点原则

管理者的精力及其可以利用的资源都是有限的，因此，有效的控制要求管理者将主要精力放在最为重要的事项、活动或环节上。其实，管理者即使不完全了解计划执行过程的全部细节，也可以达到对组织活动的有效控制。一方面，关键点在很大程度上决定了整个计划的成败，关键点工作的顺利开展将为组织目标的实现奠定坚实的基础；另一方面，由于控制点减少了，管理者可以集中利用资源对少数的关键点进行更有效的控制，提高控制工作的有效性。根据控制关键点原则，管理者需要从实际出发，因地制宜地找出和确定最能反映或体现其所管辖单位工作成果的关键性因素，对其加以严格控制，其他的方面则相对放松控制，这样就可以有的放矢，达到事半功倍的效果。

在抓住关键点的同时，管理者还必须重视例外情况。由于缺乏准备，例外情况的出现往往让管理者措手不及，从而造成较大的影响。因此，管理者应集中精力迅速处理例外情况。但单纯地重视例外情况是不够的，某些例外情况可能影响不大，有些则可能影响较大。因此，管理者应关注那些关键点上的例外情况，而把其他问题交给下属处理。

（三）及时性原则

高效率的控制系统应能迅速发现问题并及时采取有针对性的纠偏措施。控制的及时性原则，一方面要求管理者能及时、准确地获取控制所需的信息，避免时过境迁，使控制失去应有的效果；另一方面要求管理者能够预见可能发生的内外部环境变化，使采取的措施与变化的环境相适应，即所采取的纠偏措施应具有一定的预见性。从及时性原则看，控制信息的及时性非常重要。如果信息的收集和传递不及时，信息处理时间又太长，偏差便得不到及时纠正。

（四）灵活性原则

尽管人们努力探索未来，预测事物发展趋势，但未来的不可预见性始终是客观存在的。人们努力追求预测的准确性，但不准确性总会发生。如果控制不具有弹性，则执行时难免被动。

要提高控制的有效性，就要使控制系统具有一定的灵活性。灵活性原则要求制定多种应付变化的预案且留有一定的后备力量，并采取多种灵活的控制方式和控制方法来达

> **关键点**
> 目标明确、控制关键点、及时性、灵活性、经济性是控制工作的基本原则。

到控制的目的。控制应保证在发生某些未能预见到的事件的情况（如环境突变、计划疏漏等）下仍然有效，因此要有弹性和替代方案。管理者应从实际出发，采用多种控制方式，以达到控制的目的，不能过分依赖正规的控制方式，如预算、监督、检查、报告等，它们虽然都是比较有效的控制工具，但也有不完善之处。预算、报告有时会与实际情况有很大的差别，过分依赖它们有时会导致指挥失误、控制失灵。例如，销售预算会因实际销售量大大高于或低于预测值而失去控制的意义，因此管理者也要采用一些能随机应变的控制方式，如弹性预算、跟踪控制等。

（五）经济性原则

控制是一项需要投入的管理活动，其耗费之大正是某些问题应予以控制但没有加以控制的主要原因之一。是否进行控制、控制到什么程度，都涉及费用，因此必须考虑控制的经济性。要把控制所需的费用与控制所产生的效果进行经济上的比较，只有有利可图时，才实施控制。

控制工作的经济性原则，一方面要求应有选择地实施控制，全面、周密的控制不仅是不可能的，往往也是不经济的。要因地制宜地选择关键点进行控制，控制点太多时会不经济，控制点太少时会失去控制。另一方面要求努力降低控制的各种耗费来提高控制效果，不断改进控制方法和手段，以最少的投入查出偏差并采取有针对性的纠偏措施。费用的降低使管理者有可能在更大范围内实行控制。花费少且效率高的控制系统才是有效的控制系统。

二、有效控制的要求

要使控制工作发挥作用，取得预期的成效，在具体运用以上五条原则设计控制系统和采取纠偏措施时，还要特别注意满足以下几个要求：

（一）控制工作要具有全局观念

组织的一切行为都应当围绕组织目标的实现而展开。控制工作也和其他工作一样，应当着眼于组织发展的整体需要，即从组织发展的全局出发，有计划、有步骤地开展控制工作。因此，各个部门及其成员在为实现个别的或局部的目标而努力的同时，一定要兼顾组织全局的目标，切忌因局部目标而忽视组织全局的发展。

（二）控制工作要与计划和组织相适应

管理的各项职能相互关联、相互制约。既然控制的目的是保证计划顺利实施，它就需要依靠组织中的各个单位、各个部门及全体成员来实施。所以，控制系统和控制方法的设计与选择应当同计划和组织相适应。不同的计划具有不同的特点，因而控制所需的信息也各不相同。例如，对成本计划的控制，所需的信息主要是各部门或各环节发生的成本费用；对产品销售计划的控制，则需要收集有关产品的品种、规格、数量、交货期、销售网点等方面的信息。控制工作越考虑到各种计划的特点，就越能更好地发挥作用。

同样，控制还应反映组织结构的类型和特征。组织结构明确了组织中各个部门、各个岗位和每位成员的职责、权限，因而它们就成了确定计划执行的职权所在和产生偏差的职责所在的基本依据。有效的控制需要通过健全的组织结构予以保证，否则只能是空谈。健全的组织结构有两个方面的含义：一是要在组织中将反映实际情况和工作状态的信息迅速地上传下达，保证联络渠道的通畅；二是要做到职责明确，使组织中的各个部门、各个岗位和每位成员都能切实担负起自己的职责，否则偏差一旦出现，就难以及时纠正，控制也就不可能实现。

（三）控制工作要确立客观标准

管理工作难免有许多主观因素掺杂其中，但是对下属工作绩效的评价不应仅凭主观来判断。在需要凭主观来控制的地方，管理者的个性往往会影响其对实际工作情况的准确判断。但是，如果能够定期地检查并完善过去所拟定的控制标准和衡量工作绩效的方法，那么客观地控制计划的执行过程也就不会很难了。有效的控制工作应确立客观标准。

（四）控制工作要切合管理者的个人情况

控制系统和控制信息是为了协助每个管理者行使其控制职能，如果所建立的控制系统不能被管理者所理解、信任和使用，那么它就没有多大的用处。因此，组织建立的控制系统必须符合每个管理者的情况及其个性，为管理者所理解、信任并自觉地使用。例如，不同的人喜欢采用的信息形式是不同的：统计师和会计师喜欢用复杂的表格形式，工程技术人员喜欢用数据或图表形式，数学家则喜欢用数学模型。对于管理者来说，由于知识水平有限，其不可能样样精通。因此，提供信息时要注意他们的个性特点，应提供那些能够为他们理解和接受的信息形式。同样，控制技术也是如此，不同的管理者偏好不同的控制技术，组织提供的控制技术应尽可能符合他们的偏好。

（五）控制系统要与组织文化匹配

为了确保控制的有效性，任何控制系统都要与组织文化匹配。例如，在北京大学、清华大学等高等院校中，学术自由是基本的组织文化，学术自由也应是学校对教学、科研等工作进行控制的基本原则。其实，工作性质和工作技能决定了大学教师必然享有较大的自主管理权和参与管理权，他们可以自主选择教材、自主确定研究方向、自主编制考卷。因此，如果大学采用非常严格的控制系统，如由学校单方面规定教材、由系主任为教师指定研究方向、由学院统一设计考卷等，其结果将大大违背教师意愿，进而导致教学、科研水平降低。反过来，如果管理者的管理风格非常集权化，不允许组织成员参与决策，那么采用一般化和随意性较强的控制系统会难以成功。

本章小结

控制是在动态环境下，为确保组织目标以及为实现组织目标所制订的计划得以实现，管理者必须对计划的执行过程进行监督、检查，如果发现偏差，还要及时采取纠偏措施。控制对计划任务完成和组织目标实现的作用，可以归纳为两个方面：一是纠偏功能；二是调适功能。依据控制措施作用的环节，可将控制分为前馈控制、现场控制和反馈控制。控制工作的过程包括三个环节：制定控制标准；衡量工作绩效；纠正偏差。

控制工作应贯彻以下原则：目标明确原则、控制关键点原则、及时性原则、灵活性原则和经济性原则。在贯彻这些原则的同时，控制工作还要具有全局观念、要与计划和组织相适应、要确立客观标准、要切合管理者的个人情况、要与组织文化匹配。

思考题

1. 什么是控制？有人说控制会限制组织成员的主动性和积极性，你同意这种说法吗？

2. 无论是在学校读书还是在企业工作，你都会发现有一系列的规章制度存在。对规章制度的控制作用，你是怎么认识的？

3. 如何理解"计划和控制是一把剪刀的双刃"？

4. 实施有效的现场控制对管理者提出了哪些要求？

5. 在控制工作过程中，如果发现实际工作绩效与控制标准之间存在偏差，是否一定是实际工作绩效出现了问题？

第十三章　控制系统和方法

学习目标

学完本章内容，你应该能够：
- 了解人员控制系统的构成及人员控制方法
- 掌握几种作业控制系统的主要内容
- 区分不同类型的预算
- 了解编制零基预算的程序
- 了解全面绩效控制系统的构成
- 明确财务控制在全面绩效控制中的作用

关键术语

全面质量管理　成本中心　经济订货批量　零基预算法　全面绩效　平衡计分卡

在管理实践中，控制的对象往往落在人员、作业、预算和全面绩效等方面。根据控制对象的不同，可以将组织控制体系分为人员控制系统、作业控制系统、预算控制系统和全面绩效控制系统等。人员控制系统主要集中于对组织内人力资源进行管理，作业控制系统主要围绕质量、成本和采购等问题展开，预算控制系统主要针对预算执行情况进行监督、检查，全面绩效控制系统是一个综合性的、完整的控制体系。不同的控制系统采用的控制方法也是不同的。本章主要介绍这四种控制系统及其控制方法。

第一节　人员控制系统和方法

组织控制本质上是由人来执行的，而且主要是对人的行为的控制。在组织控制中，管理者可以制定纠偏措施，但这种措施要靠组织成员去实施，只有当组织成员认识到纠正偏差的必要性并具备纠正偏差的能力时，偏差才会真正被纠正。通过控制工作，管理者可以帮助组织成员分析偏差产生的原因，端正他们的工作态度，指导他们采取纠偏的措施。这样，既能达到控制的目的，又能提高组织成员的执行能力和自我控制能力。与物理、机械、生物以及其他方面的控制系统不同，管理者不可忽视组织控制系统中人性方面的因素，组织控制系统首先是人员控制系统。

一、人员控制系统

人员控制系统主要集中于对组织内的人力资源进行管理，主要由控制主体、控制客体、控制信息、控制方法构成。控制主体是各级管理者；控制客体是组织中的各类成员及其行为；控制信息主要是指控制人员行为过程中可利用的信息，包括岗位说明书、操作规程、人员履历、工作汇报、绩效考评信息等；控制方法包括直接监督、职位设计、人事调整、培训、授权、绩效考评、组织文化建设等。人员控制系统应成为提高组织成员工作能力的工具，即控制不仅仅是监督或绩效考评，更是对下属工作的指导和帮助。

（一）人员控制系统的构成

1. 控制主体

人员控制系统的控制主体是各级管理者。目前，有许多组织管理者认为，招聘、培训、报酬、绩效考评等人事工作应主要由人事部门负责，这其实是一个误区。招聘、培训、报酬、绩效考评等人事工作都需要相关部门管理者的直接领导或参与。例如，某医院的内科需要招聘若干名内科医生，内科主管应首先提出招聘需求并报医院人事部门，人事部门再根据内科的招聘需求制订招聘计划。在招聘过程中，内科主管应直接参与某些环节的工作，如参与甚至主持面试环节，并从工作履历、工作作风、工作技能、学术态度等方面提出自己对各个应聘者的意见或建议，这些意见或建议将直接决定某个应聘者能否成为该医院内科的一名医生。

主管人员直接参与员工培训工作也是近年来的一种变化趋势。一方面，主管人员直接充当培训讲师，向新员工讲授自己以往工作中的经验教训；另一方面，主管人员有责任提出本部门的培训需求和培训计划，然后由培训部门协助执行。

2. 控制客体

作为一般组织中最基本的控制系统，人员控制系统的控制客体是组织中的各类成员及其行为。为了实现组织目标，管理者需要且必须依靠下属。但组织成员作为个体，其行为会受到个人目标的驱使，同时会受到自身知识技能、态度以及工作环境等因素的影响，导致行为偏离组织期望的方向。例如，在大学里，校长或院长期望每位教师都能够教好课并做好科研工作，但为了提高家庭收入，一些教师把大部分时间用在校外的兼职工作上，结果严重影响了校内教学质量和科研工作。因此，管理者需要通过控制使组织成员的行为按照组织期望的方式朝着组织期望的方向去努力。

3. 控制信息和控制方法

控制信息主要是指控制人员行为过程中可利用的信息，主要包括岗位说明书、操作规程、人员履历、工作汇报、绩效考评信息等。其中，岗位说明书是关于某岗位任职者应具备的知识、技能等素质条件以及应承担职责权限的书面规定，是人事调配、绩效考评的基本依据；绩效考评信息是人员控制的主要依据，包括工作数量、工作质量、工作态度、工作环境等。

> **关键点**
> 人员控制系统的控制对象是组织成员的行为。

直接监督、职位设计、人事调整、培训、授权、绩效考评、组织文化建设等，既是人力资源管理系统的主要职能，也是人员控制系统的主要构成要素，是管理者可以采用的主要控制方法。直接监督是基层管理者常用的控制方法。例如，一位班组长在车间巡查时，发现一名员工没按操作规程的要求操作机器，这时他应该向该员工指明正确的操作方法，并且告诉该员工在以后的工作中要按正确的方法操作。职位设计在很大程度上决定了组织成员要完成的任务、工作节奏以及组织成员之间的相互作用。培训可向组织成员传授组织期望的工作方式。授权可使组织成员自主决定工作方式、方法并进行自我控制。绩效考评引导组织成员以使各项指标看上去不错的方式行事。组织文化建设通过故事、仪式和管理者的表率作用等，使组织成员认识到什么事情能做、什么事情不能做。

（二）人员控制系统的功能

人员控制系统的功能主要体现在以下几个方面：

1. 为岗位或任务配备合适的人员

计划的执行情况与执行者的执行力有直接关系，如果管理者选择的执行者不合适，必然会影响执行结果。在选择执行者时，直接主管人员必须参与选聘过程。在有些情况下，正是直接主管人员的缺位才导致所选聘人员不符合岗位或任务的需要。如果说人人都是人才，管理者就必须学会根据组织成员的知识、技能、个性等具体情况，为其安排合适的岗位或工作任务，做到知人善任。

2. 明确任务及偏差的责任人

由于内外部环境是动态变化的，因此，在计划执行中，偏差的出现难以避免。不管是为了解决问题并避免偏差再次发生，还是为了做到奖罚分明，都必须明确偏差的责任人。偏差的责任人也是纠偏措施的主要实施者。只有明确了责任人，管理者才可以对其工作进行有效的指导，以帮助其提高工作绩效。要明确责任人，就离不开有效的组织工作。

3. 调动组织成员的士气，提高他们的执行能力和自我控制能力

工作绩效差往往与组织成员的积极性低有直接关系，所以要保证组织目标的实现，管理者必须重视并开展有效的激励。组织成员的积极性提高了，他们就会努力寻找更高效的工作

方法，对工作进展进行自我控制。在各种管理工作中，激励最能体现管理者工作的艺术性。要使激励有效，管理者首先要弄清楚下属当前最迫切的需要是什么，然后针对其需要采取有针对性的激励措施。此外，物质激励和精神激励相结合也是保证激励效果的一个重要原则。然而，在实践中，有些管理者太重视物质激励的作用，而忽视了组织成员还有精神需要；有些管理者只依靠树典型、发奖状等精神激励，而忽视了组织成员的物质需要。这些做法都难以收到好的激励效果。

二、人员控制方法

（一）人员配备与人事调整

为了保证计划的执行，管理者首先要选择合适的执行者，即为岗位或任务配备合适的人员。人员配备不合适，不可避免地会影响计划的执行，甚至会给组织带来巨大的损失。正如第八章中所描述的，人员配备必须坚持以任务需要为出发点，并遵循因事择人、量才使用和程序化与规范化等原则。

人事比率控制是人员控制的一种重要方法。该方法通过分析组织内部各种人员的比率来判断人员队伍的合理性。人事比率控制常用的指标有管理人员与普通员工的比率、后勤服务人员与生产工人的比率、正式员工与临时工的比率、人员流动率等。只有这些指标维持在合理的水平，才能保证组织的正常运转和计划的顺利执行。比如，一定限度内的员工流动率有助于保持员工队伍的活力和创造性，但如果流动率太高，会影响员工队伍的稳定性，增加培训费用，进而影响组织绩效。人事比率控制必须符合组织性质。比如，对于大学来说，较高的专业技术人员（教师）与后勤服务人员的比率是合理的，但对于加工制造企业来说，专业技术人员所占比率较高是不合理的。

如果执行者不适合当前的岗位或任务，不能有效地开展工作，那么，管理者或人事部门就需要进行人事调整。人事调整的目的是保证工作或任务的完成。在人事调整中，任人唯贤、因事择人、量才使用等原则同样适用。在人事调整中，竞争上岗的方式往往十分有效，这样既可以实现双向选择，又可以给被聘者施加相当的压力。在组织的人事调整中，一些工作表现好的员工可能被提拔到重要的管理岗位上。在提拔过程中，组织要避免"彼德现象"的发生，即把一名员工提拔到其不能胜任的岗位上。

专栏 13-1

性格特质与岗位胜任力的关系

性格特质与员工的办事风格、工作效率等方面有密切关系。对于管理者来说，岗位胜任力至少与以下性格特质有密切关系：

（1）决断性，即是否贯彻目标导向，在处理问题时是否很果断，是否能够科学配置资源以解决问题。

（2）表达性，即是否具有极强的沟通、互动能力，能否准确地表达自己的想法和意图并得到别人的认可。

（3）忍耐性，即是否具有承受压力的能力，是否善于思考，能否从长远角度思考问题。

（4）系统性，即是否有极强的逻辑能力，能否系统地思考问题。

（5）整合性，即是否具有协调能力，能否整合各种可以利用的资源。

当然，这些性格特质不是要求每个人都完全具备，但至少应具备两三个，而且不同岗位所需要的性格特质也有所不同。比如，营销主管职位需要的决断性和表达性特质较多一些，人力资源部经理需要的忍耐性和系统性特质较多一些。

此外，自信心是每个人都必须具备的。如果自信心不强，其抗压能力也不会很高。

（二）培训

员工培训不仅是组织人力资源开发的重要内容，而且日益成为组织获取竞争优势的重要途径。从企业管理实践来看，世界各国企业对员工培训投入的资金越来越多，许多著名企业在培训方面的投入已占到其工资总额的3%～5%。员工培训之所以如此受到重视，除了因为它可以衔接学校教育与工作需要，还因为它能够确保员工熟练掌握运用新技术所必需的基本知识和技能，能够满足员工自我发展的需要进而产生激励作用，能够帮助员工更有效地开展工作，从而为组织做出更大贡献。

员工培训是一项复杂的工作，为了实现培训目标，培训工作必须有计划、有步骤地进行。培训工作的首要环节是确定培训需求，因为培训效益首先建立在组织真正需求的基础上。为了确定培训需求，管理者应根据组织的战略目标、部门计划以及计划执行情况，从总体上确定组织的哪些部门和哪些方面需要培训；然后将总体培训需求细化，确定具体的培训对象和培训内容。简单地讲，员工的实际工作绩效和期望工作绩效之间的差距可视为具体的培训需求，但事实并非如此简单，因为造成员工工作绩效差距的原因可能并不全是员工个人能力的问题，也可能是激励机制或文化氛围的问题，因此需要更加深入地进行需求分析。

培训效果在很大程度上取决于培训方法的选择。从根本上讲，培训方法的选择必须以培训目标为出发点，不同的培训目标往往需要选择不同的培训方法。例如，老员工对新员工的"传帮带"比较适合岗前培训，通过这种培训，新员工能更快地熟悉工作环境，掌握基本的操作规程和技能；而岗位轮换是员工晋升前十分重要的培训，通过岗位轮换，员工在学会多种技能的同时，也增强了对不同工作或不同部门之间相互依赖关系的认识。在选择培训方法时，还应考虑培训对象的年龄结构、知识结构、个人经历、个性特征等因素。例如，有的员工喜欢参与，可用游戏法；有的员工擅长思考，可用研讨法。

为了掌握培训效果，组织应做好以下工作：一是收集培训对象对培训项目的意见；二是分析学习成绩或测试结果；三是研究受训员工在工作绩效或行为方面的变化，这种变化是评价培训效果的关键指标；四是检查培训目标的实现情况。

（三）授权

授权是指管理者把自己的职权授予下属，使下属拥有相当的自主权和行动权。授权有助于实现下属的自我控制，进而提高控制的有效性。为了使授权取得良好的效果，管理者需要灵活运用以下原则：因事选人，视能授权；明确责任，责权利相匹配；不越级授权；授权要适度。

在许多组织中，管理者不愿意授权，原因可能有以下方面：一是在授权后，管理者往往会担心对下属失去控制；二是对下属不信任；三是管理者的个性，一些管理者喜欢独断专行。上下级之间的相互信任是有效授权的重要基础。为了建立信任关系，管理者必须加强与下属的沟通，通过沟通了解其态度、需要以及工作中存在的问题。此外，管理者应灵活使用奖励与批评。一般情况下，奖励应在公开场合进行，而批评最好在人少的场合进行，以表示对被批评者的尊重和关怀。

（四）工作汇报

管理者可以对组织成员的工作进行直接监督并纠正出现的问题，但在软件设计公司、大学、医院、跨国公司的海外分支机构等组织中，管理者要对每一个组织成员的工作进行连续的监督是不现实的。在这种情况下，管理者要求下属定期或不定期地递交工作汇报是一种普遍的控制方法。工作汇报是下属向上级汇报工作进展的书面材料。

需要注意的是，工作汇报所要解决和回答的中心问题，不是某一时期要做什么、如何去做、做到什么程度，而是对一定时期内的工作经验和教训进行总结、分析和评价，肯定成绩和找出问题。工作汇报可以帮助管理者全面了解下属的工作情况，为其控制工作提供依据；同时，撰写工作汇报的过程也有助于下属正确认识以往工作中存在的优缺点，可以明确下一步工作的方向，少走弯路，少犯错误，提高工作绩效。因此，要求下属撰写工作汇报有助于实现下属的自我控制。

工作汇报要满足以下要求：

（1）客观性。工作汇报是组织成员对自己过去工作的回顾和评价，因而要尊重客观事实，以事实为依据。

（2）典型性。总结出的经验教训是基本的、突出的、本质的和有规律性的东西，它们对工作绩效有直接的和重要的影响。

（3）指导性。通过工作汇报，组织成员深知过去工作的成绩与失误及其原因，吸取经验教训，从而指导组织成员将来的工作。

（4）证明性。工作汇报要用自身实践活动中真实的、典型的材料来证明它所指出的各个判断的正确性。

第二节　作业控制系统和方法

任何组织都是通过一个作业控制系统将输入转换成输出而创造价值的。如图 13 - 1 所示，作业控制系统接受人员、技术、资金、设备、材料和信息等的输入，然后将其转换成能满足需要的产品或服务。同样，组织内的每个部门也要通过一定的作业控制系统来完成既定的任务。一旦作业控制系统建立，管理者就要对作业控制系统的运转进行控制，以保证系统目标的实现。一般来说，对作业控制系统的控制主要围绕质量、成本和采购等问题展开。

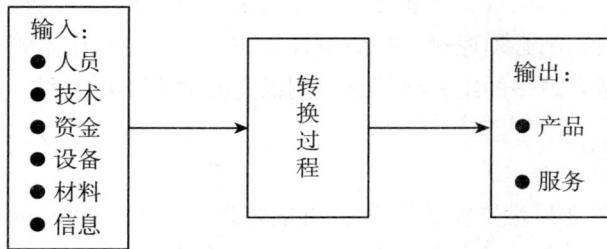

图 13 - 1   作业控制系统

一、质量控制

（一）质量控制的含义

人们常说，质量是组织的生命。没有质量过硬的产品，组织就难以长期在市场上立足。那么，什么是质量呢？许多人往往把质量与技术联系在一起，并认为技术先进、性能卓越就是质量好。其实不然，质量在很大程度上是一个市场概念，即产品或服务的一组特性满足顾客需要的程度。虽然通过技术改进可以提高产品或服务满足顾客需要的能力，但如果技术先进并不是顾客需要的，技术先进就并不等于质量好，而可能只是让他付出了更多的购买成本。

在组织经营管理活动中，质量具有两个方面的内涵：产品质量和工作质量，二者既相互联系，又相互区别。产品质量是工作质量的体现，工作质量是产品质量的基础和保证。组织的质量控制既包括产品质量控制，也包括工作质量控制。

1. 产品质量控制

产品质量控制是组织为生产出合格产品、提供给顾客满意的服务和减少无效劳动而进行的控制。产品质量控制应达到两个基本要求：一是产品至少要达到政府有关部门或质量认证机构要求的质量标准；二是以最低的成本生产出符合质量标准的产品。这两个要求相辅相成，产品符合质量标准是产品为市场所接受的基本条件，而只有在低于行业平均生产成本的条件下生产出的合格产品才具有市场竞争力。

> **关键点**
> 质量：产品质量、工作质量。

2. 工作质量控制

工作质量控制是指组织为保证和提高产品质量，对经营管理和生产技术进行的水平控制。工作质量的好坏通过组织内部各单位、各部门以及每一个员工的工作态度、工作绩效等反映出来。在某些情况下，工作是直接面对顾客的，工作质量与产品质量是合二为一的，工作的过程也就是向顾客提供产品或服务的过程。而在多数情况下，工作过程是加工制造产品的过程，工作质量是产品质量的保证。因此，从一定意义上讲，提高工作质量也就是在提高产品质量，只有提高了工作质量，才能提高产品质量。对产品质量的检验毕竟是一种事后工作，而产品质量的事前控制必须通过工作质量控制实现。在现代质量管理中，工作质量控制已经占据重要地位，越来越多的组织将质量控制的重心放在工作过程上。

（二）全面质量管理

进行质量控制，管理者首先应掌握全面质量管理（total quality management，TQM）方法。国内外组织的大量实践表明，全面质量管理是对质量实施控制的行之有效的方法。

所谓全面质量管理，是指组织内部的全体成员都参与到组织产品质量和工作质量过程中，把组织的经营管理理念、专业操作和开发技术、各种统计与会计手段等结合起来，在组织中普遍建立从研究开发、产品设计、采购、生产加工到产品销售、售后服务等环节的贯穿组织生产经营全过程的质量管理体系。

全面质量管理体现了全新的质量观念。质量不仅仅指组织产品的质量，还包括服务质量、管理质量、成本控制质量、组织内部不同部门之间相互服务和协作的质量等。全面质量管理强调产品质量是制造出来的，而不是检验出来的。组织对质量的控制，应当把重心放在与产品制造和服务提供相互关联的所有环节，而不仅仅是产成品的最终检验。此外，全面质量管理强调动态的过程控制。质量管理的范围不能局限于某一个或某几个环节，必须涵盖从市场调查、研究开发、产品设计、加工制造到产品检验、销售、售后服务等的整个过程。

全面质量管理主要包括两个方面：一是全员参与的质量管理；二是全过程质量管理。

1. 全员参与的质量管理

组织的任何一项工作都是在人的操作或组织的指挥下完成的，每位成员的工作质量都关系到最终产品或服务的质量。因此，必须把组织内部所有成员的积极性和创造性调动起来，不断提高每位成员的质量意识和质量管理素质，上至最高领导层，下至操作工人，都必须参与到组织的质量管理过程中，真正做到"质量工作人人有责"。在此基础上，持续改进组织的质量管理水平。要使全面质量管理有效，高层管理者一定要参与其中。他们必须明确并宣传组织愿景，强化注重质量的文化价值观，设定质量目标，并为实施质量计划配备资源。

全员参与的质量管理的一个重要方法是建立质量小组。质量小组的概念最早是由日本管理专家提出来的，它由与工作相关、有共同兴趣爱好的人员自发组织起来，对共同感兴趣的质量问题进行定期或者不定期的研究，提出解决质量问题的建议和措施，或者直接自觉地解决工作中出现的各种问题。质量小组的建立不仅是一个解决问题的过程，而且是一个学习的过程。质量小组成员在解决质量问题、运用质量控制方法以及团队工作的过程中得到培训。质量小组一般由 6~12 人组成，有的质量小组会配备 1 名辅导员。

全员参与的质量管理还包括全体成员都要对质量负责的含义。每位组织成员，不论处于什么岗位，都必须对自己岗位的工作质量和产品质量负责。例如，采购部门必须对外购原材料的质量负责；生产部门的各个工序必须对各自的工作负责，当上道工序质量不合格，给下道工序带来损失时，下道工序可以索赔；运输配送部门必须保证产品在运输过程中不发生划漆、磕伤、变质等坏损问题。

2. 全过程质量管理

产品质量取决于设计、工艺准备、外购原材料、加工、存储、销售等各个环节的质量管理水平。因此，全面质量管理强调，在不同环节发现的有关信息要尽可能地在组织内部共享，以利于共同提高产品质

> **关键点**
> 全面质量管理：全员参与的质量管理、全过程质量管理。

量。例如，对于在销售环节发现的质量问题，必须及时向生产、设计等部门反馈，不能仅停留在退货这一步。

一般来说，为保证对生产经营活动全过程的质量进行控制，组织应对不同部门、不同岗位制定详细的质量控制指标、工作规程和奖惩措施，使每位成员的工作质量水平直接与其自身的利益挂钩。

二、成本控制

组织内的各个作业控制系统在正常运转过程中，必然会发生各种成本费用，而成本费用的高低直接决定了组织各项活动的效率和效益。在作业控制系统的产出一定的情况下，成本费用越高，作业控制系统的效率越低；反之，作业控制系统的效率越高。对于营利组织来说，降低成本是提高组织的经济效益或获取价格优势的基本途径。因此，各级管理者必须树立成本意识，把作业控制系统运转过程中产生的各种成本费用作为重要的控制对象，并通过有效的成本控制，提高作业控制系统的运转效率和效益。

（一）成本中心

为进行有效的成本控制，许多组织引用了成本中心的概念。工厂、部门、工作区都可以当作独立的成本中心，而且其主管人员对其产品或服务的成本负责。单位产品的总成本由两部分构成：固定成本和可变成本。固定成本是指不受产出量影响的成本，厂房和设备的折旧费用是固定成本基本的构成内容；可变成本是指那些与产出的产品或服务的数量成正比例关系的成本，如计件工资、材料成本等。一般来说，成本中心的管理者对其单位所有的可变成本负有控制责任，而固定成本不必由他们控制。

（二）成本控制过程

成本控制的目的就是将作业成本控制在一定限度内，并持续地降低成本水平。成本控制

需要按一定的程序有步骤地进行。成本控制
过程如下:

> **关键点**
>
> 成本控制的目的就是将作业成本控制在一定限度内,并持续地降低成本水平。

1. 制定控制标准,确定目标成本

目标成本是某个成本中心在一定时期内
要达到的成本水平。确定目标成本的方法主要有历史成本法、计划法、定额法等。其中,历史成本法是以历史上本组织的最好水平或同行业中先进组织的成本水平为基础确定目标成本;计划法是在考虑组织的生产经营水平、外部环境和内部条件的基础上,估算出可能达到的成本水平,并纳入组织的计划之中;定额法是指以组织在长期的实践过程中确定的各项劳动定额、消耗定额为基础制定目标成本。

2. 根据各种数据记录、统计资料进行成本核算

成本核算所用的记录应当是反映核算期内人力、物力、财力等支出的全部原始数据,这些数据是可靠的成本核算和控制的依据。进行成本控制所要进行的成本核算主要有总成本支出、可比产品总成本、可比产品单位成本、可比产品成本降低率等。通过成本核算,有关管理者可以清楚地了解组织在控制期内的成本水平及其达到目标成本的程度。

3. 进行成本差异分析

将实际成本与事先确定的目标成本进行比较,判断二者是否存在差异。如果二者存在差异,必须对差异产生的成因进行分析,然后针对问题,提出控制和降低成本的措施或方案。

成本差异分析的主要内容有:

(1) 直接材料费用分析;

(2) 直接人工成本分析;

(3) 单位管理费用分析;

(4) 职能部门费用分析;

(5) 财务费用分析;

(6) 销售费用分析。

4. 及时采取措施,降低成本

在成本差异分析的基础上,科学地比较不同的成本控制措施或方案的优劣。在对比分析的基础上,选择最佳的成本控制方案,并组织实施。可采用的决策方法有价值工程法、投入产出分析法等。

三、采购控制

作业控制系统必须接受资金、技术、材料等的输入,才能有所产出,而且使用低劣的输入很难产出高质量的产品或服务。例如,技术娴熟的乐器工匠要想生产出高质量的小提琴,必须使用质量好的木材和其他材料。因此,管理者必须对供应商交付的输入品进行监控,监控内容包括性能、质量、数量和价格等。采购控制的目的就是确保向作业控制系统输入足量

的、质量可靠的、来源稳定的输入品，同时降低采购成本。

（一）对供应商的评价

采购控制的一项重要工作就是对供应商进行评价，以确保输入品的质量、数量，建立稳定的购销关系。在对供应商的评价中，不能仅考虑供应商提供的产品或服务的价格、性能和质量，还应对供应商的技

> **关键点**
> 采购控制的目的就是确保向作业控制系统输入足量的、质量可靠的、来源稳定的输入品，同时降低采购成本。

术能力、经营能力、供应能力、服务能力和协同能力等进行分析。其中，技术能力涉及供应商的生产技术水平、产品研发能力等，经营能力涉及供应商的成本控制能力、质量控制能力、创新能力和发展能力等，供应能力主要涉及供应商的生产加工能力、配送能力等，服务能力主要涉及供应商提供及时、周到的售前服务、售中服务和售后服务的能力，协同能力主要涉及供应商响应买方需求变化的能力。

制造业中一个迅速发展的趋势是与供应商建立密切的合作伙伴关系。过去，买方常用的采购策略是选择尽可能多的供应商，并使他们相互竞争，以降低采购成本。这样做的结果是，虽然采购成本降低了，但效率和质量往往得不到保证。为此，越来越多的组织改变了采购策略，即只选择 2 ~ 3 家供应商，与他们建立长期密切的合作关系，这样不仅能提高效率和质量，而且有助于实现合作创新。

（二）经济订货批量模型

采购是有成本的，控制采购成本是降低经营成本的重要途径。经济订货批量（economic order quantity，EOQ）模型就是降低经营成本的一种方法。这种方法在采购物品的价格、订货费用、保管费用和缺货费用之间寻求平衡，目的是使订货费用和保管费用之和最小。当组织所采购物品的全年需求量可预测且相对稳定时，这种方法是比较有效的。

为了计算经济订货批量，需要以下数据：一定时期内某种物品的预期需求量（D）、每次订货的费用（OC）、物品的购买价格（P）、保管费用率（CC）。利用这些数据，可以推导出经济订货批量的计算公式：

$$EOQ = \sqrt{\frac{2 \times D \times OC}{P \times CC}}$$

例如，某公司是经营家用电器的零售商，它准备采用经济订货批量模型来确定某型号电热水器的经济订货批量。公司预测每年的电热水器销量为 5 000 台，每台购买价为 750 元。会计人员估计每次订货费用为 150 元。每年的保管费用为电热水器价格的 20%。用经济订货批量公式可计算出经济订货批量为 100 台，即

$$EOQ = \sqrt{\frac{2 \times 5\ 000 \times 150}{750 \times 20\%}} = 100 \ （台）$$

第三节 预算控制系统和方法

预算是以数字形式表示的计划，是组织中涉及收入和支出活动的一种量化标准。因此，制定预算构成了组织控制的第一步，即制定控制标准。对于预算执行情况的检查，构成了控制中的绩效衡量工作。对比绩效和预算后，采取措施保证贯彻预算目标的工作就是控制过程中的纠偏。预算控制是组织控制体系中的重要内容。

一、预算的种类

依据不同的标准，可以将预算分为不同的类型。

（一）刚性预算和弹性预算

刚性预算是指在执行过程中没有变动余地或者变动余地很小的预算。一般来说，刚性预算的控制性强，但对环境的适应性差，且不利于发挥执行者的积极性。常见的刚性预算是控制上限或控制下限的预算，如要求严格执行的财政支出预算和财政收入预算等。

弹性预算是指预算指标留有一定的调整余地，有关当事人可以在一定的范围内灵活执行预算确定的各项目标和要求的预算。弹性预算的主要优点是：在制定预算时就考虑了未来事项的不可预见性，只确定了行为的基本原则或范围，实际执行时可以根据具体情况进行调整，灵活性强。其缺点是：可控性差，如果灵活性掌握不好，就会导致失控。

（二）收入预算和支出预算

收入预算是指对组织活动未来的货币收入进行的预算。组织的收入预算主要包括组织收入总预算、产品销售收入预算、其他收入预算、营业外收入预算、投资收入预算等。

支出预算是指对组织活动未来支出进行的预算。支出预算往往是组织预算中最重要的预算。对于组织来说，支出预算主要包括组织的货币支出总预算、外购材料支出预算、外购零部件支出预算、工作预算、利息支出预算、罚没支出预算等。

（三）总预算和部门预算

总预算是指以组织整体为范围，涉及组织所有收入或支出项目的总的预算，如企业收入总预算、支出总预算、成本总预算等。

部门预算是指组织内各部门在保证总预算的前提下，根据本部门的实际情况安排的预算，如销售部门的销售预算和对外招待费用预算、车间的管理费用预算、党团部门的经费预算等。

总预算与部门预算之间不是简单的整体与部分的关系，二者之间要相互支持、相互补充。

二、预算控制的程序

对于组织来说，预算控制一般需要经过以下程序：

第一步，深入了解组织过去财政年度的预算执行情况和未来年度的发展需要，以此作为组织制定预算的主要依据。

第二步，围绕组织的发展规划和组织外部环境与内部条件制定组织的总预算，主要包括收入总预算、支出总预算、现金流量总预算、资金总预算、主要产品产量和销量总预算等，并粗略编制组织的预算资产负债表。

第三步，将组织总预算中确定的任务层层分解，由各个部门、基层单位制定本部门、本单位的预算，并上报高层管理者。

第四步，组织高层管理者在综合各个部门上报的预算后，调整部门预算甚至总预算，最终确定预算方案，并下发给各部门。

第五步，组织贯彻落实预算确定的各项目标，对实施过程予以监控，及时发现问题，并采取有针对性的纠偏措施。

当然，一些组织为了使预算更加符合组织实际，可能将预算草案在组织内部多次上下传阅，征求意见并进行修改，直至满意为止。

三、零基预算法

传统的预算编制将前一时期的预算水平作为下一时期预算编制的主要影响因素加以考虑。例如，在上一期预算额的基础上增减一定的数额即为下一期的预算额。这种方法考虑了时间因素的连续性，但不能反映下一期各项工作的真实需要，可能造成某些活动资金紧张而另一些活动资金闲置的情况。鉴于传统预算编制的这种缺陷，美国得克萨斯仪器公司的彼得·菲尔于1970年提出了零基预算法。由于该方法在预算制定方面具有优越性，一经提出，便很快被许多组织采纳。

（一）零基预算法的基本思想

零基预算法的基本思想：在每个预算年度开始时，把所有还在继续开展的活动视为从零开始，重新编制预算。预算编制人员以一切从零开始的思想为指导，根据各项活动的实际需要安排各项活动以及各个部门的资源

关键点

从零开始编制预算是零基预算法的基本思想。

分配和收支。按照零基预算法，预算编制人员在编制一项活动的预算时主要考虑四个方面的问题：

（1）组织的目标是什么？预算要实现的目标是什么？

（2）这项活动是否有必要？不开展这项活动是否可行？如果必须开展，开展这项活动能取得什么样的效果？

（3）开展这项活动的可选方案有哪些？目前执行的方案是不是最好的？

（4）这项活动需要多少资金？资金获取途径有哪些？资金按目前的方案使用是否合理？

与传统的预算编制相比，零基预算法的优点是预算编制依据科学，按照变化后的实际情况考虑预算大小，有利于资金合理配置和节约支出；其缺点是预算编制的工作量大，费用较高。

（二）编制零基预算的程序

1. 建立预算目标体系

审查预算前，主持这一工作的主管人员首先应明确组织的目标，并将长期目标、中期目标、近期目标划分清楚，将可量化的目标量化，建立一套完整、明确的预算目标体系。

2. 逐项审查预算

以一切从零开始的思想为指导，审查每一个预算项目。凡是在下一年度继续进行的活动或续建的项目，负责人都要提交详细的计划执行情况报告；凡是新增项目，负责人都要提交可行性分析报告；对于所有要继续进行的活动，负责人都必须向专门的审查机构提交其活动有必要继续开展的证明；对于所有申请预算的项目和部门，负责人都必须提交下一年度的计划，说明各项开支要实现的目标和能够取得的效益。

3. 排定各项目、各部门的优先顺序

在确定需要开展的项目的范围后，预算部门按照重要程度对所有的项目进行排序，列出重点优先项目和非重点的一般项目。如果资金有限，要优先保证满足重点优先项目的需要。

4. 编制预算

由预算编制人员根据审查的最终结果对预算资金进行分配，形成具体的预算方案。

第四节　全面绩效控制系统和方法

之所以要对组织的全面绩效进行控制，是因为，首先，战略目标关系到组织的全局和长远发展，而全面绩效控制正是对组织战略的执行情况进行监督、检查和纠正偏差；其次，随着组织规模的扩大和业务组合的复杂化，分权化不可避免，而分权化必然产生相对独立的部门，这些部门必须置于全面绩效控制之下，以避免出现各自为政的混乱局面。

一、全面绩效控制系统的构成

全面绩效控制系统应该是一个综合性的、完整的控制体系，它能够将组织各方面的情况以整合、一体的方式反映给组织高层管理者及有关人员，使他们对组织的全面绩效有一个全面的把握。全面绩效控制需要将传统的财务评价和非财务评价结合起来。

（一）控制主体

目前，组织开展的以个人绩效为主要内容的绩效考评工作是由组织人事部门牵头实施的，这使得绩效考评工作的"重心"被明显放低，考评者很容易忽视战略层面的关键要素或价值链上的关键环节。为了保证全面绩效控制的顺利开展，有必要组建以组织战略决策者为核心、部门管理者参与的战略绩效考评小组，由该小组组织实施考评工作。这样，一方面，可以保证考评者是由有着战略共识的人构成的，进而保证考评工作有准确的导向；另一方面，战略决策者可以更直接、更快捷地掌握战略实施情况和内外部环境变化，并据此做出相应的战略调整或纠偏措施的决策。此外，吸收部门主管加入战略绩效考评小组，既能保证组织横向、纵向的战略沟通，也有助于获得战略业务部门的支持。

（二）控制客体

从组织层次来看，绩效可以分为组织成员个人绩效、部门绩效和全面绩效三个层次。其中，全面绩效是相对于组织战略目标的实现情况而言的，它以部门绩效为基础。没有良好的部门绩效，也不会有理想的全面绩效。虽然从对应关系看，全面绩效控制应该是对战略执行情况的评价和衡量，但仅仅考察全面绩效往往又会使组织回到财务评价的老路上。因此，全面绩效控制必须深入战略业务部门这一层次，通过对部门绩效进行考评和衡量来发现战略实施过程中存在的问题并及时采取纠偏措施。

全面绩效与组织资源条件、业务流程和管理体制等因素有重要关系。在流程合理、控制有效的情况下，基于协同效应，全面绩效可以大于个人绩效、团队绩效的加和；但在实际情况下，全面绩效往往小于个人绩效、团队绩效的加和，这可能是业务流程不顺畅、资源分配不合理、业务部门管理者全局意识不强等所致。这就说明，全面绩效控制不能仅仅考察业务部门的绩效状况，还需对组织流程的合理性、管理制度的有效性、组织文化的健康性等方面进行分析评价。由此看出，全面绩效控制不同于目前多数组织开展的以个人绩效为主要考评对象的绩效考评活动。

（三）控制标准

在确定战略性绩效控制标准时，首先要分析组织战略取得成功的关键因素，以及组织文化鼓励什么和限制什么，然后根据这些因素选择关键的考评指标，并设计控制标准。在全面绩效控制体系中，不仅要有财务指标，而且要有用于对组织流程的合理性、管理制度的有效性、组织文化的健康性等方面进行分析评价的非财务指标。

组织环境是动态变化的，这要求全面绩效控制体系具有一定的灵活性，即组织战略调整了，控制标准也要随之调整。如果组织战略调整了，而控制标准没有做出相应调整，部门行为、员工行为可能会沿着原来的方向继续前行，进而危及战略执行。要解决这一方面的问题，管理者需要注意以下两点：一是要意识到战略一致性的重要性，并努力做到根据战略变化及时调整控制标准；二是在设计控制标准时，关键要素都要根据未来可能的战略转移进行取舍，而不能仅仅考虑当前的战略实施需要。

二、财务控制

财务控制是各类组织常用的控制方法，这是因为财务绩效作为共同的标准综合概括了各种计划的执行情况，并最终对组织战略目标的实现程度做出概括性衡量。此外，财务绩效衡量还全面、准确地表明用于实现目标的总资源的支出和收益情况，即各种非财务绩效最终均可以财务绩效为落脚点，这一点在各类组织中都是如此。尽管学校或政府机构的目的是非营利的，但是所有管理人员都必须弄清楚为了实现目标要耗费多少资源，以及资源的实际支出情况是否偏离了财务预算。

值得注意的是，财务控制标准的使用非常方便，但它们往往只是反映了组织活动对改善短期财务绩效和长期财务绩效的贡献，并不能准确、充分地反映组织战略执行中存在的具体问题，如组织流程的不合理、管理制度的僵化、员工满意度的下降等。这就要求在建立全面绩效控制体系时，必须将财务指标与非财务指标结合起来。

（一）损益控制

获利能力是衡量组织成功与否最明确的控制标准，所以绝大多数组织都利用利润表对其全面绩效和部门绩效进行控制。利润表是反映既定时间内所有收入和费用的财务报表，是组织经营绩效的如实总结。把损益控制运用于部门或分公司基于这样一个前提，即如果组织的总目标是实现利润增长，那么组织内的每一个部门都应为此做出贡献。所以，组织中某个部门实现预期利润的能力就成为衡量其绩效的重要标准。损益控制常用的财务指标有销售利润率、投资收益率等。销售利润率说明某种产品获利的能力，而投资收益率反映组织资产创造利润的效率。

（二）流动性控制

流动性控制主要用于检验组织资产变现并用于偿还各种到期债务的能力，进而揭示组织财务风险的大小。检验组织的流动性，可以从短期偿债能力分析和长期偿债能力分析两个方面进行。评价组织短期偿债能力的财务指标主要有流动比率、速动比率等。当存货周转缓慢和难以出售时，速动比率相比流动比率更能准确地反映组织的短期偿债能力。

长期偿债能力评价主要反映组织偿还长期借款、长期应付款、长期债券等长期债务的能力。对于组织所有者和长期债权人来说，他们更关心组织的长期偿债能力。用于分析组织长期偿债能力的财务指标有资产负债率、利息保障倍数等。

（三）运营能力控制

运营能力控制能够反映组织的资金周转情况，进而使管理者了解组织的经营管理水平。资金周转情况与组织的供、产、销各个环节的运营情况密切相关，因此，资金周转情况好，反映出组织的经营管理水平高。评价组织运营能力的财务指标主要有存货周转率、应收账款周转率、流动资产周转率、固定资产周转率等。

三、平衡计分卡控制

自 20 世纪 90 年代初罗伯特·卡普兰和戴维·诺顿率先提出平衡计分卡（balanced score card，BSC）以来，该方法一直受到西方企业界和学术界的广泛关注。我国已有一些组织将其作为战略管理和绩效评价的工具。如图 13-2 所示，平衡计分卡的核心思想就是以组织战略为出发点，通过财务业绩、顾客导向、内部运营、学习与成长四类指标之间相互驱动的因果关系展现组织战略的实施轨迹，实现绩效评价、绩效改进以及战略实施、战略修正的目标。因此，人们普遍认为平衡计分卡是一种较好的处理组织战略与业绩之间关系的全面绩效评价系统。

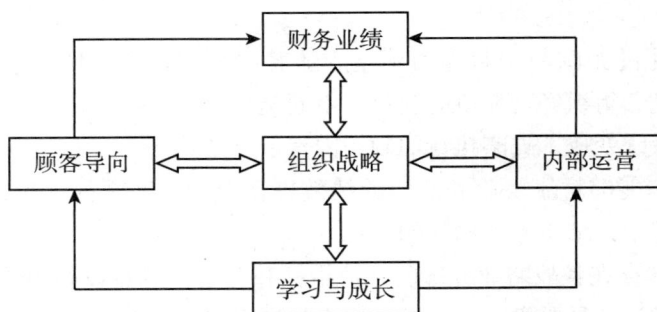

图 13-2　BSC 基本结构模型

（一）平衡计分卡的好处

相对于传统的业绩评价模式，平衡计分卡的好处是显而易见的：一是平衡计分卡的因果关系分析。因果关系是联系平衡计分卡四个维度的纽带，也是选择评价指标的一个基本原则。二是平衡计分卡注重各种利益关系的平衡，有助于实现股东利益、顾客利益和组织成员利益的统一，以及短期利益与长期发展能力的平衡。三是考评指标更加科学化。平衡计分卡的绩效考评指标既包括财务指标，又通过顾客满意度、内部程序及组织的学习与成长等非财务指标来补充财务指标，并由这些处在因果关系链上的财务指标与非财务指标共同作为组织实现持续发展的"驱动器"。这些财务指标与非财务指标都来源于组织战略，这样就在战略管理与绩效考评目标之间建立了系统的联系，使绩效考评体系真正成为组织战略管理的组成部分。

（二）平衡计分卡在应用中可能遇到的问题

平衡计分卡在应用过程中，会受到文化、环境变化等多种因素的制约和影响。比如，民族文化和组织文化都会在一定程度上对平衡计分卡产生影响。研究发现，不同民族文化不仅影响平衡计分卡的开发和推进程序，有时甚至会影响人们对平衡计分卡的态度。例如，多数法国公司不能接受平衡计分卡，其主要原因就是法国文化与平衡计分卡所体现的美国文化之间存在较大差异。同样，在平衡计分卡的顾客导向维度上，日本企业认为，较高的顾客满意度主要依赖于长期的合作关系，而美国企业认为，良好的服务和及时交货是顾客满意的最重要原因。组织文化对平衡计分卡的影响最直接，不同的组织文化对组织成员的行为产生深远的影响，甚至影响组织的战略定位。如果推行的平衡计分卡与组织文化发生冲突，则平衡计分卡很难推行下去。

平衡计分卡在应用中还可能遇到以下问题：

（1）多项指标之间的权衡问题。采用平衡计分卡的组织往往从四个维度设计多个指标来评价组织的战略执行情况，但是实践表明，在一定时期内要同时实现多个战略目标往往是不可能的。

（2）对环境变化的跟踪与调整能力不足。随着市场变化和市场竞争激烈程度的加深，战略目标本身也在随着组织经营环境的变化而不断调整，这就使得像平衡计分卡这样相对缺乏弹性的业绩评价系统变成了战略执行的制约因素。

（3）平衡计分卡能够对战略业务部门的绩效进行全面、客观的评价，但它难以解决一个战略业务部门内部个人绩效考评的问题。

（4）平衡计分卡存在各战略业务部门评价指标和评价信息难以在组织层面汇总的问题，结果对组织整体的考评还是要靠财务指标。这也是许多组织在业务层面采用平衡计分卡，而不在整个组织范围内采用平衡计分卡的主要原因。

总之，平衡计分卡并不是一个完整的系统，它只是提供了一个业绩评价和管理控制的基本框架，这个框架需要结合不同组织的自身文化和所追求的战略目标来具体实施。

▣ **本章小结**

在管理实践中，控制的对象往往落在人员、作业、预算和全面绩效等方面。根据控制对象的不同，可以将组织控制体系分为人员控制系统、作业控制系统、预算控制系统和全面绩效控制系统。

人员控制系统主要集中于对组织内的人力资源的管理，控制主体就是各级管理者，控制客体就是组织中的各类成员及其行为，控制信息主要是指控制人员行为过程中可利用的信息，控制方法包括直接监督、职位设计、人事调整、培训、授权、绩效考评、组织文化建设等。人员控制系统应成为提高组织成员工作能力的工具。

任何组织都是通过一个作业控制系统将输入转换成输出而创造价值的。一旦作业控制系统建立，管理者就要对作业控制系统的运转进行控制。对作业控制系统的控制主要围绕质量、成本和采购等问题展开。进行质量控制，管理者首先应掌握全面质量管理（TQM）。

预算是组织中涉及收入和支出活动的一种量化标准。制定预算、对预算执行情况进行检查对比、采取措施保证贯彻预算目标，这就是一个完整的预算控制过程。

全面绩效控制是为了保证组织战略目标的实现。全面绩效控制需要将传统的财务评价和非财务评价结合起来。平衡计分卡（BSC）是一种较好的处理组织战略与业绩之间关系的全面绩效评价系统。

思考题

1. 为什么说全面质量管理是全员参与的、全过程的质量管理？在网上搜索"全面质量管理"，并以某个组织为例，说明它是如何运用这一方法的。

2. 设定目标成本时要考虑哪些因素？

3. 平衡计分卡有何利弊？

4. 为什么说人员控制系统应成为提高组织成员工作能力的工具？

5. 举例说明现代信息技术的应用是如何降低控制成本的。

参考文献

[1] 韦里克，坎尼斯．管理学：全球化、创新与企业视角．孔茨，马春光，译．14 版．北京：经济科学出版社，2015．

[2] 罗宾斯．管理学．黄卫伟，等译．4 版．北京：中国人民大学出版社，1997．

[3] 达夫特．组织理论与设计．王凤彬，张秀萍，译．7 版．北京：清华大学出版社，2003．

[4] 韦里克，孔茨．管理学：全球化视角．马春光，译．11 版．北京：经济科学出版社，2004．

[5] 王凤彬，李东．管理学．5 版．北京：中国人民大学出版社，2016．

[6] 周三多，陈传明，鲁明泓．管理学：原理与方法．3 版．上海：复旦大学出版社，2003．

[7] 德鲁克．卓有成效的管理者．许是祥，译．北京：机械工业出版社，2007．

[8] 德鲁克．管理：任务、责任、实务．王永贵，译．北京：机械工业出版社，2009．

[9] 中共中央马克思恩格斯列宁斯大林著作编译局．马克思恩格斯全集：25 卷．2 版．北京：人民出版社，2001．

[10] 波特．竞争优势．陈小悦，译．北京：华夏出版社，1997．

[11] 达夫特．管理学：第 5 版．韩经纶，韦福祥，等译．北京：机械工业出版社，2003．

[12] 杨文士，焦叔斌，张雁，等．管理学原理．2 版．北京：中国人民大学出版社，2004．

[13] 徐向艺．管理学．北京：经济科学出版社，2018．

[14] 杨俊青．管理学．北京：经济科学出版社，2019．